Wolfgang Därr
Mauritius, La Réunion

„Mauritius wurde zuerst erschaffen –
und dann erst das Paradies"
Mark Twain

Impressum

Wolfgang Därr
Mauritius, La Réunion

erschienen im
Reise Know-How Verlag Peter Rump GmbH
Osnabrücker Str. 79, 33649 Bielefeld

Gestaltung
Umschlag: M. Schömann, P. Rump (Layout);
M. Luck, G. Pawlak (Realisierung)
Inhalt: G. Pawlak (Layout); M. Luck (Realisierung)
Karten: Th. Buri
Fotos: Mauritius Tourism Promotion Authority (mtpa);
K. Kratz (kk); Anthurium Hotels (L. & E. Trepp) (cd); W. Därr (wd)
Titelfoto: W. Därr

Lektorat: M. Luck

Druck und Bindung: Ebner & Spiegel, Ulm

ISBN 3-8317-1298-0
Printed in Germany

Dieses Buch ist erhältlich in jeder Buchhandlung Deutschlands, Österreichs, der Niederlande und der Schweiz. Bitte informieren Sie Ihren Buchhändler über folgende Bezugsadressen:

Deutschland
Prolit GmbH, Postfach 9, D-35461 Fernwald (Annerod)
sowie alle Barsortimente

Schweiz
AVA-buch 2000, Postfach, CH-8910 Affoltern

Österreich
Mohr Morawa Buchvertrieb GmbH, Sulzengasse 2, A-1230 Wien

Niederlande, Belgien
Willems Adventure, Postbus 403, NL-3140 AK Maassluis

Wer im Buchhandel trotzdem kein Glück hat,
bekommt unsere Bücher auch direkt über den Verlag
oder unseren **Büchershop im Internet: www.reise-know-how.de**

Wir freuen uns über Kritik, Kommentare und Verbesserungsvorschläge.
Alle Informationen in diesem Buch sind vom Autor mit größter Sorgfalt gesammelt und vom Lektorat des Verlages gewissenhaft bearbeitet und überprüft worden. Da inhaltliche und sachliche Fehler nicht ausgeschlossen werden können, erklärt der Verlag, dass alle Angaben im Sinne der Produkthaftung ohne Garantie erfolgen und dass Verlag wie Autor keinerlei Verantwortung und Haftung für inhaltliche und sachliche Fehler übernehmen. Die Nennung von Firmen und ihren Produkten und ihre Reihenfolge sind als Beispiel ohne Wertung gegenüber anderen anzusehen. Qualitäts- und Quantitätsangaben sind rein subjektive Einschätzungen des Autors und dienen keinesfalls der Bewerbung von Firmen oder Produkten.

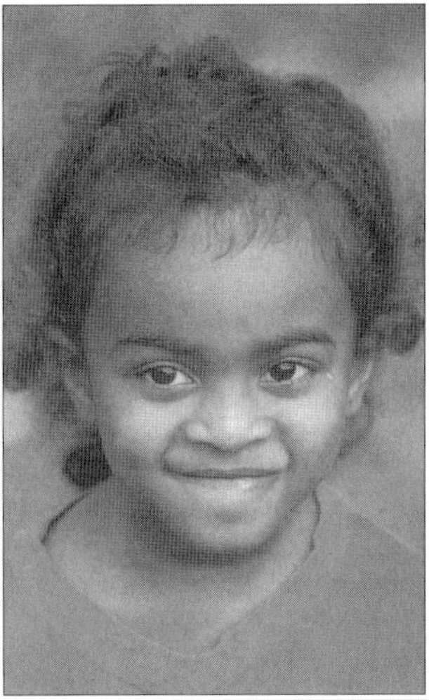

mau_001mtpa

Wolfgang Därr

Mauritius, La Réunion

VORWORT

Warum sind in dem vorliegenden Reisehandbuch die so unterschiedlichen Inseln Mauritius, Rodrigues und La Réunion zusammengefasst? **Mauritius** ist bekannt für seine hervorragenden Spitzenhotels, seine weiten, weißen Sandstrände und die unnachahmlich freundliche und friedliche Bevölkerung, die jeden Urlauber verzaubert. Von **La Réunion** weiß man weit weniger, denn die Insel zählt nicht zu den Badeinseln im Indischen Ozean, über die bunte Magazine regelmäßig berichten. Aber auch La Réunion hat ihr spezielles Publikum, das sich für überbordende Vegetation, für französische Gelassenheit unter ganzjährig warmer Tropensonne, für leichte Wanderungen durch Vulkankrater und schwere Bergbesteigungen auf schmalen Pfaden und an steilen Felswänden interessiert. Und was ist mit Rodrigues? **Rodrigues** ist die dritte Insel der drei Maskarenen im südwestlichen Indischen Ozean, die nach ihrem Entdecker, dem portugiesischen Seefahrer *Diego Mascarenhas,* benannt wurden. Hier, 600 km nordöstlich von Mauritius, erwacht das Leben nur allmählich aus den Träumen nachkolonialer Beschaulichkeit. Eine weitgehend afrikanische Bevölkerung lebt wie seit Jahrhunderten von Landwirtschaft, von der Aufzucht von Rindern und Ziegen, die einmal pro Woche im einzigen Hafen nach Mauritius verschifft werden. Strahlend weiße Sandstrände sind unbebaut und ohne Besucher, nirgendwo findet man die Musik und die Tänze der Kreolen unverfälschter und ursprünglicher als am Abend an den Stränden und in den Gassen der kleinen Inselhauptstadt Port Mathurin.

Erst seit wenigen Jahren ist es möglich, die drei Maskarenen-Inseln auf einer einzigen Reise zu besuchen. Seit Beginn des neuen Jahrtausends reichte die Zahl der Besucher aus, einen täglichen Flug mit kleinen Maschinen von Mauritius nach Rodrigues einzurichten. Zur gleichen Zeit hörten naturbegeisterte und gleichzeitig an Kultur und Strandleben interessierte Urlauber aus Österreich, der Schweiz und Deutschland von der Kombination aus unverfälschter kreolischer Lebensweise, vom Naturerlebnis mit dem Flair der Cote d'Azur der 1960er Jahre und dem Genuss der Gastfreundschaft und der perfekten Hotellerie – eine Kombination, die auf den Maskarenen einmalig ist.

Dieses Urlaubshandbuch ist Wegweiser und Anreger zugleich, wie man die Kultur dieser Inseln im Indischen Ozean in ihren vielen unterschiedlichen Facetten erleben und genießen kann.

Mauritius und Rodrigues auf einen Blick

- Bevölkerungszahl: 1,2 Millionen
- Landesname: Republik Mauritius (Inseln Mauritius und Rodrigues)
- Bruttosozialprodukt: 10 Milliarden Euro; pro Kopf der Bevölkerung: etwa 8000 Euro
- Fläche: 1860 km²
- Gesundheitsrisiken: sehr geringes Malariarisiko
- **Hauptstadt: Port Louis** (150.000 Einwohner)
- Herkunft der Einwohner: Indien (68%), Afrika und Madagaskar (27%), China (3%), Frankreich (2%)
- Inflation: 6%
- Jährliches Wachstum: 5%
- Religion: Hindus (51%), Christen (30%), Muslime (17%)
- Regierungsform: parlamentarische Demokratie
- **Sprachen: Englisch, Französisch, Hindi, Urdu, Bhojpuri, Kantonesisch**
- Stromspannung: 220 V
- **Telefonvorwahl: 00230**
- **Währung: Mauritische Rupie (MR)**
- Wichtigste Industrien: Zucker, Textilproduktion, Tourismus, Finanzdienstleistungen, Freihandelszone
- Wichtigste Handelspartner: EU, USA, Südafrika, Indien

Hinweise zur Benutzung

Dieses Urlaubshandbuch ist in ein Hauptkapitel zu Mauritius und Rodrigues (beide Inseln bilden zusammen die Republik Mauritius) sowie eins zu La Réunion aufgeteilt. Den beiden Inselkapiteln vorangestellt ist der Abschnitt „Vor der Reise", der praktische Reisetipps enthält, die sowohl Mauritius und Rodrigues als auch La Réunion betreffen. Die danach folgenden speziellen Inselkapitel gliedern sich jeweils in drei Teile: Zunächst werden praktische Tipps („Reisetipps A–Z") hinsichtlich der Anreise, der mitzunehmenden Dinge (Kleidung, Landkarten, Geld etc.), der Reisemöglich-

La Réunion auf einen Blick

- Bevölkerungszahl: 720.934 Einwohner
- Bruttosozialprodukt: 3 Milliarden Euro; pro Kopf der Bevölkerung: etwa 4000 Euro
- Fläche: 2510 km^2
- Gesundheitsrisiken: gering, keine „Tropenkrankheiten"
- **Hauptstadt: Saint Denis** (145.000 Einwohner)
- Herkunft der Einwohner: Frankreich, Afrika, Madagaskar, China, Indien; vor der Kolonisierung gab es gab keine Bevölkerung
- Jährliches Wachstum: 3,8%
- Ländername: Department La Réunion
- **Sprachen: Französisch, Kreol und die Heimatsprachen der verschiedenen Zuwanderer**
- Religion: katholische Christen (70%), Hindus, Moslems, Buddhisten
- Regierung: französisches Überseeterritorium *(Territoire Outre Mer)*
- Regierungschef: Premierminister von Frankreich
- Staatsoberhaupt: Präsident von Frankreich
- Stromspannung: 220 V
- **Telefonvorwahl: 00262**
- **Währung: Euro**
- Wichtigste Industrien: Zuckerrohr, Rum, Parfumessenzen, Gewürze
- Wichtigste Handelspartner: Frankreich, Japan, EU

Grundsätzliches vor der Reise

Reisedokumente

La Réunion ist ein Departement Frankreichs, weshalb ein Reisedokument (Pass) für die Einreise nicht erforderlich ist. Es genügt ein gültiger Personalausweis.

Rodrigues und Mauritius bilden gemeinsam die Republik Mauritius, die unabhängig ist. Für die Einreise ist kein Visum erforderlich, aber ein noch mindestens 6 Monate gültiges Reisedokument (Pass, Kinderausweis, Fremdenpass).

Da Deutschland, die Schweiz und Österreich auf den Inseln nicht gut durch Botschaften oder Konsulate vertreten sind, ist es empfehlenswert, immer sowohl Pass als auch Personalausweis und jeweils eine Fotokopie dieser Dokumente mit sich zu führen.

Anreise

Die Anreise erfolgt in der Regel per **Flugzeug,** eine Anreise von Europa aus mit dem Schiff ist nicht möglich, es sei denn, man hat sehr viel Zeit und findet ein Frachtschiff, das Passagierkabinen besitzt. Unregelmäßige Fährverbindungen etwa alle 14 Tage gibt es von Toamasina an der Ostküste Madagaskars aus.

Nach **Mauritius** kann man ab Wien, Zürich und Frankfurt nonstop fliegen. Weiterreise von dort nach **La Réunion** (etwa 1 Stunde Flugdauer) oder nach **Rodrigues** (etwa 2 Stunden Flugdauer). Nach La Réunion kann man auch von fast allen deutschen, österreichischen und schweizerischen Flughäfen über Paris und von dort nonstop anfliegen.

Wetter/Reisezeit

Die Inseln des westlichen Indischen Ozeans kann man **das ganze Jahr über bereisen.** Die Temperaturen sind sommerlich (Südwinter) bis tropisch (Südsommer). Wer baden oder Sport betreiben möchte, sollte bedenken, dass es im Südwinter zwischen Juni und September im Südosten der Inseln wegen häufiger Südostwinde zum Baden und Sonnenbaden zu kühl werden kann und die Berggipfel der Insel La Réunion im Südsommer häufig schon gegen 10 Uhr vormittags in Wolken gehüllt sind. Für sportlich orientierte Reisende (Golf oder Bergwandern auf Mauritius und La Réunion) ist der Südwinter wegen der etwa 5 bis 7 Grad niedrigeren Temperaturen, der geringeren Luftfeuchtigkeit und seltenen Regenfälle angenehm. Im Südsommer zwischen November und April kann es zu kurzzeitigen, heftigen Regenfällen, manchmal zu Zyklonen, kommen.

keiten vor Ort u.v.m. gegeben, soweit sie nicht schon im Kapitel „Vor der Reise“ erwähnt sind. Darauf folgt ein landeskundlicher Überblick („Land und Leute“) zu Natur, Kultur, Sprachen, Geschichte und Staat, Wirtschaft und Soziales sowie zur Bevölkerung der jeweiligen Insel. Zu guter Letzt folgen ausführliche Beschreibungen der verschiedenen Landesteile sowie der Städte und Ortschaften mit detaillierten Angaben zur touristischen Infrastruktur vor Ort („Unterwegs auf ...).

Im Anhang des Buches finden sich Gesundheitsinformationen zu den Inseln sowie ein ausführliches Register.

mau_011mtpa

INHALT

Karten und Pläne

Auf die jeweils passende Karte wird in den Kopfzeilen verwiesen.

Exkurse

Rodrigues

La Réunion – Reisetipps A–Z

La Réunion – Land und Leute

Unterwegs auf La Réunion

Anhang

mau_016mtpa

Vor der Reise

Ausrüstung

Landkarte

Wer nicht ausschließlich einen Badeurlaub plant, sollte möglichst vor der Reise eine gute Straßenkarte besorgen, die es in jeder geographischen Buchhandlung gibt. Empfehlenswert ist die **Landkarte „Mauritius, Réunion, Rodrigues" von Reise Know-How** im Maßstab 1:90.000. Die Karte enthält Höhenlinien und -schichten, ein klassifiziertes Straßennetz und einen ausführlichen Ortsindex. Das Handling stört kein Pappumschlag und wird durch das reißfeste und wasserresistente Papier erleichtert. Gerade auf La Réunion wird man normalerweise nicht wenige Kilometer mit dem Mietwagen, dem Taxi oder dem Bus zurücklegen; wo man sich gerade befindet, kann nur anhand einer genauen Karte festgestellt werden. Auch sind die Straßenbeschilderungen nicht perfekt und nachts unbeleuchtet. Man verbringt daher manchmal viel Zeit, sein Gästehaus oder Hotel in den verwinkelten Gassen von Saint-Denis, Saint-Gilles oder Saint-Pierre zu finden, auch wenn man sich vorher sehr genau anhand der Straßenkarte orientiert hat.

Sonstiges

Batterien und Diafilme für **Kameras** findet man in den Geschäften in Saint-Denis und Saint-Gilles zwar, sie sind aber doch ein gutes Stück teurer als zu Hause. Ratsam ist es auch, eine **Taschenlampe** im Gepäck zu haben, denn der Weg vom Parkplatz oder der Bushaltestelle zur Unterkunft ist häufig nicht beleuchtet.

Als Gast in einem fremden Land bzw. in einer andersartigen Kultur sollte man immer auch mit Verhaltensregeln „ausgerüstet" sein; dazu ein **Buchtipp:**
- Harald A. Friedl, **Respektvoll reisen**
(Reise Know-How Praxis)

Film und Foto

Respekt

Wer schon auf Reisen fotografiert hat, kennt die Schwierigkeiten, insbesondere wenn man Menschen abbilden möchte, egal ob auf Fotos oder Filmen. Respekt vor dem Gegenüber ist beim Ablichten anderer Menschen erstes Gebot; man sollte sich stets eine Erlaubnis der Abgebildeten einholen, bevor man auf den Auslöser drückt. Möchte jemand nicht fotografiert werden, ist das zu respektieren.

Wahl der Kamera und Zubehör

Was ist zu berücksichtigen?

Neben der guten **Qualität des Objektivs** ist auf Reisen die **Robustheit des Kameragehäuses** wichtig, denn der Apparat muss weitaus mehr aushalten, als beim Familienfoto auf einer Hochzeit zu Hause. Bei digitalen Kameras sind **Stromverbrauch, Auflösung und Speicherplatz** von Bedeutung.

Kompaktkamera

Für Urlaubsfotos genügt eine Kompaktkamera **mit eingebautem Blitz.** Sie ist auch deshalb nützlich, weil man sie immer dabeihaben kann und nicht erst komplizierte Einstellungen vornehmen muss, wenn sich eine Gelegenheit zum Fotografieren ergibt. Will man seinen Einsatzradius etwas erweitern, kann ein **Modell mit Zoomoptik** von Vorteil sein. Es gibt diese kleinen Sucherkameras fast von allen Herstellern auch in besonders für den robusten Einsatz gedachten Ausführungen.

Buchtipps:
- Helmut Herrman, **Reisefotografie**
- Volker Heinrich, **Reisefotografie digital**

(beide Bände Reise Know-How Praxis)

Spiegelreflexkamera

Wer hohe Ansprüche an die technische Qualität seiner Bilder stellt und in Objektiv- und Zubehörauswahl flexibel sein will, kommt um eine Spiegelreflexkamera nicht herum. Sie sind teurer, aber bieten eben auch **viele Möglichkeiten,** die mit der Kompaktkamera nicht gegeben sind. Zoomobjektive erweitern die Möglichkeiten der Bildgestaltung ungemein und sind heute mit Brennweiten von 28 bis 200 mm erhältlich. Fast komplett ist man mit zwei Objektiven mit 28 bis 80 mm und 80 bis 200 mm Brennweite ausgerüstet. Ein lichtstarkes Normalobjektiv für Aufnahmen bei schlechtem Licht und ein starkes Weitwinkelobjektiv für Landschaftsaufnahmen können die Ausrüstung ergänzen. Nehmen Sie einen **Vorrat an Filmen** mit, denn sie sind hierzulande billig und frisch.

mau_020mtpa

Digitalkameras

Digitalkameras haben in den vergangenen Jahren einen Siegeszug angetreten und werden qualitativ immer besser. Wer allerdings mit Computern und Software eher wenig anfangen kann, sollte bei seiner guten alten Analogkamera bleiben. Sie macht sehr gute Bilder, kostet weniger Nerven und vor allem weniger Geld für den häufigen Nachkauf von Batterien oder Akkus. Digitalkameras haben aber auch einige Vorteile: Man kann – je nach Größe und Preis der Speicherkarte – Hunderte Fotos ohne „Filmwechsel" erstellen und spart sich auch das Geld und den Platz für Filme. Schauen Sie, ob das **Ladegerät** mit der **Spannung des Reiselandes** (220 Volt in Mauritius und La Réunion) betrieben werden kann. Gefällt ein Foto nicht, kann es sofort gelöscht werden und macht somit Speicherplatz für ein weiteres Foto frei. Die Tatsa-

che, dass man ein Foto sofort betrachten und gegebenenfalls mehr oder weniger kostenlos noch mal erstellen kann, wird Sie schnell zu einem erfahreneren und besseren Fotografen machen, und man erspart sich unangenehme Überraschungen, wenn auch die Bilder vom besten Strand nichts geworden sind. Der fortgeschrittene „Digitalfotograf" kann Fotos von unterwegs per E-Mail an Freunde und Verwandte schicken.

Ein wichtiger Begriff in der Digitalfotografie ist die **Auflösung,** die in Megapixels angegeben wird und in etwa die Bildschärfe ausdrückt. Für Gebrauch im Internet und am Bildschirm reicht 1 Megapixel, zum Drucken sollten es schon mindestens 2 sein. Wollen Sie in DIN A4 drucken, sind 4 oder mehr Megapixel zu empfehlen, allerdings ist ab dieser Größenordnung die Qualität der Optik und des Chips ausschlaggebend, der die Farben der Wiedergabe berechnet.

Zubehör

Vor jedes Objektiv gehört ein leicht rötlicher **Skylightfilter,** der Blaustich mildert und das Objektiv vor Schmutz und Kratzern bewahrt. Auch ein **UV-Filter** schützt, verändert jedoch die Farben nicht. Ein **Polfilter** verstärkt das Himmelsblau und vermindert Reflexe, z.B. auf Blättern oder Wasser, was manchmal zur erheblichen Verbesserung der Farbsättigung führt. Bei Digitalkameras ist der Skylightfilter nicht so wichtig, da man die Farben entweder mit der Kameraelektronik oder daheim mit der Software korrigieren kann.

Blitz und **Stativ** sind nützlich bei Innenaufnahmen und zur Aufhellung bei Gegenlicht und Schlagschatten, der eingebaute Blitz macht meistens nur bei Entfernungen bis zu 3 Metern Sinn.

Staubpinsel, Reinigungstücher sowie **Ersatzbatterien** nicht vergessen!

GELDFRAGEN

Maestro/ EC-Karte Innerhalb der Europäischen Union (La Réunion!) empfiehlt sich der Einsatz der Maestro/EC-Karte mit PIN-Code an den weit verbreiteten **Geldautomaten** (ATM) der Banken, wo pro Transaktion bis zu 150 Euro abgehoben werden können.

Reiseschecks Alternativ kann man **American Express Traveller Cheques** bei der Hausbank in Euro gegen eine Gebühr von 1% Aufpreis erwerben und diese dann bei Banken einlösen. Bei Diebstahl oder Verlust werden die Schecks unter Vorlage der Kaufbelege von den jeweiligen AmEx-Partnern ersetzt. Achtung: AmEx-Partnerbanken – eine Liste ist auf Anfrage bei der Hausbank erhältlich – müssen ohne weitere Gebühr den Scheckbetrag auszahlen.

Kreditkarte Gängige Kreditkarten (AmEx, Visa-, Master-, Eurocard) treffen auf breite Akzeptanz zur Rechnungsbegleichung, sind aber auch für Mietwagen usw. unentbehrlich. Die **Gebühren** für den Karteneinsatz als Zahlungsmittel liegen je nach Institut zwischen 0 und 1,75%, für ATM-Barabhebungen mit Kreditkarte bei etwa 2%.

NOTFÄLLE

Unterlagen Es ist ratsam, eine Adresse und die von Kontaktpersonen zu Hause inklusive Telefon und Fax im Gepäck zu haben. Auch die Bankverbindung, Notruf-Telefonnummern der Kranken- und/oder Reise-Notfall-Versicherung oder der Schutzbrieforganisation, Adresse und Telefonnummer der deutschen Vertretung im Reiseland, Deutschland-Direkt-Nummer für R-Gespräche, Nummern des Passes, des Flugtickets, der Reiseschecks, der Kreditkarten usw. sollten griffbereit sein. Wenn ein Auslandskrankenschein nicht akzeptiert wird und man die Kosten selber tragen muss, sollte man sich vom Arzt eine Bescheinigung über Diagnose und Behandlungsmaßnahmen, einschließlich verordneter Medikamente, sowie eine Quittung über die bezahlte Behandlung ausstellen lassen. Auch von Apotheken sollte man sich Quittungen ausstellen lassen, um bei Einreichung bei der Privatversicherung keine Überraschungen zu erleben.

Verlust von Dokumenten/Geld

Von der Polizei sollte bei Verlusten ein ausführliches Protokoll ausgestellt werden. Den betroffenen Stellen sollte der Verlust nach der Rückkehr zügig gemeldet werden, möglichst zusammen mit Nummern bzw. Kopien der verlorenen Dokumente (Pass: Botschaft bzw. Konsulat; Tickets: Fluggesellschaft; Schecks, Kreditkarten: Bank) und, sofern möglich, einem Polizeiprotokoll bei Diebstahl. Botschaften bzw. Konsulate (siehe dort) stellen bei Passverlust einen Ersatzpass aus, nachdem die Identität geklärt ist. Beste Voraussetzung dafür ist eine Fotokopie des Originals.

Beschaffung von Geld

Um notfalls Geld von seiner Hausbank bekommen zu können, sollte man schon vor der Reise die Bedingungen klären und herausfinden, welche die Korrespondenzbank der eigenen Bank im Reiseland ist. Auf schnellste Verbindungen spezialisiert ist die **Deutsche Verkehrsbank.** Sie arbeitet mit Western Union zusammen, die wiederum weltweit „Filialen" unterhält (das kann auch mal eine Apotheke sein). Der Betrag wird zusammen mit einer recht hohen Gebühr (ca. 5%) eingezahlt, der Überweisungsvorgang erhält in Deutschland innerhalb weniger Minuten eine zehnstellige Nummer, diese kann telefonisch ins Reiseland übermittelt werden und dient neben dem Ausweis als Identifikation des Abholers.

Vertreter des Kreditkarteninstituts zahlen nach Klärung der Identität ein Notfallgeld. Botschaften bzw. Konsulate leihen nur in absoluten Ausnahmefällen Geld, zumeist auch nur in Form von Rückflugticket oder Zugfahrkarte.

Reisen innerhalb der Maskarenen

Flüge

Wer auf einer Reise mehrere **Maskareneninseln (Mauritius, La Réunion und Rodrigues)** kennen lernen will, hat täglich mehrere Flugverbindungen mit **Air Mauritius, Air France** und **Air Austral** zur Verfügung. Die Flugdauer zwischen Mauritius und La Réunion beträgt etwa 45 Minuten. Zwischen Mauritius und Rodrigues gibt es mit Air Mauritius täglich 1 bis 2 Flüge, die Flugdauer beträgt etwa 1 bis 1½ Stunden.

Schiffe

Das **Fährschiff „Mauritius Trochétia"** verbindet Mauritius und La Réunion alle 14 Tage einmal mit dem Hafen Toamasina (Tamatave) an der Ostküste Madagaskars. Die Fahrtdauer ab Le Port (La Réunion) beträgt etwa 30 Stunden pro Strecke, Preis etwa 300 bis 400 Euro pro Person. Dann gibt es ein bis zweimal die Woche die Möglichkeit, mit den **Fähren „Mauritius Pride"** oder der luxuriöser ausgestatteten und teureren **„Le Trochétia"** zwischen Mauritius und La Réunion zu reisen. Die Reisedauer beträgt etwa 10 bis 12 Stunden und kann wegen des manchmal starken Seegangs – besonders in den Monaten zwischen April und Oktober – ungemütlich sein. Die „Mauritius Pride" fährt auch gelegentlich (etwa einmal alle 14 Tage) von Mauritius nach Rodrigues. Die Fahrzeit und der Preis betragen etwa das Doppelte wie im Fall der Strecke Mauritius – La Réunion. Da die Überfahrten nicht billig sind (je nach Kabinenklasse und Saisonzeit für die einfache Strecke zwischen 100 und 350 Euro), kommen sie für Fernreisende eher nicht in Frage. Hinzu kommt, dass die Abfahrtsdaten nicht feststehen. Ein im Voraus gebuchter Anschlussflug an die Langstrecke mit Air France, Air Mauritius oder Air Austral mit minutengenauem Abflugdatum ist kaum teurer als eine preiswerte Kabinenklasse.

Infos

- **Reederei Scoam**
4. Av. 14 Juillet 1789, Le Port, La Réunion
Tel. 00262-421945, Fax 00262-432547

Sprachen

Kreol

Das Kreol **auf Mauritius und La Réunion** ist ein Dialekt - manche sagen auch, eine eigene, vollwertige Sprache –, die auf dem Französischen basiert, wie es im 17. Jahrhundert, zur Zeit der Ein-

mau_020mtpa

wanderung der ersten Kolonisatoren, gesprochen wurde. Mit den Jahrhunderten hat es sich aber in anderer Richtung entwickelt, als das Französisch im Mutterland. Zudem wurden Worte aus afrikanischen, madagassischen, indischen und chinesischen Sprachen assimiliert. Die Kolonialherren waren nämlich darauf bedacht, dass ihre Sklaven so wenig wie möglich miteinander kommunizierten und versuchten daher, Sklaven und Vertragsarbeiter unterschiedlicher Muttersprachen gemeinsam arbeiten zu lassen. Es blieb diesen daher keine andere Möglichkeit, als sich auch untereinander so zu verständigen, wie sie es mit ihren Herren taten, also in einem einfachen, ohne Unterricht mühsam erlernten Französisch. So entstand ein grammatikalisch vereinfachtes Französisch, angereichert mit Worten aus fremden Sprachen.

Die Inseln der Maskarenen waren jahrhundertelang zwischen den Kolonialmächten **Frankreich** und **England** umkämpft, wobei letztlich Mauritius und Rodrigues englische Kolonie, La Réunion französische Kolonie wurde. Aus diesen beiden Staaten stammt der sprachliche und kulturelle Hintergrund des Kreolischen – soweit er nicht durch die später als Sklaven oder Vertragsarbeiter eingegliederten Afrikaner, Inder und Chinesen beeinflusst wurde –, obgleich die hellhäutige europäische Bevölkerung nur einen verschwindend geringen Prozentsatz der Gesamtbevölkerung ausmacht(e).

Englisch und Französisch

Kreol ist auf Mauritius, Rodrigues und La Réunion die Umgangssprache, die jeder spricht. Daneben werden Englisch und Französisch in weiten Teilen der Bevölkerung als Zweit-, Dritt- oder gar Viertsprache genutzt. Englisch ist die Sprache, in der Behördengänge zu absolvieren sind. Auch Gerichte verhandeln in Englisch, und auch im internationalen Geschäftsleben ist Englisch die normaler-

Figuren an einem Hindutempel

weise genutzte Sprache. Viele Zeitungen erscheinen in französischer Sprache, und besonders die europäischstämmige Bevölkerung zieht es vor, sich in Französisch zu unterhalten, aber auch ein großer Teil der indisch- oder chinesischstämmigen Bevölkerung spricht ausgezeichnet französisch. Taxifahrer, Personal in Hotels und Restaurants freuen sich ebenfalls, wenn sie sich mit den Gästen auf Französisch unterhalten können, beherrschen in der Regel aber auch Englisch. Die Bevölkerungsteile, die aus Asien (Indien, China) eingewandert sind, sprechen neben Kreol, Englisch und Französisch normalerweise auch die Sprache der Heimat ihrer Vorfahren (Hindi, Kantonesisch und viele andere). Die größte Freude macht man Mauritiern und Réunionais aber, wenn man ein paar Worte in Kreol lernt und anwendet:

Hilfreiche Sprechführer

Einige Worte auf Kreol

Bitte	*Si ou ple*
Wie geht es?	*Ki maniere*
Danke, gut	*Mon bien, merci*
Wo ist ...?	*Kote sa ...?*
Das ist teuer	*Li ser*
Das ist gut	*Li bon*
Das ist sehr gut	*Li mari bon*
Kein Problem	*Pé na problem*
Wie spät ist es?	*Ki lere la*
Es ist heiß	*Fer so*
Wo sind wir?	*Kot nou ete*
Guten Tag	*bonsou*
Auf Wiedersehen	*Salam*
Ich gehe	*Mon pe alle*
Heute	*Azordi*
Morgen	*demain*
Markt	*Bazar*

Verständigung

Deutsch ist auf den Inseln weitgehend unbekannt, obwohl man sich besonders in den Spitzenhotels auf Mauritius bemüht, Mitarbeiter zu finden, die auch deutsch sprechen. Auf La Réunion ist man ohne englische oder französische Sprachkenntnisse auch in besseren Hotels auf Zeichen- und Körpersprache angewiesen. Hin und wieder ein nettes Wort auf Kreol macht vieles einfacher.

Uhrzeit

Die Inseln der Maskarenen sind in den Wintermonaten Mitteleuropa um 3 Stunden voraus, zur europäischen Sommerzeit beträgt der Unterschied lediglich 2 Stunden. Wenn es also bei uns 7 Uhr morgens ist, schlägt die Uhr auf La Réunion und Mauritius/Rodrigues bereits 9 bzw. 10 Uhr.

Versicherungen

Versicherungspakete

Am unkompliziertesten ist es, mit der Reisebuchung eines der von den Reiseveranstaltern angebotenen Versicherungspakete abzuschließen. Es umfasst in der Regel Kranken-, Unfall-, Gepäck- und Haftpflicht-Versicherung. Günstiger ist der gezielte Abschluss einzelner Policen, z.B. bei Banken oder freien Versicherungsmaklern. Wer viel reist, sollte eine Jahresversicherung abschließen, die bei weitem preiswerter ist, als die speziellen 14-Tage-Versicherungen der Reiseversicherer.

Weitere Infos

Weitere Informationen zu Versicherungen erhält man in **Deutschland** bei der Verbraucherzentrale (www.verbraucherzentrale.com), in **Österreich** bei der Arbeiterkammer (www.arbeiterkammer.at) und in der **Schweiz** beim Konsumentenforum (www.konsum.ch).

Gepäckversicherungen

Der Verlust von Gepäck im Flugzeug ist relativ häufig, und die Fluggesellschaften haften dafür nur sehr begrenzt. Deshalb ist eine Gepäckversicherung lohnend. Allerdings sollte man auf die Ausnahmeregelungen achten, denn die „üblicherweise" immer wieder verloren gehenden Wertgegenstände sind meist vom Versicherungssschutz ausgenommen: Dazu gehören Laptops, wertvolle

Kameraausrüstung usw., die man daher besser im Handgepäck mitführt.

Reiserücktrittskosten-Versicherung

In Anbetracht der relativ hohen Kosten sind die Bedingungen für eine Reiserücktrittskosten-Versicherung genau zu studieren. Die Versicherung bezahlt in der Regel nur bei Nichtantritt oder Abbruch der Reise aus Gründen der eigenen oder der Gesundheit eines nahen Verwandten. Je länger der Zeitpunkt der Reise vom Zeitpunkt der Buchung entfernt ist, umso wichtiger ist die Rücktrittsversicherung, denn das Risiko einer eigenen Erkrankung bzw. der eines Reisepartners oder eines nahen Verwandten wird entsprechend unvorhersehbarer.

Krankenversicherung

Will man keinen Gesamtreiseschutz buchen, sollte man prüfen, ob Krankheit im Ausland von der eigenen Krankenversicherung gedeckt ist. Oft ist das der Fall, manchmal aber auch nicht. Im Reisebüro können Krankenversicherungen kurzfristig vor Reiseantritt unkompliziert für unterschiedliche Zeitdauer abgeschlossen werden, günstiger sind jedoch meist die Angebote von Privatversicherern. Bei Versicherungsabschluss sollte auf Vollschutz ohne Summenbegrenzung geachtet werden. Außerdem ist zu überprüfen, ob ein Rücktransport im Falle eines Unfalls oder einer schweren Krankheit übernommen wird bzw. an welche Bedingungen (z.B. Krankenhausaufenthalt) dieser geknüpft ist. Automatische Verlängerung der Versicherung im Krankheitsfall ist ein weiterer wichtiger Punkt. Die Leistungspflicht sollte bei verhinderter Rückreise weiter gelten, andernfalls gehen die enormen Behandlungskosten sofort nach Ablauf zu Lasten des Patienten. Bei Eintreten eines Notfalles sollte die Versicherungsgesellschaft telefonisch verständigt werden. Ausführliche Quittungen (mit Datum, Namen, Bericht über Art und Umfang der Behandlung, Betrag) sind Voraussetzung, damit die Auslagen von der Versicherungsgesellschaft erstattet werden.

Sicherungsschein

Bei Buchung einer Pauschalreise ist der Veranstalter oder das Reisebüro verpflichtet, einen Sicherungsschein auszuhändigen. Eine Pauschalreise liegt vor, wenn zwei oder mehr Reiseleistungen zu einem Paket gebündelt sind. Es genügt beispielsweise die Bündelung von Flug und Hotel, Flug und Mietwagen oder Hotel und Mietwagen. Mit Aushändigung des Sicherungsscheines ist sichergestellt, dass der Leistungsträger (Fluggesellschaft, Hotel, Autovermieter) auch dann sein Geld bekommt, wenn das Reisebüro oder der Veranstalter Pleite geht. In diesem Fall übernimmt die Versicherung die Bezahlung der Hotel-, Mietwagen- oder Flugkosten, und der Reisende muss kein zweites Mal bezahlen. Wenn ein Veranstalter oder ein Reisebüro aus welchen Gründen auch immer diesen Sicherungsschein verweigert, dann will oder kann er keine Versicherung abschließen. Wenn er nicht will, spart er sich die etwa 10 bis 30 Euro, vermutlich um gegenüber der Konkurrenz als der „preiswertere" Anbieter dazustehen. Kann er nicht, dann liegt das daran, dass keiner der vielen Versicherer für dieses Büro die Haftung übernimmt. Beides sind gute Gründe, von einer Buchung im entsprechenden Reisebüro Abstand zu nehmen.

mau_032mtpa

Mauritius – Reisetipps A–Z

Einleitung

Paradies auf Erden?

Wenn man der Werbung glaubt, die von Fremdenverkehrsamt und Reiseveranstaltern gemacht wird, ist die Insel Mauritius das Paradies auf Erden – unendliche, menschenleere, schneeweiße Strände, **perfekte Hotels,** immer lachende und Séga tanzende Einheimische ohne rassische oder religiöse Vorurteile. Die Werbung sagt die Wahrheit – aber nicht die ganze. Es gibt **unberührte Strände,** aber die schönsten davon sind mit ausgezeichneten und teuren Hotels (v)erschlossen. Billige Hotels stehen abseits der besten Strände und sind bei weitem nicht so perfekt und sauber wie die großen und teuren Hotels. Die immer wieder gelobte **multikulturelle Bevölkerung** gibt es ebenfalls, und es ist auch wahr, dass man als Gast den Eindruck hat, es gebe keine Probleme. Mauritier sind freundlich, offen und herzlich zu Gästen und meist auch untereinander. Doch wer genauer hinsieht, bemerkt, dass Hindus ihre eigene Zeitung und politische Partei haben, dass die weißen „Franko-Mauritier" sich für die besseren Menschen halten, dass Kreolen nur selten in gehobene Positionen kommen und Chinesen auf den Handel als Einkommenserwerb beschränkt sind. Es gibt durchaus religiös bedingte Probleme, doch sie werden auf „zivilisierte" Weise ausgetragen. Nie wird dem Einzelnen gegenüber eine feindliche Gesinnung gezeigt, „weil" er Hindu, Franko oder Kreole ist. Und das ist mehr als in den meisten Ländern dieser Welt, in denen die Zugehörigkeit zu einer Volksgruppe als „Makel" oder „Verdienst" betrachtet wird.

Islam

20% der Bevölkerung der Insel sind islamischen Glaubens, daher sollte man sich an die Grundregeln des Verhaltens in islamischen Ländern halten. Nacktbaden ist verboten; wenn Frauen das Oberteil am Hotelstrand ausziehen, wird das toleriert und bei Strandhändlern auch gern (aus der Nähe) gesehen. Die Toleranz der zu 60% hinduistischen Bevölkerung hat auf die 20% Muslime und 20% Christen abgefärbt, aber über Spott und Geringschätzung darf sich nicht wundern, wer sich „wie eine Prostituierte“ am Strand zeigt.

Urlaubsziel für jeden Geldbeutel

Ein Urlaub in Mauritius kann teuer sein, wenn man in den hervorragend geführten Strandhotels wohnt und in erstklassigen Restaurants isst, die nahe der touristischen Strände liegen. In den Hotels bekommt man professionellen und freundlichen Service, geschmackvoll eingerichtete Zimmer, liebevoll gepflegte Gartenanlagen und umfangreiche Sportangebote. Doch außerhalb von Grand Baie, Trou aux Biches, Flic en Flac und Belle Mare gibt es noch ein anderes Mauritius. Dorfrestaurants servieren an einfachen Tischen mit Bänken ausgezeichnete Menüs zum halben Preis, den man im Hotelrestaurant bezahlt. An „Foodstalls“ an der Straße kann man Currygerichte und Snacks nochmals weitaus preiswerter erstehen. Dafür gibt es keine Serviette, keinen Ober in Uniform und nur ein Besteck für Haupt- und Nachspeise – und ein breites, freundliches Lächeln. Wer Luxus sucht, bekommt ihn, und wer preiswerte Zimmer sucht, findet sie auch – wenn er bereit ist, auf manche Annehmlichkeiten zu verzichten. Auf Mauritius kann man jede Art von Strandurlaub verbringen – von sehr preiswert bis extrem teuer.

Buchtipps:
- Christine Pollok, **KulturSchock Islam**
- Kirstin Kabasci, **Islam erleben**
- Birgit Adam, **Als Frau allein unterwegs**

(Beide Bände Reise Know-How)

Aktivitäten

Breites Angebot

Aktivurlauber mit dem Schwerpunkt „Wassersport" sind auf Mauritius ohnehin richtig. Aber auch alle anderen Sportarten können in den Hotels der Insel ausgiebig betrieben werden. Der Club Med war zu Beginn des Tourismusbooms in Mauritius das Vorbild, an dem sich neue Hotelanlagen orientieren. Allerdings verzichten sie auf die im „Club" von den Einen geliebte, von den Anderen gefürchtete „Animation/Anmache". Es steht alles zur Verfügung: **Tennis- und Golfplätze, Reitställe, Pfeil und Bogen, Mountainbike, Kanu, Paddelboot,** und alles kann in der Regel sogar ohne Aufpreis genutzt werden. Genauso ist es beim **Wassersport,** denn es gibt Hotels, die kostenlose Tauchgänge und kostenloses Hochseefischen als Attraktion und „Verkaufsargument" anbieten. Wasserski, Windsurfen, Segeln, Schnorchelausfahrten, Glasbodenboot und vieles mehr zählen zu den selbstverständlich ohne Aufpreis angebo-

mau_036mtpa

tenen Serviceleistungen aller guten Hotels. Und wenn man in preiswerteren Bungalowanlagen wohnt, kann man gegen relativ geringe Gebühren an den Tauch- und Wassersportangeboten der teuren Hotels teilhaben.

Abseiling

Aqualonde (Tel. 6704301, Fax 6963012) verfügt über Ausrüstung und Führer, um diesen Trendsport an Steilwänden und in Wasserfällen durchzuführen.

Bergwandern

Die bizarren Berggipfel **rund um Port Louis und entlang der Südwestküste** ermöglichen viele leichte Bergwanderungen, die in halbtägigen Ausflügen zu absolvieren sind. Alle Hotels können Führer nennen oder sogar eigene Mitarbeiter auf die Wanderung mitschicken. Die Besteigung des **Le Pouce** bei Port Louis beispielsweise könnte zum Pflichtprogramm jeder Mauritiusreise zählen – doch leider gönnt sich fast niemand diesen herrlichen Tag in den Bergen mit grandiosen Ausblicken auf das Meer, die Stadt und die Zuckerrohrfelder. Einige Unternehmen haben sich darauf spezialisiert, ökologisch interessierte Gäste individuell zu führen. Die Führer kennen Fauna und Flora sehr gut und vermitteln ihr Wissen gern weiter.

Anbieter

- **Outdoor Guide Service** *(Mr. King How),* Plaine Verte, Port Louis, Tel. 2424052.
- **Vertical World,** Curepipe, Tel. 2546607.
- **Parc Adventure,** Chamarel, Tel. 2345385, parcadventure@intnet.mu.
- **Domaine de Chamarel,** Chamarel, Tel. 2511094, Fax 68367481.

Drachenfliegen

In der Domaine des Grands Bois bietet die **Association Sportive de Parapente** die Möglichkeit, sich auf einen Berg bringen zu lassen und von dort über fantastische Landschaften hinunterzusegeln (Tel./Fax 6319261).

Golf

9 Plätze

Je einen 18-Loch-Platz gibt es beim Hotel Beachcomber Le Paradis und beim Le Touessrok Hotel. Das Belle Mare Plage Hotel hat zwei 18-Loch-Plätze. Einen neuen Platz gibt es seit Herbst 2004 an der Südküste bei Bel Ombre. Er kann von Gästen der Hotels Heritage und Le Telfair bespielt werden, die beide ebenfalls im Herbst 2004 eröffneten. Das St. Géran und das Trou aux Biches verfügen über 9-Loch-Plätze. Der private Golfclub Gymkhana in Vacoas unterhält einen 18-Loch-Platz in angenehmer, kühler Hochlage. Einen 9-Loch-Platz betreibt der Dodo Club, der sich aus englischstämmigen Mauritiern zusammensetzt. Gegen Greenfee dürfen Gäste spielen.

Heiraten

Die behördlichen Vorschriften für standesamtliche Hochzeiten von Nichtmauritiern sind kompliziert.

Infos

- **Registrar of Civil Status,** Port Louis, Tel. 2011727, Fax 2112420.

Wer seine Reise bei einem Veranstalter bucht, kann die Formalitäten von diesem erledigen lassen. Das macht die Sache erheblich einfacher, denn seit solche Hochzeiten während des Urlaubs häufig vorkommen, klappt das bei den Veranstaltern mit entsprechender Erfahrung problemlos.

Hochseefischen

Ideale Ausgangspunkte zum Hochseefischen sind Le Morne im Südwesten und Trou aux Biches im Nordwesten, wo die beiden Beachcomber Hotels Le Paradis und Trou aux Biches über erstklassige Flotten verfügen. Im Südwesten und Nordwesten gibt es auch hotelunabhängige Fischerclubs.

Anbieter

- **Beachcomber Fishing Club** (Challenger), Le Morne, challanger@intnet.mu.
- **Black River Sport Fishing,** Grande Rivière Noire, Tel. 6836547.
- **Centre de Pêche de l'Ile Maurice,** Grande Rivière Noire, Tel. 6836522, Fax 6836318.
- **Domaine du Pêcheur,** Vieux Grand Port, dchjasseur@intnet.mu.
- **La Pirogue Big Game Fishing,** Flic en Flac, Tel. 4538441, Fax 4538449.
- **Organisation du Pêche** (Corsaire Club), Tel. 2655209, Fax 2656267.
- **Sofitel Imperial Big Game Fishing,** Flic en Flac, Tel. 4538700, Fax 4538320.
- **Sportfisher,** Grand Baie, Tel. 2636309.
- **Surcouf,** Trou d'Eau Douce, Tel. 4193198, Fax 4193197.

Modalitäten

Die Mindestmietzeit pro Boot beträgt i.d.R. 6 Stunden. Die Miete beläuft sich auf etwa 250 Euro, für 9 Stunden sind es etwa 300 Euro. Es werden maximal 4 Fischer und 3 bis 4 Begleitpersonen mitgenommen.

Reiten

Der **Mauritius Turf Club** (Port Louis) organisiert zwischen Mai und November an den Wochenenden (meist sonntags) 23 Renntage. Eintrittskarten erhält man am Morgen des Rennens beim Hippodrom in Port Louis. Ferner gibt es in Floréal den **Club Hippic** und **Reitställe beim Maritim Hotel** und einen Reitstall **in der Domaine Les Pailles** (Tel. 2864225).

Segeln

Wer Segelyachten mieten oder an organisierten Törns mit Skipper teilnehmen möchte, kann sich an diese Organisationen wenden:

Anbieter

- **Yacht Charters Ltd.,** Royal Road, Grand Baie, Tel. 2638395, Fax 2637814.
- **Ocean Pearl Charters,** Royal Road, Grand Baie, Tel. 2638899, Fax 2411002.
- **Croisière Emeraude & Aquacat Co.,** Cap Malheureux, Tel. 2638974, Fax 2637004.
- **Croisières Turquoises Ltd.,** Riche en Eau, Tel. 6319835, Fax 6319379.
- **Croisières Australes,** Forest Side, Tel. 6743695, Fax 6743720.
- **Croisières Océane,** Trou d'Eau Douce, Tel./Fax 4192767.

Tennis

In Hotels

Alle großen Hotels (über 150 Zimmer), aber auch manche kleineren (Casuarina Hotel) haben Asphalttennisplätze mit Flutlicht, die kostenlos zur Verfügung stehen. Das Hotel Belle Mare Plage hat sogar einige Plätze mit rotem Aschebelag.

Tauchen und Schnorcheln

Tauchbasen in Hotels

Tauchbasen findet man in fast allen Hotels. Dort kann man **Anfängerkurse** belegen und sowohl in Theorie als auch Praxis mit erfahrenen Tauchlehrern die ersten Schritte ins Abenteuer des Gerätetauchens unternehmen. Die Preise liegen in etwa auf dem Niveau der Malediven und unter denen auf den Seychellen oder in der Karibik. Ein fünftägiger Einführungskurs mit Tauchschein als Abschluss kostet 200 bis 300 Euro.

Tauchclubs

- **Mauritius Underwater Group,** Railway Road, Phoenix, Tel. 6965368.
- **Mauritius Marine Conservation Society,** Phoenix, Tel. 6965368.
- **Police Diving Unit,** Casernes Centrales, Port Louis, Tel. 2081212.

Tauchgründe

Die Tauchgründe des Beachcomber Le Shandrani sind für Anfänger gut geeignet, da in der ruhigen Lagune nur wenige Meter unter der Wasseroberfläche schöne Korallen zu finden sind. Ein Neoprenanzug ist daher nicht erforderlich. Im Winter, wenn die Wassertemperaturen auf 22 bis 24°C sinken können, ist er aber von Vorteil. Außerdem schützt der Anzug nicht nur vor Auskühlung, sondern auch vor Verletzungen. Bei den Tauchbasen gibt es bisher keine **Dekompressionskammern.** In Notfällen wird die Kammer der staatlichen Polizeitruppe *(Special Mobile Force)* in Vacoas genutzt.

Tauchlehrer

Deutschsprachige Tauchlehrer gibt es momentan bei Sindbad (Kuxville Hotel), Neptune (Belle Mare Plage Hotel) und The Cap Divers (Paradise Cove Hotel). Wer weder Englisch noch Französisch spricht, sollte sich bei der Buchung versichern, dass tatsächlich Unterricht in deutscher Sprache erteilt wird; es könnte sein, dass die Deutsch sprechenden Tauchlehrer ihre location in der Zwischenzeit gewechselt haben.

Tauchen für Nichtschwimmer

Zwei Unternehmen **in Grand Baie** haben Ausrüstungen, mit denen auch Nichtschwimmer die Unterwasserwelt kennen lernen können. Mit einem **Boot** fährt man an Plätze mit klarem Wasser, feinem, sandigem Boden und lebenden Korallenstöcken. Dann zieht man einen Tauchanzug mit Helm und Bleischuhen an und kann für eine viertel Stunde im Korallengarten spazieren gehen.

Anbieter

- **Undersea Walk,** Grand Baie, Tel. 2633977, Fax 2633101.
- **Aquaventure,** Belle Mare, Tel. 4197641, Fax 4151993.

Wasserski

In Hotels

Alle großen Hotels bieten Wasserski kostenlos an. In Grand Baie gibt es eine hotelunabhängige Wasserskistation.

Windsurfen

In den Strandhotels

Windsurfer gehören zur Grundausstattung der Strandhotels. Bedingungen, die Anfängern entgegenkommen, herrschen im Windschatten des Le

mau_042mtpa

Morne Brabant auf dessen Nordseite und in der Lagune des Hotels Shandrani. Könner wagen sich an die Südküste des Shandrani, an die Ostküste bei Belle Mare, an die Südseite des Le Morne Brabant oder in die Blue Bay.

Anreise mit dem Flugzeug

Nonstopverbindungen aus dem deutschsprachigen Raum nach Mauritius bieten derzeit nur Air Mauritius von Frankfurt und Genf, Condor von Frankfurt und München sowie Austrian Airlines von Wien nach Mauritius an. Die Flugzeit beträgt 10–11 Stunden und ist auch wegen der nur geringen Zeitverschiebung gut zu ertragen.

Außerdem gibt es einige Verbindungen mit mindestens einem **Zwischenstopp** im Heimatflughafen der jeweiligen Airline, die zwar billiger sein können als Nonstopflüge, bei denen man aber auch eine längere Reisedauer einkalkulieren muss.

Internationale Flughäfen in der Region sind Port Louis auf Mauritius und Saint-Denis auf La Réunion (siehe dort).

Nachfolgend eine Liste der **wichtigsten Fluggesellschaften** mit Verbindungen von Mitteleuropa nach Mauritius:

- **Air France,** www.airfrance.de. Von vielen Flughäfen in Deutschland, Österreich, der Schweiz sowie Amsterdam und Brüssel über Paris und La Réunion. Air France ist meist um 100 bis 200 Euro preiswerter als die anderen Gesellschaften, dafür muss man aber den Umweg über Paris und La Réunion in Kauf nehmen.
- **Air Mauritius,** www.airmauritius.com. Air Mauritius fliegt ab Frankfurt, Zürich, Genf und Wien ohne Zwischenaufenthalt sowie ab Amsterdam via Paris nach Mauritius. Im

europäischen Sommer, wenn in Mauritius Niedrigsaison ist, wird manchmal in einer weiteren Stadt in Europa zwischengelandet. Alle Reiseveranstalter und „Ticketbüros" haben diese Flugmöglichkeiten im Programm.

- **Austrian Airlines,** www.aua.at. Von Wien nonstop, aber auch einmal wöchentlich ab Amsterdam via Wien.
- **British Airways,** www.britishairways.de. Von vielen Flughäfen in Deutschland, Österreich, der Schweiz sowie ab Amsterdam und Brüssel über London (meist mit einer weiteren Zwischenlandung).
- **Condor,** www.condor.com. Die Lufthansatochter fliegt zweimal pro Woche, einmal ab Frankfurt, einmal ab München, nonstop nach Mauritius. Im europäischen Sommer (Niedrigsaison) legt sie manchmal eine Zwischenlandung auf den Seychellen oder in Kenia ein. Wegen der kurzen Flugdauer (11 Stunden ab München oder Frankfurt) und des guten Namens, den sich die Gesellschaft in Deutschland gemacht hat, befördert sie gut die Hälfte aller deutschen Gäste, die nach Mauritius reisen.
- **Emirates,** www.emirates.de. Von Düsseldorf, Frankfurt, München, Zürich und Wien über Dubai. Die Flüge ab München und Frankfurt nach Dubai sind häufig (mehrmals pro Tag), Weiterflüge nach Mauritius gibt es viermal pro Woche. Diese Variante bietet sich an, wenn man ein paar Tage Zwischenaufenthalt in Dubai einplant und/oder den Langstreckenflug von 11 Stunden auf zweimal 6 Stunden aufteilen möchte.

Stopover-Tipp

Emirates bietet interessante Stopover-Programme an (Transport vom/zum Flughafen, günstige Übernachtungen in guten Hotels, Stadtrundfahrten usw.). Das gilt aber nur dann, wenn man mit dieser Airline von Deutschland, Österreich und der Schweiz über Dubai zu einem anderen Ziel fliegt (z.B. nach Mauritius).

Flugpreise

Je nach Fluggesellschaft, Jahreszeit und Aufenthaltsdauer in Mauritius ist ein Hin-und Rückflug ab **750 Euro** bzw. 1320 SFr zu haben, von Amsterdam aus mit Austrian Airlines sogar ab 650 Euro, mit Air France und Air Mauritius ab 690 Euro; von Brüssel aus auch mit British Airways ab 700 Euro.

mau_045mtpa

Die Preise sind im **Frühling und Herbst** am günstigsten, die Sommerferien und Weihnachtszeit sind am teuersten.

Preiswertere Flüge sind mit **Jugend- und Studententickets** von British Airways (alle jungen Leute bis 25 und Studenten bis 34 Jahre) möglich. Außerhalb der Hauptsaison gibt es einen Hin- und Rückflug von Frankfurt nach Port Louis ab etwa 700 Euro bzw. in der Schweiz ab 1188 SFr.

Preiswert sind oft Tickets mit nur 30 oder 45 Tagen **Gültigkeitsdauer,** die sich jedoch nicht für Langzeitreisende eignen. Andere Tickets sind günstiger, weil die gebuchten **Reisetermine** nicht mehr geändert werden können.

In Deutschland gibt es von Frankfurt aus die häufigsten Verbindungen nach Mauritius. Tickets für Flüge von und nach anderen deutschen Flughäfen sind oft teurer. Da kann es attraktiver sein, mit einem **Rail-and-Fly-Ticket** (entweder bereits im Flugpreis enthalten oder nur 30 bis 60 Euro extra) per Bahn in Deutschland nach Frankfurt und in der Schweiz nach Zürich bzw. Genf zu fahren und von dort aus zu fliegen. Schweizer Halbtax-Abonnenten bekommen es evtl. noch günstiger.

Man kann auch einen preiswerten **Zubringerflug** der gleichen Airline von einem kleineren Flughafen buchen.

Buchung

Folgende **zuverlässigen Reisebüros** haben meistens günstigere Preise als viele andere:

- **Jet-Travel,** Buchholzstr. 35, 53127 Bonn, Tel. 0228-284315, Fax 284086, info@jet-travel.de, www.jet-travel.de. Sonderangebote sind unter „Flüge" als Schnäppchenflüge nach Afrika mit aufgeführt. Auch für Jugend- und Studententickets.
- **Globetrotter Travel Service,** Löwenstrasse 61, 8023 Zürich, Tel. 01-2286666, zh-loewenstrasse@globetrotter.ch, wwwglobetrotter.ch.
- **Air Fair,** Rokin 52, 1012 KV Amsterdam, Tel. 020-6205121, Fax 6205306, info@AirFair.nl, www.AirFair.nl. Holländische Website. Sonderangebote gibt es unter „Aanbiedingen". Ideal für Tickets ab den Niederlanden oder Belgien.

Last-Minute

Wer sich erst im letzten Augenblick für eine Reise nach Mauritius entscheidet oder gern pokert, kann Ausschau nach Last-Minute-Flügen halten, die von einigen Airlines deutlich ermäßigt **ab etwa 14 Tage vor Abflug** angeboten werden, wenn noch Plätze zu füllen sind. Diese Last-Minute-Flüge lassen sich nur bei Condor direkt (www.condor.com) und ansonsten nur bei Spezialisten buchen (bei den Rufnummern werden 0,12–0,20 Euro bzw. 0,12 SFr pro Minute berechnet):

- **L'Tur,** www.ltur.com; D: Tel. 01805-212121; A: Tel. 0820-600800, CH: Tel. 0848-808088, NL: Tel. 0900-2023008, sowie 140 Niederlassungen europaweit. Unter „Super Last Minute" gibt es Angebote für den Abflug innerhalb der nächsten 72 Stunden.

Buchtipps:
- Frank Littek, **Fliegen ohne Angst**
- Erich Witschi, **Clever buchen – besser fliegen**

(beide Bände Reise Know-How Praxis)

- **Lastminute.com,** www.de.lastminute.com, D: Tel. 01805-777257, NL/B: Tel. 0900-4050607.
- **D-reizen,** www.dreizen.nl, NL: Tel. 0900-1811 und 167 Niederlassungen in den Niederlanden.

Pauschalreise

Bei Pauschalreiseveranstaltern gibt es **erhebliche Preisunterschiede** für dieselben Destinationen in derselben Hotelklasse. Die maximalen Preisunterschiede können zwischen 13 und 26% liegen, d.h. ein Preisunterschied bis zu über 700 Euro.

Hier gilt es die **Preise sehr gründlich zu vergleichen,** was nicht einfach ist. Auch bei den Kinderpreisen sollte man Acht geben, manche Anbieter unterscheiden nach kleinen Kindern (2 bis 6 Jahre) und großen Kindern (7 bis 11, 12, 13, 14 oder gar 15 Jahre), andere wiederum gar nicht.

Viele **Internetanbieter** bieten Restplätze für Pauschalreisen von den gängigen Veranstaltern an, allerdings oft nicht preiswerter, sondern lediglich „Last Minute". Insbesondere wenn man den **Katalogpreis** nicht kennt, hat man schnell ein an-

Meilen sparen: Freiflüge!

Indirekt sparen kann man auch als Vielflieger, indem man Mitglied bei ein oder zwei **Vielflieger-Programmen** wird. An diesen Programmen nehmen auch Autovermietungen, bestimmte Hotels etc. teil. Bei manchen muss man „Airline-treu" sein, d.h. man kann die gesammelten Punkte nur bei der Airline „abfeiern", bei der man Mitglied ist. Andere kooperieren mit Partnern, deren Punkte man auch sammeln kann. Hier die größten Verbunde:

- **www.star-alliance.com,** Air Canada, Air New Zealand, All Nippon Airways – ANA, Asiana Airlines, Austrian Airlines, bmi, LOT Polish Airlines, Lufthansa, SAS Scandinavian Airlines, Singapore Airlines, Spanair, Thai Airways, United Airlines, US Airways, Varig (bald auch South African Airways, TAP Air Portugal und Blue1).
- **www.oneworld.com,** Aer Lingus, American Airlines, British Airways, Cathay Pacific Airways, Finnair, Iberia, LAN, Qantas.
- **www.skyteam.com,** Aeromexico, Air France, Alitalia, Czech Airlines, Delta Air Lines, Korean Air (bald auch KLM und Aeroflot).

Kleines „Flug-Know-how“

Service an Bord

Benötigt man eine **besondere Mahlzeit,** z.B. vegetarisch, vegan oder glutenfrei, sollte man dies schon bei der Buchung im Reisebüro deutlich machen.

Bei einer Flugdauer von 10–11 Stunden will man so bequem wie möglich sitzen. Bis zu 5 cm mehr **Abstand zwischen den Sitzreihen,** kann für große Nordeuropäer schon einiges an Mehrkomfort bedeuten. Hier glänzt Emirates mit einem Sitzabstand von 84–86 cm auf allen B777 und A340, während bei den anderen hier vorgestellten Airlines nur 79–81 cm üblich sind.

Gegen Langeweile hilft das **Bordprogramm** auf individuellen Videobildschirmen an der Rückseite des Sitzes des Vordermanns.

Check-in

Bei den meisten internationalen Flügen muss man **zwei bis drei Stunden vor Abflug** am Schalter der Airline eingecheckt haben. Viele Airlines neigen zum Überbuchen, d.h., sie buchen mehr Passagiere ein, als Sitze im Flugzeug vorhanden sind, und wer zuletzt kommt, hat dann möglicherweise das Nachsehen.

Wenn ein **vorheriges Reservieren** der Sitzplätze nicht möglich war, hat man die Chance, einen Wunsch bezüglich des Sitzplatzes zu äußern.

Das Ticket

Die **Gültigkeitsdauer des Tickets** kann 30 oder 45 Tage, 3, 6 und 12 Monate betragen. Nach Ablauf der Frist (siehe Gültigkeitsdauer in der Mitte des Tickets über der Flugstreckenangabe) ist keine Verlängerung möglich, das Ticket verfällt dann. Sonst kann der Flugtermin innerhalb der Geltungsdauer beliebig oft verschoben werden, wofür aber fast immer Gebühren erhoben werden. Aber Achtung, in der Hochsaison sind alle Plätze oft auf Wochen ausgebucht! Und die Änderungsmöglichkeit gilt nicht für Billig-Tickets, die einen fixen Termin beinhalten.

Geht ein **Ticket verloren,** das schon rückbestätigt wurde, hat man gute Chancen, ein Ersatzticket zu erhalten. Einige Airlines kassieren dafür aber noch einmal 50 bis 100 Euro; bei manchen läuft gar nichts mehr. Gut ist es, deutlich lesbare Fotokopien des Tickets zu machen und bei einer Vertrauensperson zu hinterlegen. Dies hilft enorm bei einer Neuausstellung des Tickets.

Gepäck

In der Economy-Class darf man in der Regel nur **Gepäck bis zu 20 kg pro Person** einchecken (steht auf dem Flugticket) und zusätzlich ein Handgepäck von 7 kg in die Kabine mitnehmen, welches eine bestimmte Größe von 55 x 40 x 23 cm nicht überschreiten darf. In der Business Class sind es meist 30 kg pro Person und zwei Handgepäckstücke, die insgesamt nicht mehr als 12 kg wiegen dürfen.

Wenn das Gepäck das Gewichtslimit übersteigt, ist die Airline nicht verpflichtet, es auf dem gleichen Flug zu befördern und man trägt die **Mehrkosten** für die Versendung als Frachtgut oder die Zulassung als Übergepäck. Wenn man Glück hat, wird ein Auge zugedrückt. Gepäckstücke, die mehr als 32 kg wiegen, können nicht normal eingecheckt werden – zum gesundheitlichen Schutz des Personals, das diese Gepäckstücke heben muss.

Sperrige Gepäckstücke müssen bei der Fluggesellschaft vorab angemeldet werden. Deren Beförderung kann mit Zusatzkosten verknüpft sein, die je nach Airline unterschiedlich sind.

Rückbestätigung

Bei den meisten Airlines ist heutzutage die **Bestätigung des Rückfluges** nicht mehr notwendig. Allerdings empfehlen alle Airlines, sich dennoch telefonisch zu erkundigen, ob sich an der Flugzeit nichts geändert hat, denn kurzfristige Änderungen der genauen Abfluguhrzeit kommen beim zunehmenden Luftverkehr heute immer häufiger vor.

Wenn die Airline allerdings eine Rückbestätigung **(reconfirmation) bis 72 oder 48 Stunden vor dem Rückflug** verlangt, sollte man auf keinen Fall versäumen, die Airline kurz anzurufen, sonst kann es passieren, dass die Buchung im Computer der Airline gestrichen wird; der Flugtermin ist dahin. Das Ticket verfällt aber nicht dadurch, es sei denn, die Gültigkeitsdauer wird überschritten, aber unter Umständen ist in der Hochsaison nicht sofort ein Platz auf einem anderen Flieger frei.

Die **Rufnummer** kann man von Mitarbeitern der Airline bei der Ankunft, im Hotel, dem Telefonbuch oder auf der Website der Airline erfahren (s.o.).

gebliches Schnäppchen gebucht, das dann doch nicht preiswerter als im Katalog ist. Praktische Websites, die mindestens die Pauschalangebote preislich vergleichen, sind www.lastminuteauskunft.de und www.nix-wie-weg.de.

Wenn man bedenkt wie viel Zeit die Sucherei in Anspruch nimmt, ist es allerdings häufig günstiger, sich an ein **Reisebüro in Ihrer Nähe** zu wenden, welches aus der Flut der Angebote die gewünschte Reise innerhalb Ihres Preislimits heraussucht.

Einreise

Reisedokumente

Ein in Europa bereits einzuholendes Visum ist für die Einreise nicht erforderlich, es genügt ein noch **6 Monate gültiger Reisepass** oder jedes gültige Reisedokument (Kinderausweis, Staatenlosenpass, Reiseausweis für Asylbewerber usw.). Der bei der Einreise eingestempelte, für die Dauer des gebuchten Urlaubs (mindestens 2 Wochen) geltende **Sichtvermerk** kann davon abhängig gemacht werden, dass ein gültiges Rück- oder Weiterreiseticket vorgewiesen werden kann. Notfalls kann man es am Flughafen lösen. Reisenden, die aus den Commonwealth-of-Nations-Staaten sowie Kanada, den USA und Südafrika kommen, wird eine Aufenthaltsgenehmigung für drei, maximal für sechs Monate erteilt.

Flughafengebühr

Vor der Rückreise ist eine Flughafengebühr in Höhe von etwa 30 Euro zu bezahlen; sie entfällt, wenn der Gast die Insel nur für einen Transitaufenthalt von 24 Stunden oder weniger besucht. Bei vielen Fluggesellschaften ist diese Gebühr bereits im Preis des Flugtickets enthalten. Erkundigen Sie sich bei der Fluggesellschaft vor der Heimreise, damit es keine unangenehme Überraschung gibt, wenn die Gebühr nicht zur Hand ist.

Busse vom Flughafen

Etwa alle 30 Minuten fahren Busse vom Flughafen in Port Louis nach Grand Baie (ca. 5 Euro).

Diplomatische Vertretungen

In Mauritius

- **Honorargeneralkonsul der Bundesrepublik Deutschland** *(German Honorary Consulate General),* 32 bis Rue St. Georges, Port Louis, Tel. 2124100, Fax 2114111.
- **Honorarkonsul der Republik Österreich** *(Austrian Honorary Consulate),* Rogers House, 5 President John F. Kennedy St., Port Louis, Tel. 2026800-1, Fax 2085045.
- **Generalkonsul der Schweiz** *(Swiss Consulate General),* 2 Jules Koenig St., Port Louis, Tel. 2088763, Fax 2103347.

In Deutschland

- **Botschaft der Republik Mauritius,** Kurfürstenstraße 84, 10787 Berlin, Tel. 030-2639360, Fax 030-26558323, www.mauritius-embassy.de, Mo bis Fr von 9 bis 16.30 Uhr.
- **Honorarkonsul der Republik Mauritius,** Wasserstr. 3, 40213 Düsseldorf, Tel. 0211-1362962, Fax 0211-132504, Sprechzeiten nach Vereinbarung.
- **Honorargeneralkonsul der Republik Mauritius,** Landwehrstraße 10, 80336 München, Tel. 089-555515, Fax 089-553504, Di und Do von 10 bis 13 Uhr.
- **Honorarkonsul der Republik Mauritius,** Azenbergstr. 31, 70174 Stuttgart, Tel. 0711-979533, Fax 0711-60661050, Mo bis Fr von 10 bis 12 Uhr.

In Österreich

- **Botschaft der Republik Mauritius,** Berlin (s.o.) ist auch für Österreich zuständig.
- **Honorarkonsul der Republik Mauritius,** Führichgasse 6, 1010 Wien, Tel. 01-5132273, Fax 01-5132274, Do von 9 bis 12 Uhr.

In Frankreich

- **Botschaft der Republik Mauritius,** Rue de Tocqueville 127, 75017 Paris, Tel. 0033-1-42273019, Fax 40530291; **auch zuständig für die Schweiz.**

EINKÄUFE

Auf Märkten in Port Louis und Curepipe kann man **Kleidungsstücke** preiswert einkaufen, bekommt allerdings keine hochwertige Ware. Teurer sind die Hotelboutiquen und die guten Geschäfte in Grand Baie, sie bieten aber auch wesentlich bessere Qualität. Ein T-Shirt auf dem Markt kostet etwa 6 bis 8 Euro, in der Hotelboutique 13 bis 16 Euro. Die dort verkaufte Ware hat „Exportqualität" und ist auch nach fünfmal Waschen noch ansehnlich. Selbst die teuersten Stücke kosten lediglich die Hälfte dessen, was wir in Europa bezahlen müssen. Vor allem in den Läden in Curepipe finden Sie auch schöne **seidene Saris** und **Seidenhemden** zu weitaus günstigeren Preisen als in Europa. Erstklassige **Wollpullover** werden größtenteils für den Export, aber auch für den Verkauf an Gäste hergestellt.

Schöne Andenken sind Bildbände von Mauritius, die man in allen Hotelshops, in Souvenirläden und Buchhandlungen bekommt. Wer sich für Kolonialarchitektur interessiert, findet auch hierzu verschiedene Bücher mit schönen Fotos und Zeichnungen.

Folgende **Buchhandlungen** haben eine große Auswahl an englischer und französischer Literatur über Geschichte, Küche und Kultur von Mauritius:

- **Le Treffle,** Route Royale, Port Louis.
- **Papyrus,** Route Royal, Grand Baie.

Bildbände

Diamanten, Schmuck, Uhren bekommt man für viel Geld (aber dennoch vergleichsweise preiswert) bei Adamas in Floréal, Ravior in Quatre Bornes, Matikola in Centre de Flacq, Shiv Jewels in Port Louis und Charles Lee in Curepipe. Sie importieren die Rohsteine zollfrei, schleifen und verarbeiten im Land und verkaufen – wiederum zollfrei – nur an Ausländer. **Armbanduhren** der großen Marken Cartier, Baume & Mercier oder Piaget können Sie in den oben genannten Geschäften ebenfalls zollfrei und günstig einkaufen. 48 Stunden vor der Abreise müssen Sie Bescheid geben, dann wird Ihr Einkauf zum Flughafen gebracht, wo Sie ihn in einem Laden jenseits der Passkontrolle in Empfang nehmen können.

Perlen, Blütenextrakt

Bei **Mizumoto** (Pointe aux Canonniers) können Sie zollfrei importierte Perlen einkaufen. Auf der **Domaine d'Ylang Ylang** werden Tongefäße und Fläschchen mit dem **Extrakt der Blüte des Ylang-Ylang-Baumes** verkauft. In einem Zimmer aufgestellt, sorgt das kleine Gefäß für unaufdringlichen, sanften Blütenduft, der beruhigend wirkt.

Modelle

Modelle **von Segelschiffen und Kolonialhäusern** sind ein ebenfalls nicht billiges Souvenir. Die Preise liegen bei 50 Euro für eine Piroge, 1300 Euro für eine 50 cm lange „Santa Maria" und 2500 Euro für die kleinere Version der „Amerigo Vespucci". Das große Modell dieses Schiffes kostet stolze 4500 Euro. Alle Hersteller verpacken die Schiffe in Sperrholzkisten, die sie mit einem Tragegriff versehen. Diese Kisten können Sie beim Rückflug als Gepäck einchecken.

Folgende Fabriken stellen Modellschiffe her und verpacken sie versandfertig:

- **Comajora,** Rue Brasserie, Curepipe.
- **Galerie für historische Schiffsmodelle,** Pamplemousses.
- **Historic Marine,** Goodlands.

Fachleute behaupten, die in Goodlands hergestellten Schiffe seien qualitativ am hochwertigsten – sie sind dafür aber auch teurer als die anderen.

mau_54mtpa

FESTE UND FEIERTAGE

Insgesamt gibt es **15 Feiertage,** die **staatlich** geschützt sind. Dazu gehört das chinesische Neujahrsfest im Februar, das Cavadee der Hindus ebenfalls im Februar, Maha Shevaratree Anfang März, Aid El Fitr (Islam) im März und Divali im Oktober und die christlichen Feiertage wie Weihnachten und Ostern. Die genauen Termine der Feiertage der Hindus und Moslems sind nach unserem Kalender nicht langfristig festzulegen, da sie sich am Mondkalender orientieren. Bei uns unbekannte, nicht-religiöse Feiertage sind: der 1. Februar als Tag der Abschaffung der Sklaverei, der Unabhängigkeitstag am 12. März und der 2. November als Tag der ersten Ankunft indischer Vertragsarbeiter auf der Insel. Vgl. zu diesem Abschnitt auch „Religionen, Sitten und Gebräuche" im landeskundlichen Kapitel zu Mauritius.

Unterschrift (Betrag siehe Vorderseite)

Ermächtigung zum Lastschrifteinzug

Ich ermächtige hiermit das umseitig genannte Unternehmen, umseitig ausgewiesenen Rechnungsbetrag von meinem durch Konto-Nummer und Bankleitzahl bezeichneten Konto durch Lastschrift einzuziehen. Für den Fall einer Nichteinlösung oder eines Widerspruchs bevollmächtige ich meine Bank, dem umseitig genannten Unternehmen auf Aufforderung meinen Namen und meine Anschrift mitzuteilen.

Ausdrücklich erkläre ich mich einverstanden, daß bei Nichteinlösung der Lastschrift diese Tatsache in eine Sperrdatei aufgenommen wird. Sobald der Rechnungsbetrag bezahlt ist, wird die Eintragung in der Sperrdatei umgehend gelöscht.

Unterschrift (Betrag siehe Vorderseite)

Ermächtigung zum Lastschrifteinzug

Ich ermächtige hiermit das umseitig genannte Unternehmen, umseitig ausgewiesenen Rechnungsbetrag von meinem durch Konto-Nummer und Bankleitzahl bezeichneten Konto durch Lastschrift einzuziehen. Für den Fall einer Nichteinlösung oder eines Widerspruchs bevollmächtige ich meine Bank, dem umseitig genannten Unternehmen auf Aufforderung meinen Namen und meine Anschrift mitzuteilen.

Ausdrücklich erkläre ich mich einverstanden, daß bei Nichteinlösung der Lastschrift diese Tatsache in eine Sperrdatei aufgenommen wird. Sobald der Rechnungsbetrag bezahlt ist, wird die Eintragung in der Sperrdatei umgehend gelöscht.

GELD/FINANZEN

Mauritische Rupie Mauritische Rupien kann man in deutschen Banken kaufen, das dauert aber normalerweise ein paar Tage und lohnt sich nicht. Der Kurs ist schlechter als bei Tausch in Mauritius. Im Flughafengebäude befinden sich Wechselstuben einheimischer Banken. Dort können Sie zu einem guten Kurs Euro oder Reiseschecks eintauschen. Banken lösen Reiseschecks oder Bargeld ein, wobei der Kurs für Schecks etwas besser ist als für Bargeld. Fremde Währungen dürfen unbegrenzt ein- und ausgeführt werden, die Einfuhr von mehr als 700 Rupien und die Ausfuhr von mehr als 350 Rupien sind untersagt.

Wechselkurs 1 Mauritius-Rupie (MR) entspricht 0,029 Euro bzw. 0,044 SFr, 1 Euro ca. 35 Rupien bzw. 1 SFr ca. 23 MR (Stand: August 2004).

Kreditkarten Kreditkarten von American Express, Diners Club, Mastercard (Eurocard) und Visa werden akzeptiert, am gebräuchlichsten ist die Visacard. American Express wird vom Mauritius Travel and Tourist Bureau (MTTB) in Port Louis, Ecke Sir William Newton Street/Royal Street, vertreten (Tel. 2082041).

Geldbeschaffung Die preiswerteste Art der Geldbeschaffung ist eine Barabhebung mit der **EC- bzw. Maestro-Karte.** Das ist in allen großen Städten problemlos an **Geldautomaten** (ATM/Bancomat) mit dem blauen Cirrus-Logo möglich – natürlich nur unter Angabe der Geheimnummer (PIN). Je nach Hausbank in Europa wird dafür pro Abhebung eine Gebühr von 3 bis 4 Euro bzw. 5 bis 6 SFr berechnet. Es ist daher am günstigsten, größere Geldbeträge auf einmal abzuheben.

Seerosen im Botanischen Garten von Pamplemousses

Von Barabhebungen per **Kreditkarte** ist abzuraten, weil dabei bis zu 5,5% an Gebühr einbehalten werden, bei bargeldloser Zahlung hingegen nur 1 bis 2%.

Karte sperren

Bei **Verlust** der Geldkarte muss sie sofort gesperrt werden. Einige Banken haben **eigene Sperrnummern.** Die unten stehenden Kontakte können Ihnen in der Regel dennoch die für Ihre Kreditkarte zutreffende Sperrnummer nennen. **Tipp:** Nummer der Kreditkarte und Kartensperrnummer vorher notieren! Sie stehen auf der Kreditkarte! Bei EC-/Maestro-Karten muss man für die computerisierte Sperrung die Kontonummer kennen.

- **EC-/Maestro-Karte,** (D): Tel. 0049-1805-021021; (A): Tel. 0043-1-2048800; (CH): Tel. 0041-1-2712230; UBS: Tel. 0041-8488-88601; Credit Suisse: Tel. 0041-8008-00488.
- **Euro-/MasterCard und Visa,** (D): Tel. 0049-69-79331910; (A): Tel. 0043-1-717014500 (Euro/MasterCard) bzw. Tel. 0043-1-71111770 (VISA); (CH): Tel. 0041-44-2008383 für alle Banken außer Credit Suisse, Corner Bank Lugano und UBS.
- **American Express,** (D/A): Tel. 0049-69-97971000; (CH): Tel. 0041-1-6596666.
- **Diners Club,** (D): Tel. 0049-69-66166-123; (A): Tel. 0043-1-501350; (CH): Tel. 0041-1-8354545.

Trinkgeld

Trinkgelder werden nicht „gefordert", aber man freut sich darüber. Sie sollten bewusst eingesetzt werden und sich in der Höhe an der erbrachten

mau_056mtpa

Leistung und den allgemeinen Lohnniveau orientieren. Ein Anhaltspunkt ist der durchschnittliche Stundenlohn von etwa 2 bis 3 Euro.

Gesundheit

Reisemedizinische Infos im Internet auf der Website **www.travelmed.de** und im Buchanhang.

Keine Tropenkrankheiten

Es gelten die allgemein bekannten Vorsorgemaßnahmen, vor allem vor Sonnenbrand und Erkältung. Tropenkrankheiten sind bis auf einzelne Malariafälle in armen Außenvierteln von Port Louis unbekannt. Eine Malariavorsorge wird von Tropeninstituten momentan nicht empfohlen, da das Infektionsrisiko minimal ist. Das Leitungswasser ist trinkbar, schmeckt aber nicht gut. Reisen Sie aus einem Infektionsgebiet ein (Afrika oder Asien), müssen Sie eine Gelbfieber- und Choleraimpfung nachweisen (vgl. auch im Anhang).

Krankenhäuser

- **Doctor Jeetoo Hospital,** Port Louis, Tel. 2123201, Fax 2128959.
- **Queen Elizabeth Hospital,** Crève Cœur, Rodrigues, Tel. 8311521.
- **Moka Eye Hospital,** Moka, Tel. 4334015.
- **Princess Margaret Orthopedic Hospital,** Quatre Bornes, Tel. 4253031.
- **Sir Seewoosagur Ramgoolam National Hospital,** Pamplemousses, Tel. 2433661.

Neben den staatlichen Kliniken gibt es noch eine Reihe von Privatkliniken in Port Louis, Floréal, Quatre Bornes, Curepipe, Rose Hill, Le Réduit und Baie du Tombeau.

Mächtiger Feuerbaum (Flamboyant)

INFORMATIONSSTELLEN

Fremdenverkehrsbüros

- **Mauritius Informationsbüro (Deutschland),** Postfach 180270, 60083 Frankfurt/Main, Tel. 0700-628748487, Fax 069-92187431, www.mauritius.net.
- **Mauritius Tourism information Service (Schweiz und Österreich),** Kirchenweg 5, 8032 Zürich, Tel. 01-3884118, Fax 01-3884103.
- **Mauritius Tourist Promotion Authority (Mauritius),** Air Mauritius Centre, 11th Floor, John F. Kennedy Street, Port Louis, Tel. 2101545, Fax 2125142. Das MTPA hat auch einen Schalter im Flughafengebäude mit Informationen über Hotels, Busverbindungen und aktuelle Taxipreise.

Informationen aus dem Internet

Fast alle Webseiten, die sich mit Mauritius (und La Réunion) im Detail befassen, sind in französischer und englischer Sprache verfasst. Hier einige deutschsprachige Seiten sowie das CIA-„fact-book“:

- **www.rodrigues-island.org**
  Offizielle Seite des Fremdenverkehrsbüros über Rodrigues
- **www.cia.gov/cia/publications/factbook/geos/mp.html**
  Alle Fakten aus dem Archiv des CIA
- **http://deutsch.mauritius.net/web/start/index.html**
  Offizielle Mauritius-Seite des Fremdenverkehrsbüros
- **www.ingrids-welt.de/reise/mauritius**
  Private Mauritius-Seite mit einem lebhaften Informationsaustausch im zugehörigen Forum
- **www.mauritius-guide.de/**
  Umfassender Reiseführer zu Mauritius
- **www.reise-know-how.de**
  Aktuelle Infos zu diesem Reisehandbuch u.v.m.

Informationen und Reisehinweise im Internet auch unter **www.auswaertiges-amt.de.**

Masse und Gewichte

Metrisches System

Alle Angaben von Maßen und Gewichten erfolgen nach dem metrischen System, nicht nach den in vielen englisch beeinflussten Ländern üblichen Einheiten wie Fuß, Zoll oder Meilen.

Nachtleben

Nachtleben ist nicht unbedingt die Stärke von Mauritius. Dennoch gibt es außerhalb der Hotels einige interessante Nachtclubs und Diskotheken. Es empfiehlt sich, mit dem Taxi hinzufahren und das Taxi für eine bestimmte Zeit zur Abholung wieder zu bestellen, denn öffentliche Verkehrsmittel sind in der Nacht nicht unterwegs.

Clubs/ Discos

- **Le Star Dance, Kapu Kai** und **Banana Café** in Grand Baie.
- **Queen's Club** in Quatre Bornes.
- **Bounty Bar** in Preybere.
- **Le Saxophone** in Beau Bassin.

Spielkasinos

In Hotels

- **Beachcomber,** Trou aux Biches.
- **Le St. Géran Hotel,** Poste de Flacq (Belle Mare).
- **Berjaya Le Morne Resort,** Le Morne.

Außerhalb der Hotels

- **Le Casino de Maurice,** Curepipe.
- **Le Grand Casino du Domaine,** Domaine Les Pailles (nahe Port Louis).

Trad. chin. Spielkasinos

- **L'Amicale Chinese Gambling House,** Port Louis, Royal Road 55.
- **Starlight Gaming Club,** Mahébourg.

Öffnungszeiten

Geschäfte

Geschäfte sind generell wochentags **von 9 bis 16 Uhr** geöffnet. Im chinesischen Teil von Port Louis und in kleineren Ortschaften machen die Läden früher auf und später zu und sind meist auch am Samstagnachmittag und Sonntag geöffnet. Manche Geschäfte in den Städten des Hochplateaus sind am Donnerstagnachmittag geschlossen.

Banken

Die Banken öffnen ihre Schalter **Mo bis Fr von 9.15 bis 15.15 sowie Sa von 9.15 bis 11.15 Uhr.**

Post und Telekommunikation

Internat. Vorwahlen

Die internationale Telefon- und Telefaxvorwahl von **Mauritius** lautet **00230,** die Vorwahl für **Rodrigues 00095.** Die Vorwahl von Mauritius nach Deutschland lautet 0049, nach Österreich 0043, in die Schweiz 0041.

Verbindungen

Telefonverbindungen sind nicht sehr gut, für Telefaxe reicht die Übertragungsqualität manchmal gar nicht, so dass das Faxgerät eine Fehlermeldung anzeigt. Mauritius verfügt über Service-Provider für **Internet und E-Mail,** so dass viele Hotels und Unternehmen auf diesem Weg erreichbar sind. Ein Gespräch nach Deutschland unter 3 Minuten kostet etwa 5 Euro.

Buchtipps:
- Volker Heinrich, **Kommunikation von unterwegs**
- Günter Schramm, **Internet für die Reise**

(beide Bände Reise Know-How Praxis)

Mobile Verbindungen

In Mauritius nutzt man für **Mobiltelefonverbindungen** mit den Anbietern Cellplus und Emtel 900 MHz GSM wie in Europa. Je nachdem, welchen Provider man hat, kann man sein Mobiltelefon auch dort einsetzen.

Man muss bei Nutzung eines europäischen Gerätes in Mauritius jedoch mit **hohen Roaming-Kosten** rechnen. Nicht zu vergessen sind auch die **passiven Kosten,** wenn man von zu Hause angerufen wird. Ein in Ihrem Heimatland befindlicher Anrufer zahlt nur die Gebühr ins inländische Mobilnetz, die Rufweiterleitung nach Mauritius findet man später auf der eigenen Rechnung wieder. Extrem ärgerlich sind diese Kosten vor allem, wenn man nur vergessen hat, die **Rufumleitung auf die Mailbox** zu deaktivieren. Wenn man dann nicht zu erreichen oder es besetzt ist, schlägt die Rufumleitung nach Mauritius und dann zurück nach Europa sich doppelt auf Ihrer Rechnung wieder (bzw. bei Prepaid-Verträgen ist das Guthaben schneller alle als erwartet).

Wesentlich preiswerter ist es, sich von vornherein auf das **Versenden von SMS** zu beschränken. Es ist in der Regel wesentlich preiswerter als zu telefonieren.

Falls das Mobiltelefon **SIM-lock-frei** ist (keine Sperrung anderer Provider vorhanden ist) und man viele Telefonate innerhalb Mauritius führen möchte, kann man sich vor Ort eine **Prepaid-SIM-Karte** besorgen (Emtel Kwépé Rs 50–475, www.emtelnet.com oder Cellplus Complis Starter Pack Rs 125).

Sollte das Mobiltelefon im Ausland **verloren gehen** oder **gestohlen werden,** sollte man bei einem Laufzeitvertrag, aber auch bei bestimmten Prepaid-Abonnements die Nutzung der SIM umgehend beim Provider sperren lassen (nicht immer kostenfrei!). So erspart man sich nach der Rückkehr eine dicke Rechnung, die man selbst nicht vertelefoniert hat. Dazu muss man in der Regel **folgende Angaben** machen können: Rufnummer, SIM-Kartennummer (auf SIM vermerkt), Kundennummer oder Kundenkennwort.

Ebenfalls **vorher notieren** sollte man die IMEI-Nummer (elektronische Zulassungsnummer), die nach Eingabe des Tastencodes Stern-Raute-null-sechs-Raute auf dem Display erscheint – diese muss man in der Regel auch bei der Polizei bei der Diebstahl- oder Verlustmeldung angeben.

Post

Eine Luftpostkarte nach Europa kostet 2 MR, ein Luftpostbrief 5 MR. Die **Hauptpost** ist in Port Louis, Quay Street, Tel. 2082851, Fax 2129640 (Öffnungszeiten: Mo bis Fr 8.15 bis 11.15 und 12 bis 16 Uhr, Sa 8 bis 11.45 Uhr).

Reisen auf Mauritius

Tagesausflüge

Wer mehr kennen lernen will als die Strände und die erstklassigen Hotels, hat viele und sehr unterschiedliche Möglichkeiten, sich fortzubewegen. Der übliche Weg besteht darin, sich einem der Tagesausflüge anzuschließen, die von den Hotels und den betreuenden Agenturen angeboten werden. Sie sind gut organisiert, **recht pünktlich** und auch **interessant.** Einige Agenturen haben beispielsweise Verträge mit Zuckerplantagenbesitzern, die es ihnen erlauben, einmal pro Woche mit einer Gruppe vorbeizukommen, im Kolonialhaus zu speisen und eine Führung durch die gepflegten Privatgärten und die Plantagen zu machen. Als Individualreisender wird man so eine Villa kaum zu Gesicht bekommen. Der Preis pro Ausflug beträgt **etwa 100 Euro pro Person und Tag,** inklusive Abholung am Hotel und Mittagessen.

Hindustatue am heiligen See Grand Bassin

Taxi

Zur individuellen Gestaltung einer Route eignet sich ein Taxi. Die Taxifahrer sind angenehme Chauffeure, **freundlich, hilfsbereit** und kennen ihre Insel ausgezeichnet. In der Regel kostet ein Taxi für einen Tag Sightseeingtour nicht mehr als ein Mietwagen, und man hat den Vorteil, sich nicht um Linksverkehr, Straßenschilder und Weggabelungen kümmern zu müssen. Mit guten Englisch- oder besser noch Französischkenntnissen werden sich zudem interessante Gespräche mit dem Taxifahrer ergeben. Taxis mit Chauffeur, inklusive Benzin und freien Kilometern, kosten **zwischen 100 und 150 Euro pro Tag,** je nach Qualität des Fahrzeugs.

Die **National Transport Authority** ist daran interessiert, schwarze Schafe unter den Taxichauffeuren auszusortieren. Wer Schwierigkeiten hat, sollte sich nicht scheuen, dort anzurufen (Tel. 2121448).

mau_063mtpa

Taxi-Trains Einige **größere Taxis** – mit mehr als vier Passagiersitzen – haben sich darauf spezialisiert, in der Nähe von Bushaltestellen zu warten und die gleichen oder ähnliche **Routen** abzufahren **wie die Busse.** Insbesondere zu Stoßverkehrszeiten kann man mit diesen „Taxi-Trains" gegen ein wenig mehr Geld die Wartezeiten abkürzen. Sie haben das Taxi aber nicht exklusiv für sich, denn so lange Plätze frei sind, steigen andere Passagiere zu!

Autostopp

Weniger geeignet Zum Trampen eignet sich die kleine Insel weniger gut. Die Entfernungen sind gering, und es gibt nur wenige Durchgangsstraßen, die Gewähr bieten, dass das anhaltende Auto wenigstens einige Kilometer in der gewünschten Richtung fährt. Die Bereitschaft, jemanden mitzunehmen, ist allerdings groß.

Busse

Preiswert Das Busnetz auf der Insel ist dicht und preiswert, die **Verbindungen sind regelmäßig,** denn es konkurrieren mehrere private Gesellschaften miteinander. Den bekannten Vorteilen des Reisens in öffentlichen Verkehrsmitteln (Kontakt zur Bevölkerung) stehen vor allem in den Städten einige Nachteile gegenüber: In Port Louis, Curepipe, Rose Hill, Quatre Bornes und Vacoas ist Busfahren alles andere als ein Vergnügen. Man muss häufig umsteigen, die Busse fahren langsam durch die oft engen und verstopften Straßen, und die Auspuffe verpesten die Luft mit schwarzen Rauchwolken.

Verbindungen In städtischen Gebieten (Port Louis bis Grand Baie, Curepipe usw.) fahren etwa alle 30 Minuten Busse von 5.30 bis 20 Uhr, in ländlichen Gebieten nur von 6.30 bis 18.30 Uhr; nach 18 Uhr werden die Verbindungen auf der ganzen Insel stark reduziert. Bis 23 Uhr verkehren Busse zwischen Port Louis und Curepipe mit Stopps in Rose Hill, Quatre Bornes und Vacoas. An den Bushaltestellen hängen Fahrpläne aus.

Hubschrauber

Hoteltransfer, Rundflüge

Air Mauritius besitzt zwei „Bell Jet Ranger", die für Hoteltransfers vom Flughafen im Südwesten zu den Hotels im Nordosten gemietet werden können und damit einen etwa 45-minütigen Bustransfer durch einen interessanten Inselrundflug von 15 Minuten ersetzen. Ein Rundflug von Ihrem Hotel die Küste entlang und über die Berge von Port Louis (20 Minuten) kostet etwa **300 Euro.** Bei vier Personen kommt man auf etwa 80 Euro pro Person. Tipp: Versuchen Sie, einen Termin kurz vor Sonnenuntergang zu bekommen!

Limousinenservice

Mauritours

Mauritours (siehe „Informationsstellen/Veranstalter") unterhält einen Limousinenservice mit neuen Autos der gehobenen Mittelklasse (BMW, Peugeot, Ford) und englisch- und französischsprachige Chauffeuren, die zugleich ausgebildete Reiseleiter sind. Preis **pro Tag etwa 350 Euro** (Tel. 4541666 oder 4541667).

Mietwagen

Preise vergleichen!

Es gibt zahlreiche Autovermieter, daher lohnt es sich, vor Ort per Telefon nach Preisen und Autotypen zu fragen. Die Preise liegen je nach Fahrzeugtyp **zwischen 50 und 100 Euro pro Tag.** Das Mindestalter des Fahrers muss 23 Jahre betragen, er muss einen Reisepass und einen nationalen Führerschein vorweisen, der mindestens seit einem Jahr gültig ist.

Anbieter

- **ABC Car Rental,** Trou Fanfaron, Albion Docks, Port Louis, Tel. 2428957, Fax 2428958.
- **ADA,** Malartic Street, Curepipe, Tel. 6752626, Fax 6753739, adamaurice@intnet.mu.
- **AVIS,** Al-Madina Street, Port Louis, Tel. 2086031, Fax 2111420, avis@ibl.intnet.mu.
- **BUDGET,** S. Venkatesananda Street, Rose Hill, Tel. 4541666, Fax 4541682, budget@mauritours.intnet.mu.
- **EUROPCAR,** Autoroute M2, Pailles, Tel. 2860140, Fax 2864705.
- **HERTZ,** 84, Gustave Colin Street, Forest Side, Tel. 6704301, Fax 6705910, hertz@mautourco.com.
- **NATIONAL RENT A CAR,** 217, Coastal Road, Curepipe, Tel. 6701868, Fax 6702137, national@intnet.mu.

Schiffe

Frachter

Frachter zwischen Mauritius und Rodrigues haben einzelne Kabinen für Passagiere, aber keinen verlässlichen Fahrplan. Sie fahren, wenn sie beladen sind oder keine Aussicht besteht, in angemessener Zeit ihren Stauraum zu füllen. Auskünfte erhalten Sie in Port Louis in den Reisebüros oder im Rogers House (Rue John F. Kennedy). Dort haben Schifffahrtsgesellschaften ihren Sitz, und man ist am besten über die Möglichkeiten informiert, in den nächsten Tagen oder Wochen Mauritius mit dem Schiff zu verlassen. Das kombinierte **Fähr- und Frachtschiff „Mauritius Pride"** fährt nach Rodrigues zwei- bis dreimal pro Monat, nach La Réunion fünf- bis sechsmal (Näheres siehe im Abschnitt „Reisen innerhalb der Maskarenen").

Zweiräder

Fahrräder und Mopeds

Von Hotels (von den größeren kostenlos) werden Fahrräder angeboten, spezielle Vermieter in Grand Baie haben auch Mopeds zu **20 bis 30 Euro pro Tag.** Es ist allerdings heiß auf der Insel, und abgesehen von den stark befahrenen Küstenstraßen sind die Straßen sehr bergig, was nicht unbedingt ideal zum Fahrradfahren ist. Der gute Zustand der Straßen und die geringen Distanzen sprechen wiederum dafür, sich mit dem Rad fortzubewegen.

Reisende mit Handicap

Die großen Hotels, die in den 1990er Jahren gebaut wurden, sind durchwegs auf die Bedürfnisse von Behinderten („rollstuhlgerecht") eingerichtet. Freundliche und kompetente Hilfe von Einheimischen zu bekommen, ist kein Problem.

Reiseveranstalter

Auf Mauritius

In vielen Orten gibt es Reisebüros, die Flugscheine rückbestätigen, Ausflugsfahrten organisieren, Hotelzimmer, Apartments oder Camping-Möglichkeiten suchen. Die wichtigsten lokalen Reiseagenturen und Veranstalter sind:

- **Connections Tourism Management,** River Court, 6, St. Denis Street, Port Louis, Tel. 2119933, connect@intnet.mu.
- **Mauritius Travel & Tourist Bureau (MTTB),** Royal Road, Floréal, Tel. 6963001, Fax 6963012, mtco@mttb-mauturco.com.
- **Mauritours,** 5, Venkatasananda Street, Rose Hill, Tel. 4541666, Fax 4541682, mauritours@mauritours.intnet.mu.
- **Summertimes,** 5, Bernardin de St. Pierre Street, Quatre Bornes, Tel. 427111, Fax 4271010.

Die Agenturen unterhalten Informations- und Buchungsschalter in den Hotels und geben dort auch schriftliche Informationen über Ausflugsmöglichkeiten. **Mauritours** ist das größte Unternehmen mit den meisten Kontaktstellen in Hotels und bietet auch interessante Tagesausflüge in modernen Bussen an. Exklusiv bei Mauritours gibt es einmal pro Woche einen Tagesausflug an die Südküste, bei dem man private Zuckerplantagen, eine Anthurienzucht und Herrschaftshäuser besucht, die sonst der Öffentlichkeit nicht zugänglich sind.

In Deutschland

Seit 1984 ist **Trauminsel Reisen** auf Mauritius spezialisiert und hat einen umfangreichen Spezialkatalog mit über 40 Seiten zu Mauritius und Rodrigues sowie La Réunion. Der Inhaber ist auch Autor dieses Urlaubshandbuchs sowie weiterer Reiseführer zu Inseln des Indischen Ozeans – Sachkunde ist also garantiert.

- **Trauminsel Reisen Maisie & Wolfgang Därr GmbH,** 82211 Herrsching, Summerstr. 8, Tel. 08152-9319-0, Fax 08152-9319-20, Info@TrauminselReisen.de, www. TrauminselReisen.de.

Reisezeit

Zyklongürtel

Zuerst die schlechte Nachricht: Mauritius liegt im Zyklongürtel, also einer Region südlich des Äquators, in der während der mauritischen Sommermonate **(Januar bis April) Wirbelstürme** entstehen können. Und nun die gute Nachricht: Laut Statistik wird Mauritius alle 15 Jahre einmal von einem Wirbelsturm überquert, jährlich ein- bis zweimal kommt das Zentrum eines Zyklons so nahe, dass mit vier bis fünf bewölkten und stürmischen Regentagen zu rechnen ist.

Buchtipps:
- Friederike Vogel, **Sonne, Wind und Reisewetter**
- Hans Hörauf, **Wann wohin reisen?**
- Helmut Schäfer, **All inclusive?**
- Roland Hanewald, **Handbuch für Tropenreisen**

(alle Bände Reise Know-How Praxis)

Klima und Jahreszeiten

Im europäischen Sommer herrscht für Mitteleuropäer angenehmes Sommerwetter mit Abkühlung in den Abendstunden, so dass ein leichter Baumwollpulli zu empfehlen ist. Wer **tropische Hitze** nicht verträgt, sollte die Monate **Dezember bis März** meiden. Die Temperaturunterschiede zwischen dem mauritischen Sommer (November bis März) und dem mauritischen Winter (April bis Oktober) betragen im Durchschnitt etwa 7°C. Im Sommer herrscht bei Tagesanbruch (5 Uhr morgens) an den Küsten eine Lufttemperatur von ca. 23–25°C, die sich im Laufe des Tages auf 30–32°C erhöht. Die Sonne geht gegen 19 Uhr unter. Zwischen dem **Klima der Küste** und dem **Hochlandklima** bestehen weit größere Unterschiede als zwischen den Jahreszeiten. Die Ost- und Südküsten sind windiger und regenreicher als der Norden und der Westen. Generell weht das ganze Jahr über ein **gleichmäßiger Wind aus Südosten,** der in den Monaten November bis März auffrischt und Regengüsse mitbringt. Im so genannten **„Südwinter"** können zwischen Mai und Oktober die Temperaturen im Hochland auf ca. 13°C fallen, während Sie an der Küste auch nachts nicht unter 18°C sinken. Im **„Südsommer"** zwischen November und April klettern die Temperaturen im Hochland auf 20°C (morgens) bis 28°C (mittags) und an der Küste auf 25–31°C. Auch weist das Hochland weit stärkere **Regenfälle** als die Küsten auf, da die Thermik und die Abkühlung der ansteigenden Luft zu Regen führen. Die Luft erwärmt sich auf dem Weg hinunter an die Küsten wieder und wird trocken und regenarm. Häufig sieht man schwere Regenwolken über dem zentralen Bergland hängen, während der Küstenstreifen in strahlender Sonne liegt. Die **Wassertemperaturen** schwanken zwischen 22 und 24°C im August/September und liegen bei 27° von Januar bis April. In geschützten flachen Lagunen kann die Wassertemperatur im Laufe eines Tages auch um einiges höher ansteigen.

Klimatipps für die Urlaubsplanung

Der **Sommer von November bis April** ist heiß und sonnig, wird aber gelegentlich von heftigen Regenfällen mit auffrischendem Wind unterbrochen. Im übrigen Jahr sinken die Temperaturen tagsüber auf mitteleuropäisches Sommerniveau, es weht ein gleichmäßiger, manchmal starker Wind aus Südost, der aber an der Nord- und Westküste von den Bergen abgeschirmt wird und daher kaum noch zu bemerken ist. Zum **Windsurfen** ist der Südwinter die bessere Jahreszeit, wobei an der Süd- und Ostküste nur echte Könner

Felsküste im Süden der Insel

Wind und Wellen gewachsen sind. Für **Taucher** ist grundsätzlich die ganzjährig windgeschützte West- und Nordwestküste die geeignetere. Wegen der höheren Wassertemperaturen sind die Monate des Südsommers angenehmer. Saison für **Hochseefischer** ist grundsätzlich das ganze Jahr, beste Zeit für den Fang von Großfischen (Haie, Schwertfische) ist von Oktober bis Mai.

Sicherheit

Sicheres Reiseland

Mauritius ist ein sicheres Reiseland, Diebstähle oder Einbrüche in Hotels kommen äußerst selten vor. In schicke Uniformen gekleidete Wachmänner in den guten Hotels dienen mehr der Beruhigung der aus anderen Urlaubszielen verängstigten Gäste als deren Bewachung. Da es auch mal eine Ausnahme geben kann, sollte man Wertsachen nicht am Strand oder im Hotelzimmer liegen lassen, sondern in den Hotelsafe sperren.

Strom

Adapter

Die Steckersysteme entsprechen meist britischen oder südafrikanischen Normen, so dass es empfehlenswert ist, einen Adapter mitzubringen. Die Spannung beträgt wie in Deutschland **220 Volt.**

Buchtipp:
- Matthias Faermann,
Schutz vor Gewalt und Kriminalität unterwegs
(Reise Know-How Praxis)

Unterkunft

Breites Angebot

In Mauritius finden Sie Hotels jeder Preis- und Qualitätsklasse. Von einfachen Apartments, in denen die Übernachtung zwischen 5 und 10 Euro liegt, über Stadthotels zu 15 bis 20 Euro pro Doppelzimmer bis zu luxuriösen Strandhotels (50 bis 400 Euro pro Person und Tag). Wer billig wohnt, hat in der Regel nicht die beste Lage, denn an den schönsten Strandabschnitten liegen die teuersten Hotels. Oft befinden sich einfache und preiswerte Familienpensionen aber nur 200 Meter abseits der bekannten und schönen Strände. Näheres zu den Unterkünften in den Reisekapiteln; die Preise sind in Euro pro Zimmer angegeben.

Zoll

Mauritius: Stichproben

Zollkontrollen sind unkompliziert, es werden in der Regel nur Stichproben gemacht. **Zollfrei einführen dürfen Sie:** Kleidungsstücke, Gegenstände des persönlichen Gebrauchs, 250 g Tabak oder 200 Zigaretten, 2 l Wein, 1 l hochprozentige alkoholische Getränke und 100 ml Parfum pro Person über 16 Jahre. Waffen und Munition müssen bei der Ankunft angemeldet werden.

EU und Schweiz

Bei Rückkehr gibt es auch auf europäischer Seite Freigrenzen, Verbote und Einschränkungen, die man beachten sollte, um eine böse Überraschung am Zoll zu vermeiden.

Buchtipp:
- Erich Witschi,
Unterkunft und Mietwagen clever buchen
(Reise Know-How Praxis)

In **EU-Länder** wie Deutschland und Österreich darf man folgende Freimengen einführen: über 17-Jährige: 200 Zigaretten, 100 Zigarillos, 50 Zigarren oder 250 g Tabak; 1 Liter Spirituosen (über 22% Vol.), 2 Liter Alkoholisches (bis 22% Vol.) oder 2 Liter Schaum-, Likörwein bzw. Wein; über 15-Jährige: 500 g Kaffee (Österreich auch 100 g Tee); ohne Altersbeschränkung: 50 g Parfüm und 0,25 Liter Eau de Toilette sowie Waren bis zu 175 Euro.

In die **Schweiz** darf man pro Person 200 Zigaretten, 50 Zigarren oder 250 g Pfeifentabak sowie 2 Liter (bis 15% Vol.) und 1 Liter (über 15% Vol.) an Alkohol einführen. Andere neu angeschafften Privatwaren sind bis zu einem Gesamtwert von 300 SFr pro Person abgabenfrei.

Wird der Warenwert von 175 Euro bzw. 300 SFr überschritten, sind **Einfuhrabgaben** auf den Gesamtwert der Ware zu zahlen und nicht nur auf den die Freigrenze übersteigenden Anteil. Die Berechnung erfolgt entweder pauschalisiert oder nach dem Zolltarif jeder einzelnen Ware zuzüglich sonstigen Steuern.

Einfuhrbeschränkungen bestehen in **Deutschland** für Tiere, Pflanzen, Arzneimittel, Betäubungsmittel, Feuerwerkskörper, Lebensmittel, Raubkopien, verfassungswidrige Schriften, Pornografie, Waffen und Munition; in **Österreich** für Rohgold, Tiere, Pflanzen, Lebensmittel, Arzneimittel und Waffen; in der **Schweiz** für Pflanzen, Lebensmittel, Waffen, Tiere, CB-Funkgeräte etc.

Weitere Infos

Nähere Informationen gibt es für **Deutschland** unter www.zoll-d.de oder beim Zoll-Infocenter, Tel. 069-469976-00; für **Österreich** unter www.bmf.gv.at oder beim Zollamt Villach, Tel. 04242-33233; für die **Schweiz** unter www.zoll.admin.ch oder bei der Zollkreisdirektion in Basel, Tel. 061-2871111.

mau_074mtpa

Mauritius – Land und Leute

Geographie

Vulkanismus

Mauritius ist – weit früher als die Nachbarinsel La Réunion – durch vulkanische Tätigkeit entstanden. Die jüngsten geologischen Formationen der Insel sind etwa 100.000, die ältesten 700.000 Jahre alt. Im Gegensatz zu La Réunion gibt es auf Mauritius **keine vulkanische Tätigkeit mehr.**

Inselinneres

Ein kaum noch zu erkennender Kraterboden von etwa 20 km Durchmesser bildet das 400 bis 600 m hoch gelegene **zentrale Hochland.** Seine Randgebirge im Norden und Westen sind zwischen 650 und 800 m hoch und grenzen es von den Städten Port Louis (Moka-Berge) und Curepipe ab. Im Nordosten und Osten der Insel fallen die Abhänge sanft ab. Aufgrund der generellen Windrichtung aus Süd bis Ost sind diese Hänge stärker beregnet als die im Windschatten liegenden Regionen im Norden und Westen. Daher ist die Vegetation hier auch weitaus üppiger und tropischer. Flüsse und Bäche entspringen und bewässern riesige Zuckerrohrfelder. Im Inneren des großen Kraters findet man zahlreiche **Kraterseen,** aber auch künstlich angelegte **Stauseen,** die als Wasserreservoire dienen und in Trockenperioden zur Sicherstellung der Trinkwasserversorgung und zur Bewässerung der Zuckerrohrfelder benötigt werden. Im Südwesten liegt die große **Gebirgskette des Rivière Noire,** dessen höchste Erhebung, der **Piton de la Rivière Noire,** mit 828 m gleichzeitig der höchste Berg der Insel ist. Im Gegensatz zu vielen anderen Gipfeln, deren Besteigung Klettererfahrung voraussetzt, ist er auf einem Trampelpfad in drei Stunden ohne große Anstrengung und ohne Bergerfahrung zu erklimmen.

Küste

Die Küstenlandschaften rund um die Insel sind von weiten, weißen **Sandstränden** geprägt, die von schwarzen Lavafelsen begrenzt werden. Nur

Überblick Mauritius

Die 64 km lange und 47 km breite Insel **Mauritius** liegt 1000 km östlich von Madagaskar und bildet zusammen mit Rodrigues und La Réunion die **Inselgruppe der Maskarenen.**

Auf Mauritius leben über **1,2 Million Menschen.** Nur 40.000 davon wohnen auf **Rodrigues,** einer Insel, die 600 km weiter östlich im Indischen Ozean liegt und hoheitlich zur Republik Mauritius zählt.

Erste Amts- und Verwaltungssprache ist **Englisch,** das von einem Großteil der Bevölkerung gesprochen wird. Daneben sprechen 90% der Bevölkerung auch französisch, das in der Verwaltung die wichtigste Sprache ist. Allgemeine Umgangssprache allerdings ist das **Kreol,** das von allen Religions- und Bevölkerungsgruppen gemeinsam gesprochen, aber im „offiziellen" Mauritius nicht angewandt wird.

60% der Bevölkerung sind aus Indien eingewanderte **Hindus,** 15% **Christen** chinesischer und 5% Christen europäischer, meist französischer Abstammung. 10% der Bevölkerung ist **islamischen Glaubens** und vor etwa 200 Jahren aus der Region des heutigen Nordindien und Pakistan eingewandert. Die übrigen 10% setzen sich aus anderen Religionsgemeinschaften zusammen, die meisten sind aus Asien eingewanderte **Buddhisten** und **Taoisten.**

Seit der Unabhängigkeit von der früheren Kolonialmacht England im Jahr 1968 ist Mauritius eine lebendige **parlamentarische Demokratie** mit Mehrparteiensystem.

mau_077mtpa

an wenigen Stellen im Südosten und Südwesten reichen die Berge bis unmittelbar an die Küste. Die weiten Flächen sind bis heute weitgehend mit Zuckerrohrfeldern bedeckt, die nur allmählich anderen Pflanzungen oder Hotelanlagen weichen.

FLORA UND FAUNA

Pflanzenwelt

Wald

Spät, hoffentlich nicht zu spät hat Mauritius den Wert einer intakten Natur erkannt und Naturschutzparks eingerichtet, in denen sich die endemische Tier- und Pflanzenwelt regenerieren und wieder über die Insel ausbreiten kann. Die Insel war vor der Besiedlung durch Europäer von dichtem Wald bedeckt. Diese Bestände wurden jedoch schnell **abgeholzt,** zu Hütten, Schiffen und Gebrauchsgegenständen verarbeitet und nach Europa exportiert. Bereits die Holländer, die als erste auf Mauritius siedelten, stellten aus Ebenholz und aus Teak und Mahagoni wertvolle Möbel her. Mit der Rodung der Urwaldriesen verschwand auch ein Großteil der **tropischen Kleinflora,** die den Schutz der Harthölzer besonders gegen die Naturgewalten der im Südsommer immer wieder vorkommenden Wirbelstürme (Zyklone) benötigte. Schlingpflanzen, Farne und Orchideen bildeten in den Urwäldern das natürliche Dickicht, das bald den **Kulturpflanzen** wich. Heute versucht man auf den Anhöhen widerstandsfähige und schnell wachsende Pflanzen wie Eukalyptus, Kampfer und Koniferen anzusiedeln und rekultiviert in deren Schutz die alten **Edelhölzer,** die aber sehr langsam wachsen und in jungen Jahren den Schutz höherer Pflanzen benötigen, um nicht vom Wirbelsturm geknickt zu werden. Es wird viele Jahrzehnte dauern bis wieder dichte Urwälder entstehen, doch ein Anfang ist gemacht.

Filaos und Kokospalmen

Die **Küsten** sind heute noch weitgehend von Filaos (auch **Casuarinen** genannt) gesäumt. Diese Zedernart wurde zusammen mit der Kokospalme etwa gegen Ende des 18. Jahrhunderts auf die Insel gebracht. Beide sind als **„Pionierpflanzen"** an den Küsten geeignet, denn sie sind elastisch und geben den Stürmen nach, ohne zu brechen. Zudem lieben sie die sandige und salzgetränkte Erde unmittelbar am Strand.

Mangroven

An Abschnitten der Ostküste wachsen nach mühsamen Neuanpflanzungen wieder dichte **Mangrovenwälder in flachen Lagunen,** in denen sich das Süßwasser aus Flussmündungen mit Meerwasser mischt. Daneben gedeihen hier auch purpurfarbene **Kassienbäume** und der afrikanische **Tulpenbaum.**

Obstbäume

Viele tropische Obstbäume wie **Mangos, Litschis, Avocados, Mandarinen, Bananen, Ananas** und **Papaya** sind nicht nur attraktiv, sondern auch einträglich, da die Vulkanerde der Insel sehr nahrhaft ist und Bäume reiche Ernte bringen. Sie wurden zu Kolonialzeiten aus Südostasien und Indien importiert, hier angebaut und früher als Kolonialwaren bis nach Europa verkauft.

Eukalyptus

Schnell wachsende Eukalyptuswälder wurden vor allem **in Feuchtgebieten der Küstenregionen** gepflanzt, um diesen Wasser zu entziehen und der in früheren Jahrhunderten schlimmen Mückenplage Herr zu werden. Die Malaria ist durch diese Maßnahmen heute fast vollständig ausgerottet und tritt nur noch ganz vereinzelt in Armenvierteln von Port Louis auf.

Banyan-Baum

Der Banyan-Baum, der bis zu 20 m hoch wird und dessen Luftwurzeln sich zum Boden hin ranken, stammt aus Indien.

Kokos-palmen

Obwohl die Kokospalme weder auf Mauritius heimisch war noch als Kulturpflanze je genutzt wurde – wie etwa auf den Seychellen –, erlebt sie zusammen mit dem Tourismus einen **Boom.** Welches Hotel möchte schon auf dieses Symbol für Sonne, Strand und Meer verzichten? Kunstvoll werden die Palmen in großen Baumschulen herangezogen und dann im Windschatten von Hotelgebäuden gepflanzt und gestützt, bis sie widerstandsfähig genug sind, auch heftige Stürme zu überstehen.

Zier-pflanzen

Überall an den Straßen und in Gärten blühen aus Indien, Indonesien und Madagaskar eingeführte Zierpflanzen, die dem vorwiegend vom Zuckerrohr grün gefärbten Landschaftsbild bunte Pracht verleihen. Dazu gehört die indische **Tamarinde** mit ihren leuchtend gelben Blättern. Der **Flamboyant** (Feuerbaum) aus Madagaskar, der nahe der Zuckerrohrfelder und um die Dörfer der Zuckerrohrbauern angepflanzt wurde, beherrscht im Dezember mit seinen knallroten Blüten das Landschaftsbild. Das ganze Jahr über blühen roter **Hibiskus** sowie lila, rosa und weiße **Bougainvilleen.** Man findet die beschriebenen Pflanzen fast überall auf Mauritius, am Rande der Zuckerrohrfelder, in den Wäldern im Süden oder in den Gärten der Kolonialvillen von Moka, Mahébourg oder Curepipe. Am schönsten und gepflegtesten jedoch sind sie in den großen **botanischen Gärten** von Curepipe und vor allem von Pamplemousses zu bewundern.

Tierwelt

Dodo

Vor der Besiedlung war die Insel von zahlreichen Vogelarten, Schildkröten, Krokodilen, Schlangen und vielen anderen Tieren bewohnt. Papageien, Raubvögel, Reiher und die berühmte **Mauritius-Dronte** (Dodo) lebten unbedroht und ohne natürliche Feinde. Landschildkröten und die Dronte waren die ersten Opfer der Seefahrer, die sie wegen ihrer Schwerfälligkeit und Flugunfähigkeit leicht einfangen und als lebenden Proviant an Bord nehmen konnten. Ein ausgestopftes Exemplar der Dronte gab es bis 1755 im englischen Oxford zu sehen. Motten haben es inzwischen so weit zerfressen, dass lediglich der Kopf und die Füße übrig geblieben sind. Heute muss man sich daher mit Zeichnungen und einer Rekonstruktion zufrieden geben, die im **Naturkundemuseum von Port Louis** ausgestellt ist. Außerdem steht ein vollständiges Skelett einer echten Dronte im Museum der südafrikanischen Stadt Durban. Das Fleisch von Dronte – und Schildkröten – soll wohlschmeckend gewesen sein, und es sorgte dafür, dass die Matrosen auf ihren monatelangen Reisen gelegentlich vitaminhaltige Nahrung bekamen und so die Erkrankung an Skorbut reduzieren konnten.

Vogelarten

Von den einstmals 29 einheimischen, nur hier heimischen Vogelarten (endemisch) haben nur neun bis heute überlebt, darunter der **Bananenvogel,** der **Tropikvogel,** die **Sperbertaube** und ein mauritischer **Webervogel.** Der **Mauritius-Breitschnabelpapagei** fiel der Jagd nach Nahrung zum Opfer und ist daher ausgestorben. Aufgrund der weitgehend nicht mehr natürlichen Vegetation und folglich fehlender Nahrungsgrundlagen für viele Vogelarten begegnet man heute meist nur **Spatzen** und **Schwalben;** die Küsten sind von **Seevögeln** bevölkert. Mit der Renaturierung weiter,

mau_081mtpa

nicht-zivilisierter Bereiche und den Versuchen, bedrohte Vogelarten wieder auszuwildern, beginnt sich in den Naturreservaten von Black River und Bel Ombre ein Gleichgewicht einzuspielen, das Pflanzen und Tieren, vor allem Vögeln, eine neue Chance einräumt, sich auszubreiten.

Nutztiere

Nachdem Schildkröten und Dronte (s.o.) verschwunden waren, setzten die ersten holländischen und später auch französischen Siedler **Schweine, Rotwild** und **Ziegen** aus, um diese den Seefahrern als Proviant verkaufen zu können. Heute lebt das Rotwild in weiträumig eingezäunten, hügeligen Waldgebieten im Osten der Insel. Etwa 2000 Tiere werden pro Jahr geschossen und in Feinschmeckerlokalen angeboten.

Sonstige Tiere

Auf den Speisekarten einfacher Restaurants im Westen der Insel finden sich Gerichte aus Affenfleisch – gut getarnt als „Curry Nr. 1"! Die Nachkommen von malaiischen **Makaken** – eingeführt von Portugiesen – haben die Wälder von Chamarel und Bel Ombre für sich erobert. **Eidechsen** und verschiedene Arten ungiftiger, kleiner **Schlangen** leben in den Wäldern. Kleine, eidechsenartige **Geckos** haben sich an die menschliche Besiedlung angepasst und saugen sich mit ihren Füßen am Gemäuer fest und suchen es nach Insekten ab. Die Tiere sind willkommen, denn sie sind harmlos, halten sich vom Menschen fern und die Räume frei von Ungeziefer und Mücken.

Schalentiere

Mauritius ist von einem riesigen Korallenriff umgeben, das reich an Fischen, Muscheln und Schalentieren ist. Seit Beginn der 1990er Jahre sind die Unterwasserjagd mit Harpunen und vor allem das zerstörerische Bombenfischen untersagt. Viele Riffe beginnen sich von den vorher erlittenen Schäden zu erholen. Bei starkem Seegang allerdings werden viele Muscheln aus ihrem Unterwasserversteck an den Strand gespült, wo sie wegen ihrer farbenfrohen Maserungen von Einheimischen und Gästen gesammelt werden.

Bénitier

Ein **besonders ausgefallenes Muschelexemplar** ist die Bénitier, die an der südwestlichen Küste zu finden ist. Sie wird bis zu einem halben Meter groß und hat zwei gezackte Schalen. In der Abenteuerliteratur vergangener Jahrhunderte wurde sie auch als **„Mördermuschel"** bezeichnet, da sie – so das Seemannsgarn – in der Lage gewesen sein soll, Menschen Hand und Fuß abzubeißen, Taucher am Grund des Meeres festzuhalten und sie zu ertränken. Tatsächlich ernährt sich die Bénitier aber friedlich von im Meer schwimmenden Plankton und rührt sich ein Leben lang nicht vom Fleck.

Kegelschnecke

Gefährlich ist die kleine Kegelschnecke, die sich **in Korallenriffen** versteckt. Mancher unvorsichtige Taucher möchte sie herausnehmen, um sie besser betrachten zu können. Sie besitzt aber die Fähigkeit, blitzschnell einen Stachel aus ihrer Spitze hervorzuschießen, gegen dessen Gift es kein wirksames Gegenmittel gibt. Die einzige Möglichkeit, das Gift – und damit den heftigen Schmerz – zu bekämpfen, besteht darin, die Einstichstelle sofort stark zu erhitzen (über 60°C) und damit das Eiweiß des Giftes zu zerstören, bevor es tiefer in die Blutbahn eindringt. Einheimische machen das, indem sie eine getrocknete, faserige Hülle einer Kokosnuss entzünden und sie anschließend – natürlich nachdem sie wieder gelöscht wurde – auf die Einstichstelle pressen.

Großfische

Bei Sportfischern ist der **Blaue Marlin** aus der Familie der Speerfische ein gesuchtes Opfer. Aber auch der **Seglerfisch,** der im Kampf mit der Angel seine riesige Rückenflosse wie einen Fächer ausbreitet, wird häufig vor der Westküste der Insel gefangen. Auch **Haie** gibt es in den Gewässern um Mauritius, sie kommen aber nicht in die flachen Gewässer innerhalb des Korallenriffs.

Korallenriffe

Die Korallenriffe rund um Mauritius haben sich von den Zerstörungen durch Bombenfischerei in den 1960er und 1970er Jahren wieder gut erholt. Der größte Teil der in den Korallenriffen lebenden Fische ist farben-, formenprächtig und harmlos. Weder **Trompeten-, Dicklippen-, Koffer-, Fahnen-** noch **Engelfische** können Tauchern etwas antun. Überall an den Korallen wachsen **Seeanemonen,** die ihre langen Schleier im Wasser treiben lassen. Auch vor ihnen braucht man sich nicht zu fürchten. Auch die **Muräne** hält sich in den Gewässern um Mauritius auf. Der schlangenähnliche Raubfisch wird bis zu 2,5 m lang und stürzt sich pfeilschnell auf seine Beute – zu der der Taucher nicht zählt! Einigen anderen Korallenbewohnern allerdings sollte man nicht zu nahe kommen. Der **Steinfisch** beispielsweise liegt schwer, bewe-

mau_084mtpa

carenhas landete **1510** als erster Europäer auf Mauritius und entdeckte – vermutlich mit Hilfe arabischer Navigatoren – auch La Réunion und Rodrigues für die europäische Seefahrt. Er wurde Namensgeber für die drei Inseln, die bis heute „Maskarenen" heißen. Auf portugiesischen Seekarten entdeckt man die Insel auch unter dem Namen **„Ilha do Cerne"** (Schwaneninsel). Vermutlich waren die Portugiesen auf ihren Landgängen der Dronte und besonders seiner ebenfalls flugunfähigen, schwanenhalsigen Verwandten, der Solitaire begegnet.

Holländer

Erst die Holländer, die gegen Ende des 16. Jahrhunderts auf Mauritius landeten, zeigten mehr Interesse an der Insel und begannen, sie zu **besiedeln,** denn sie sollte als **Versorgungsetappe** für Schiffe dienen, die um das südliche Afrika zu den Kolonien in Asien (Indonesien) segelten. Admiral *Wybrandt von Warwyck* landete in einer Bucht im Südosten und nahm die Insel für die holländische Krone in Besitz. Er gab der Insel den Namen Mauritius zu Ehren seines Königs *Mauritius von Nassau.* Die Landungsbucht erhielt den Namen **Warwyck-Bucht,** wo heute das Dorf Vieux Grand Port liegt. Die neuen Siedler fingen die Dronte (Dodo), und das plumpe, wehrlose Tier war schnell ausgerottet. Neben der Versorgung holländischer Schiffe auf dem Weg nach Asien hatte die Kolonie auch die Aufgabe, Edelhölzer zu schlagen und zu exportieren. Bald waren die kostbaren Holzbestände abgeholzt und als wertvolles **Bois des Îles** („Inselholz") exportiert und zu wertvollen Möbeln verarbeitet. Vermutlich wegen der sich ausbreitenden „Seeräuberplage" im Indischen Ozean, aber auch, weil das Edelholz und die Fleischvorräte in Form von Riesenschildkröten und Dronten zu Ende gingen, verloren die Holländer das Interesse an der Insel, verließen sie und ließen die vorher als Ersatz für die ausgerotteten Dronten und Riesenschildkröten ausgesetzten Schweine und das Rotwild zurück.

Kolonisierung durch Frankreich

1715 – Île de France

Um ihren Erzrivalen, den Engländern zuvorzukommen, nahm Frankreich bald darauf die Insel als leichte Beute in Besitz und gab ihr den Namen Île de France. 1715 wurde sie vom französischen König der **Compagnie des Indes,** einer französischen Handelsgesellschaft, zur Verwaltung anvertraut. Das Unternehmen entsandte Gouverneur *Mahé de Labourdonnais;* der nutzte Mauritius als Versteck und Nachzuchtgebiet für das bislang den Holländern gehörende „Gold Südostasiens", **Gewürze** wie Nelken und Pfeffer. Heimlich ließ er Pflanzensamen aus holländischen Kolonien entwenden und erprobte deren Anbau bei Pamplemousses, dort, wo sich bis heute der berühmte Botanische Garten befindet. Die **Pflanzungen** verliefen extrem erfolgreich, da die vulkanische Erde der Insel sehr fruchtbar und das Klima dem in Südostasien ähnlich war. Als die *Compagnie des*

Indes mit ihren Konkurrenzprodukten das bis dahin bestehende holländische Weltmonopol gebrochen und viel Geld verdient hatte, ließ der Gouverneur das **erste Straßennetz** auf der Insel bauen und begann mit dem **Anbau von Zuckerrohr, Mais, Maniok und Indigo.** Die erste **wirtschaftliche Blütezeit** der Insel nahm ihren Anfang, und die Stadt **Port Louis wurde gegründet.**

Mauritius wird englische Kolonie

1810 Während der Kriege des 18. Jahrhunderts zwischen England und Frankreich war Mauritius ein wichtiger französischer Flottenstützpunkt. Port Louis war ein bedeutender Hafen für französische Kaperschiffe geworden, die darauf spezialisiert waren, im Namen – und auf Rechnung – der französischen Krone englische Handelsschiffe aufzubringen und auszurauben. Die Engländer nutzten die Schwächung der Seemacht Frankreich durch die Französische Revolution von 1789 und die napoleonischen Kriege und gingen erstmals 1810 beim „Unglückskap" (Cap Malheureux im Norden der Insel) an Land und besetzten von dort aus die Insel. Die Franzosen mussten sich ergeben; am 2. Dezember 1810 endete nach nur 95 Jahren die französische Herrschaft über Mauritius. 1814 wurden Mauritius, die Seychellen und Rodrigues im Rahmen des Friedensschlusses von Paris englische Kolonien. Der Friedensvertrag legte fest, dass die **Verwaltung englisch** wurde, die Einwohner aber ihre **französische Sprache, Religion, Gesetze und Gebräuche** weitgehend beibehalten durften. Unter englischer Verwaltung entwickelte sich der **Zuckerrohranbau** weiter, Zucker wurde bald zum Exportschlager der Insel. Als dann 1835 die Sklaverei abgeschafft wurde, mussten als Ersatz für die fehlenden Arbeitskräfte Arbeiter aus Indien und Kulis aus China geholt werden. Zur englisch-französischen Mischkultur mit madagassisch-afrikanischen Sklaven gesellten sich nun Inder hinduistischen und moslemischen Glaubens sowie buddhistische und taoistische Chinesen. Die bis heute so interessante und friedliche **multikulturelle Gesellschaft** formte sich unter toleranter englischer Führung.

Das 20. Jahrhundert

Auch Mauritius hatte schwer unter den Auswirkungen der Weltkriege zu leiden. Das Luxusgut Zucker wurde in diesen Zeiten weniger dringend benötigt, und so nutzten die Krieg führenden Staaten alle vorhandenen Schiffe für den Transport von kriegswichtigen Gütern. Die Zuckerproduktion auf der Insel lag am Boden, die Bevölkerung verarmte, der Kampf gegen die **Malaria** war zunächst verloren und mangels finanzieller Möglichkeiten aufgegeben. In den 1950er Jahren begann ein neuer wirtschaftlicher Aufstieg. Durch den Einsatz von Insektenschutzmitteln und die aktive Trockenlegung von Sümpfen mit englischer Hilfe entzog man der Anophelesmücke den Lebensraum und besiegte die Malaria. Der Zuckerrohranbau dehnte sich wieder über die Insel aus, der Export brachte erneut Devisen ins Land. Am **12. März 1968** wurde Mauritius ein **unabhängiger Staat innerhalb des britischen Commonwealth.** Entsprechend der religiösen und ethnischen Gruppen formierten sich bald **politische Parteien.** Neben der Arbeiterpartei (indisch, hinduistisch) entstanden die Vertretung der moslemisch-indischen Bevölkerung, *Comitée d'Action Musulman (C.A.M.),* und eine sozialdemokratische Gruppierung *(PMSD,* christlich). Bis heute hat die Insel ein sehr lebendiges **demokratisches System.** Die regierenden Parteien wechseln sich in regelmäßigen Abständen ab, es kommt fast nie vor, dass die gleiche Regierung mehrfach gewählt wird. Die mauritische Bevölkerung macht von ihrer Möglichkeit, erfolglose Politik bei Wahlen zu bestrafen, sehr bewusst Gebrauch.

Wirtschaft und Sozialwesen

Landwirtschaft

Zuckerrohr Zuckerrohr ist nach wie vor die **Haupteinnahmequelle** der Insel und **prägt die Landschaft.** Es gedeiht auf dem reichen vulkanischen Boden hervorragend, und selbst Zyklone können das zähe und elastische Rohr nicht knicken. Mauritius ist und bleibt wohl für lange Zeit eine „Zuckerinsel" mit einer jährlichen Produktion von etwa 700.000 Tonnen, wovon nur etwa 5% im Land selbst verbraucht werden. Der Rest geht traditionell in die EU oder zu Weltmarktpreisen auf den freien Markt. Aus einem der Abfallprodukte der Zuckerherstellung, der Melasse, wird **Rum** hergestellt, der in der Qualität zwar mit dem Rum aus Jamaika nicht konkurrieren kann, auf dem lokalen Markt aber wirtschaftliche Bedeutung hat.

Diversifizierung Die „Wiedergeburt" des Zuckerrohrs hatte nach dem Zweiten Weltkrieg die Bemühungen der Regierung um Diversifizierung zunichte gemacht. Man versuchte damals, einen Teil der Anbauflächen für Gemüsepflanzungen zu verwenden, um so die Abhängigkeit von den Schwankungen des Weltmarktpreises zu verringern. Solange aber der Zucker so gut verkäuflich blieb, importierte man lieber Gemüse aus Südafrika und Fleisch aus Madagaskar und Rodrigues, als wertvolle Zuckerrohrplantagen für Gemüseanbau oder Rinderzucht abzugeben. Seit jedoch die EU keine Abnahmemengen mehr garantiert und Zucker in anderen Weltgegenden konkurrenzfähig produziert wird (Kuba, Madagaskar), schließen nach und nach einzelne Zuckerraffinerien, und Zuckerrohrfelder werden für andere Nutzung freigegeben. Der erfolgreiche **Anbau von Tee** im Hochland hat sich zu einem zweiten lohnenden landwirtschaftlichen Erwerbszweig entwickelt. Die Erträge von 5000 bis 6000 Tonnen im Jahr werden zu 90% nach Südafrika exportiert. Durch den Erfolg des Teeanbaus ermutigt, unterstützt der Staat Bemühungen von Investoren, auch **Tabak, Obst** und **Blumen** für den Export in industriell interessanten Mengen zu kultivieren.

Aufschwung

Der Aufschwung vor allem durch den Erfolg des **Tourismus,** der **Freihandelszone** mit ihren Textilfabriken und die **Bauwirtschaft** bringt auch den Zuckerrohrarbeitern mehr Geld in die Tasche, denn der von den Zuckerfabriken bezahlte Stundenlohn hat sich den allgemein steigenden Gehaltsansprüchen angepasst. Durch fehlende Arbeitsplätze hervorgerufene Armut ist auf Mauritius heute kaum noch anzutreffen. Arbeitskräfte werden ganzjährig bezahlt, auch wenn sie nur zur Erntezeit benötigt werden. Vereinzelt wird sogar der Ruf nach „Gastarbeitern" aus Madagaskar laut, um die Zuckerproduktion zu verbilligen und auf dem Weltmarkt konkurrenzfähig zu halten.

Fischerei

Räucherfisch

Die Hochseefischerei war lange Zeit einer japanischen Gesellschaft im Hafen von Port Louis vorbehalten. Obwohl die Gewässer von Mauritius fischreich sind, deckt der Fang von 2000 Tonnen pro Jahr nicht einmal den heimischen Bedarf. Große Mengen werden aus Madagaskar und von den Seychellen importiert. Einzig der Bedarf an Räucherfisch kann problemlos befriedigt werden: Da die vielen Sportfischer die gefangenen Speerfische, Haie, Blue Marlins nur für das Urlaubsfoto benötigen, ist im Mietvertrag für die Boote vereinbart, dass der Fang dem Bootsinhaber zusteht. Und der bringt den Fang zur Räucherei, die wiederum Lieferverträge mit Hotels hat.

Freihandelszone

Investitionsanreize

Ausländische Unternehmen werden in vielerlei Hinsicht unterstützt, wenn sie Investitionen und Arbeitsplätze bringen. Beispielsweise winkt dem Unternehmer die Möglichkeit, Rohstoffe für seine Produktion zollfrei einzuführen und Gewinne für 20 Jahre nicht oder nur gering versteuern zu müssen. Es gibt seither europäische und japanische Produzenten, die in Mauritius feinmechanische Apparate montieren lassen, und im boomenden **Textilgewerbe,** das weitgehend für den Export arbeitet, sind inzwischen über 50.000 Arbeitskräfte – meist Frauen – beschäftigt.

Tourismus

Immer wichtiger

Nach Zuckeranbau und Textilindustrie ist der Tourismus der drittwichtigste Industriezweig geworden; der 1987 aufwendig renovierte Flughafen von Plaisance an der Südküste droht bereits wieder zu klein zu werden. Zusammen mit dem Tourismus hat auch die nationale Fluglinie Air Mauritius einen atemberaubenden Aufschwung hinter sich. Sie fliegt Südafrika, Singapur, Australien, Frankfurt, München, London, Paris und Rom an. Dank dieser guten internationalen Fluganbindung, einer **erstklassigen touristischen Infrastruktur,** der weißen „Traumstrände", vor allem aber wegen der unerreichten Gastfreundlichkeit und Herzlichkeit der Bevölkerung, bietet Mauritius ideale Bedingungen für hochklassigen Ferntourismus.

Kein Massentourismus

1975 hatte Mauritius nur 3000 Betten in 29 Hotels. Inzwischen sind etwa **70 Hotels und Ferienanlagen** auf der Insel fertig gestellt, und für etwa zehn weitere sind die erforderlichen Genehmigungen erteilt. 3% der Bevölkerung sind mittelbar oder unmittelbar im Fremdenverkehr beschäftigt. Die Einnahmen im Tourismus sind verlockend, so dass mancher Zuckerpflanzer mit einer eigenen

Mauritius – Absage an den Massentourismus

von *Roland F. Karl*

Die Regierung der fernen Tropeninsel ist sich einig: Charterflüge und Hotelhochbauten soll es auch in Zukunft nicht geben. Und Mauritius sein Flair von Exklusivität behalten. Doch steigende Besucherzahlen haben bereits Bewegung in die Wachstumsbranche gebracht; größere Hotelprojekte sind im Bau oder in Planung. Und hierzulande hat der Kampf um Marktanteile durch Billigangebote bereits begonnen.

Durch verstopfte Straßen drängelt sich der Verkehr, die Sonne brennt auf den Asphalt. Es ist Lunch Time in Port Louis. Malariaverseucht war die Hauptstadt in früheren Zeiten, die schwüle Hitze ist geblieben. Wer es sich leisten kann, wohnt auf den luftigen Höhen außerhalb der Hauptstadt. Wenig ist übrig geblieben vom Charme des einstigen britischen Kolonialsitzes. Das Government House aus dem 18. Jahrhundert und einige historische Bauten haben zwar verheerende tropische Wirbelstürme und Brände überdauert. Doch Königin *Victoria,* vor dem prächtigen Regierungssitz in Stein gehauen, blickt eher auf eine nüchterne Kulisse: Frachter ankern im Hafenbecken, Lagerhallen, moderne Betonbauten und Bretterbuden prägen das Stadtbild. Das Mauritius der Gegenwart hat Sorgen, denn es ist eng geworden auf der fernen abgelegenen Insel im Indischen Ozean. Derzeit leben 1,2 Millionen Menschen auf dem seit 1968 unabhängigen Staatsgebiet, das kleiner ist als Luxemburg und eine Bevölkerungsdichte von 500 Einwohnern pro Quadratkilometer aufweist. Für so viele Menschen können Zucker- und Rumproduktion als Existenzgrundlage kaum ausreichen, weshalb eine Freihandelszone ausländische Investoren ins Land lockt. Eine rasch expandierende Textilindustrie steht bereits an zweiter Stelle in der Wirtschaftsbilanz, gleich nach dem Zucker.

Beste Entwicklungsmöglichkeiten sieht man im Tourismus. Was läge auch näher! Besucher erwarten feinste Strände und traumhafte Badebuchten, Gebirgsketten, deren schroffe Spitzen beeindruckend in einen meist azurblauen Himmel ragen. Bis zum Horizont ziehen sich Felder hin, auf denen saftig grün das Zuckerrohr wogt – eine Landschaft wie geschaffen zum Urlaubmachen.

So ähnlich muss es auch ein ganz früher Tourist empfunden haben, als er 1897 beim Anblick der Insel begeistert in sein Reisetagebuch notierte: „Mauritius wurde zuerst erschaffen – und dann erst das Paradies!" So wird *Mark Twain,* der berühmte Autor von „Huckleberry Finn" und „Tom Sawyer", auf dem Etikett mauritischer Rumflaschen, Marke *Green Island,* zitiert. Wie die Modellvorlage für das Paradies sich dem Dichter damals präsentiert haben mag, wird als farbiger Flaschenaufdruck gleich mitgeliefert: Bizarre Berge umschließen eine malerische Bucht, in der eine Dreimastbark vor Anker liegt. Jenseits der Bucht breitet sich ein Hafenstädtchen aus. Im Vordergrund stehen zwei Männer unter Palmenkronen.

Weiße Männer. Im Tropen-Outfit, auf ihre Gewehrläufe gestützt. Was der Schriftsteller romantisch verklärte, war längst kein verträumtes Paradies mehr, sondern ein seit langem geschundenes Fleckchen Erde. Und der Garten Eden war zu diesem Zeitpunkt beinahe gänzlich abgeholzt. Die ersten holländischen Siedler hatten nämlich nach ihrer Ankunft die gesamten Schutz spendenden Ebenholzwälder gerodet und die kostbaren Stämme nach Europa verschifft. Nun konnten tropische Wirbelstürme mitreißen, was nicht niet- und nagelfest oder zu schwach war, wie z.B. die Kokospalmen, die sich auf Mauritius nur spärlich halten. Der größte Teil der ursprünglichen Insel-Flora und -Fauna ist solchem Raubbau und anderen Fremdeinflüssen zum Opfer gefallen.

Als die Franzosen kamen, legten sie auf dem weitgehend abgeholzten Land Zuckerrohrfelder an, deren Monokultur noch heute die Hälfte der Insel bedeckt. Außerdem bauten sie Port Louis (nach Frankreichs König *Louis XV.* benannt) und holten die „zivilisierte" Welt auf das entlegene Eiland. Der Handel blühte auf. Piraten setzten sich fest und überfielen immer wieder britische Schiffe, die auf dem Weg nach Indien gut beladen geradewegs hier vorbei mussten. Frankreich duldete das Treiben, nicht ohne Schadenfreude gegenüber den gebeutelten Engländern. Bis eines Tages englische Truppen anrückten und sowohl Piraten als auch Franzosen ausräucherten. Die neuen angelsächsischen Herren bauten als erstes ein Theater, eine Pferderennbahn und einen repräsentativen Regierungspalast und pflegten fortan britische Lebensart. Und bald wurden auch die legendären Briefmarken gedruckt, ohne die Mauritius längst nicht in aller Munde wäre.

Als *Twain* hier ankerte, war die Sklaverei längst abgeschafft, und für das Volk waren die schlimmsten Zeiten vorüber. Statt der schwarzen Leibeigenen, von den Franzosen einst aus Madagaskar und Ostafrika herübergeholt, schufteten nun allerdings indische Vertragsarbeiter auf den Plantagen für die reichen Zuckerrohrpflanzer. Den Menschen heute geht es vergleichsweise gut, immerhin verfügen die Mauritier derzeit über eines der höchsten Einkommen in Afrika, wenn auch der Lebensstandard nicht mit unserem in Europa zu vergleichen ist.

So werden große Hoffnungen auf Zuwachsraten im touristischen Bereich gesetzt. Die Einnahmen haben sich während der letzten Jahre vervielfacht, und der Tourismusminister sieht noch viel Entwicklungsspielraum. „Massentourismus und Betonburgen", so beruhigt der Minister besorgte Gemüter, denen Landschafts- und Umweltschutz am Herzen liegen, „wird es auch in Zukunft nicht geben!" Also eher weiter Klasse statt Masse? Im Royal Palm Hotel kostet die Nacht 500 Euro, was garantiert, dass VIP-Gäste wie *Stephanie von Monaco* oder *Jacques*

Chirac am Strand nicht gestört werden. „Unsere Concierge", kommentiert der Hotelchef den eigenen Stil und das besondere Publikum seiner Nobelherberge, „würde bei allem Bedauern nicht wissen, wo man hier Fahrräder ausleihen könnte." Schelmisch setzt er hinzu: „Aber fragen sie ihn nach einem Rolls Royce – den besorgt er sofort!" Mauritius kann sich bislang rühmen, in der gehobenen Angebotsklasse zu rangieren. „Das wird so bleiben", erklärt der Minister, „Charterflüge sind für uns weiterhin nicht denkbar", und das trifft Pensionen und Apartmentanlagen hart, die Zimmer schon für 20 Euro anbieten. Ob sich das Konzept des Luxustourismus in der Zukunft halten lässt, scheint fraglich. Unmittelbar neben dem Royal Palm wurde ein 300-Betten-Hotelkomplex in Dienst gestellt, der die gemütliche Atmosphäre des Badeörtchens Grand Baie nachhaltig negativ beeinflusst. Proteststimmen wurden in der Lokalpresse sehr deutlich. Außerdem ist für Mauritius eine Reihe von Hotelneubauprojekten in Planung. Noch ist Mauritius Infrastruktur maßvoll in die Natur eingepasst. Auch die Inselbewohner haben an Offenheit und Freundlichkeit Fremden gegenüber nichts eingebüßt – die Akzeptanz von Touristen ist geradezu verblüffend.

mau_096mtpa

Bungalowanlage, einem kleinen Gästehaus oder Apartments in dieses Geschäft einzusteigen versucht. 1975 kamen jährlich ca. 75.000 Besucher nach Mauritius, 1982 waren es schon doppelt so viele, heute sind es etwa 500.000 pro Jahr. Für die Zukunft wünscht man sich 600.000 Besucher, für die 30.000 Betten zur Verfügung stehen sollen. Das klingt zunächst gigantisch, doch ist es halb so schlimm, denn ein Großteil der Gäste kommt von der Nachbarinsel La Réunion und wohnt nicht in Hotels, sondern in Privatunterkünften, bei Freunden und oft weit ab der Strände. Die Regierung bemüht sich darum, die Gefahren des Massentourismus zu vermeiden, indem **hochklassige und teure Hotels** bevorzugt werden. Vorschriften hinsichtlich Zimmergröße, Ausstattung und Service können nur bei einem Mindestpreis pro Zimmer eingehalten werden. Und auch die Politik, **Charterfluggesellschaften keine Landeerlaubnis** zu erteilen, führt dazu, dass neue Hotels nicht auf die Unterbringung von vielen, sondern auf die sehr komfortable Unterbringung von wenigen Gästen ausgerichtet sind. Das schafft genauso viele Arbeitsplätze und erhöht die Einnahmen pro Gast.

Ausbildung und Arbeit

Schulsystem

Der Unterricht an **300 Grund- und 150 weiterführenden Schulen** ist kostenlos. An der Universität in Le Réduit werden Agrarwirtschaft, Technologie und Verwaltungswissenschaften gelehrt. Insbesondere auf dem Gebiet des Zuckeranbaus ist die Universität von Mauritius weltweit als führend anerkannt. Das starke Interesse der Mauritier an Ausbildung sowie die **Lehrmittel- und Schulgeldfreiheit** führen dazu, dass das (Aus-)Bildungsniveau für diese Region außergewöhnlich hoch ist.

Arbeitsplätze

Während für weniger qualifizierte Arbeitskräfte durch den Tourismus, die Zuckerindustrie und vor allem die Textilfabriken in der Freihandelszone jede Menge gut bezahlter Arbeitsplätze zur Verfügung stehen, ist es für gut ausgebildete Mauritier lukrativer, nach Europa, Asien oder Australien auszuwandern und dort einen Job zu finden.

Bevölkerung

1,2 Mio. Einwohner

Nachdem die Malaria in den 1950er Jahren erfolgreich ausgerottet war, stieg die Bevölkerungszahl sprunghaft an. Mit heute 1,2 Millionen Menschen ist die kleine Insel Mauritius sehr dicht besiedelt. Erst die staatlich unterstützte Geburtenkontrolle (seit 1964) und steigender Bildungsstand bremsen nun den früher explosionsartigen Bevölkerungszuwachs.

Englische und französische Einflüsse

Die Lebensart der Mauritier ist französisch geprägt, obwohl nur ein kleiner Prozentsatz der Bevölkerung französischer Abstammung ist. Wirtschaft und Rechtswesen hingegen wurden durch die englische Kolonialzeit geformt. Die Rechtsprechung beruht zwar auf französischem Recht *(Code Napoléon)*, doch ist Englisch die Gerichts- und Wirtschaftssprache. Als Mauritius englische Kolo-

mau_098mtpa

nie wurde, erlaubten die neuen Kolonialherren zwar, dass Französisch weiterhin Schul- und (neben dem Kreol) Umgangssprache blieb – aber um wenigstens zu wissen, was vor Gericht vorging, mussten Gerichtsverhandlungen in englischer Sprache abgehalten werden.

Indischer Einfluss

Mehr und mehr gewinnt die zahlenmäßig schon seit langem überwiegende indisch-hinduistische und indisch-moslemische Bevölkerung politischen und kulturellen Einfluss – und damit auch die von ihnen bevorzugte englische Sprache, was wiederum den vorwiegend französischstämmigen Zuckerbaronen nicht gefällt!

Multikulturell

Das Nebeneinander verschiedener Völkergruppen und unterschiedlicher Religionen führt nicht zu Auseinandersetzungen oder Diskriminierung der Gruppen. Zu beobachten ist jedoch – obschon keiner den anderen missachtet –, dass sich die Volksgruppen wenig mischen.

Religionen, Sitten und Gebräuche

Vielfältiges Nebeneinander

Orient und Okzident, Afrika, Asien und Europa sind nebeneinander anzutreffen. In den Städten mischt sich am frühen Morgen der Ruf des Muezzin mit dem Geläut der Kirchenglocken. Gleichzeitig entzünden indischstämmige Hindus und buddhistische und taoistische Chinesen in ihren Tempeln Räucherstäbchen. Über chinesischen Spielhallen blinken bunte Leuchtreklamen, in Spielkasinos gehen Millionen über den Tisch, in französischen Bistros werden Aperitifs serviert, an chinesischen *Foodstalls* erhält man preiswerte Frühlingsrollen. Was für ein Genuss und welche Vielfalt! **60% der Bevölkerung sind Inder,** mehr als die Hälfte davon **hinduistischen Glaubens.**

Ein kleinerer Teil stammt aus dem **mohammedanischen Norden** Indiens. Knapp **30%** den Mauritier sind **katholischen Glaubens.** Hierzu gehören die europäischen und afrikanischen sowie Teile der chinesischen Bevölkerung. Ein kleiner Teil der Chinesen sind **Buddhisten, Taoisten und Konfuzianer.**

Feste und Feiertage

Vielzahl

Die verschiedenen Religionen bringen eine Vielzahl von Festen und Feiertagen mit sich. Auch alle bei uns bekannten christlichen Feste wie Weihnachten, Ostern und Pfingsten werden auf Mauritius gefeiert und sind staatlich geschützte, arbeitsfreie Tage. Der wichtigste politische Feiertag ist der 12. März, an dem Mauritius seine Unabhängigkeit von England erlangte. Auch der 1. Mai ist wie bei uns ein Festtag, an dem die Arbeit ruht.

Infos

Wer Näheres über Daten und Hintergründe der nichtchristlichen Feste erfahren möchte, findet Informationen auf der Webseite **www.feste-der-religionen.de** und auf weiteren Webseiten, die von dort aus verlinkt sind.

Cavadee

Anfang Februar, am Thai-Poosam-Tag, einem staatlich geschützten Feiertag, begehen die **Tamilen** das Cavadee-Fest. Die Männer tragen den Cavadee in einer Prozession von Gläubigen vom Tempel zum Fluss und erfüllen damit ein Gelübde, das sie zu Ehren von *Subramanya*, dem zweiten Sohn des Gottes *Shiva*, abgelegt haben. Der Cavadee ist ein hölzerner, nach oben geöffneter Bogen. An den Bogenenden befindet sich je ein *Somboo*, ein Topf voll Milch. Die Teilnehmer der Prozession versammeln sich am Flussufer, wo rituelle Waschungen stattfinden. Einzelne Gläubige haben sich durch langes Fasten auf diesen Tag vorbereitet. Als eine Art Buße und um das Böse zu überwinden durchbohren sie Oberschenkel, Wangen und sogar ihre Zunge mit dicken Nadeln oder laufen über glühende Kohlen. Anschließend bewegt sich die Prozession zum Tempel, wo vor dem heiligen Schrein Opfergaben dargebracht werden.

Teemeedee Dieses **hinduistische Fest** wird **mehrmals im Jahr** zu Ehren der Götter *Draupadee, Mariamen* und *Kali* abgehalten. Die Festteilnehmer haben sich durch Fasten und Meditation lange vorbereitet. Nach einem rituellen Bad im Fluss ziehen sie in einer Prozession zum Tempel. An der Spitze wird die blumengeschmückte Statue einer Gottheit getragen. Im Tempel angekommen, erhalten die Gläubigen den Segen des Priesters und beginnen dann, über glühende Kohlen zu laufen.

Ganga Asnan Anlässlich dieses Festes (**November**) pilgern die **hinduistischen Teilnehmer** zum Meeresufer, um dort ein rituelles Bad zu nehmen. In Indien findet diese Zeremonie im heiligen Fluss Ganges statt. Da der Ganges in den Indischen Ozean fließt, berühren seine Wasser auch die Küsten von Mauritius – die damit nach dem Glauben der Mauritier ebenfalls dessen reinigende Wirkung besitzen.

Deepavali Das **„Lichtfest“,** das den Sieg des Guten über das Böse symbolisiert, feiern alle **indischstämmigen Mauritier** im **Oktober.** In der Nacht werden Öllämpchen angezündet und in die Fenster der Häuser gesetzt.

Holi Die Sitten dieses **Farbenfestes** (**März**) beruhen auf der **indischen** Legende von *Brahlada,* der beim Tode seiner Tante *Holika,* die er nicht besonders schätzte, ein Freudenfest feierte. Gefärbtes und in Plastiktüten abgepacktes Wasser und bunter Puder werden auf die Passanten gesprenkelt, und man tauscht Glückwünsche aus.

Maha Shivaratree **Ende Februar/Anfang März,** Fest zu Ehren des Gottes *Shiva*. Nachdem die **Hindus,** die sich zu diesem Anlass weiß kleiden, eine Nachtwache am

Tempel abgehalten haben, ziehen sie aus allen Teilen der Insel zum Grand Bassin, um aus dem See heiliges Wasser zu schöpfen.

Totenfest

Das **buddhistische** Totengedenkfest wird **in chinesischen Pagoden** abgehalten. Angehörige von Verstorbenen versammeln sich und tragen Gebete vor.

Chinesisches Neujahrsfest

Anlässlich des chinesischen Neujahrsfestes **Ende Januar oder Anfang Februar** werden die chinesischen Häuser gründlich gereinigt, und am Festtag selbst wird in der Mitte des Wohnraumes ein Tisch mit Lebensmitteln und Kuchen aufgestellt – Symbol für den Wunsch, im nächsten Jahr genügend zu essen zu haben. Um die bösen Geister zu vertreiben, werden Raketen abgefeuert. Traditionsgemäß werden „Wachskuchen" aus Reismehl und Honig gebacken und Freunden und Verwandten gebracht.

Chinesisches Drachenfest

Beim Drachenfest im **Mai** bewegt sich eine riesige, von vielen Tänzern bewegte Drachenfigur durch die Straßen. Ursprünglich stammt das Fest aus Hongkong, wo es zu Ehren der Göttin des Himmels, *Tin-Hau,* der Schutzpatronin der Fischer in Hongkong gefeiert wird.

Aid-ul-Fitr

Fest der Moslems zum Ende des Fastenmonats Ramadan (nach Mondkalender bestimmt). Während des Ramadan dürfen die Gläubigen 30 Tage lang nichts essen und trinken, solange die Sonne am Himmel steht.

Hinduistisches Brautpaar

mau_103mtpa

Aid-el-Adha Das **islamische Opferfest** (nach Mondkalender bestimmt) ist neben dem Ramadanfest das bedeutendste Fest der islamischen Welt und wird **am 10. Tag des Wallfahrtsmonats,** am Ende des Hadsch (Pilgerfahrt nach Mekka), begangen. Das Opferfest erinnert an die Bereitschaft *Abrahams,* einen seiner Söhne zu opfern. Welcher der beiden Söhne *Abrahams, Isaak* oder *Ismail,* geopfert werden sollte, wird jedoch im Koran nicht explizit erwähnt. Sowohl *Isaak* als auch *Ismail* haben im Islam eine große Bedeutung. Nach der Koransure 6, Strophen 84–87, gilt *Isaak* als Stammvater vieler Propheten und Gottesgesandter, während *Ismail* als Stammvater des Propheten *Mohammed* angesehen wird.

Yaum-un-Nabi Dies ist der **Tag des Propheten.** Am 12. Tag des Monats *Rabi-ul-Aval* (nach Mondkalender bestimmt) wird zwölf Tage lang der Geburts- und Todestag *Mohammeds* gefeiert. In den Moscheen werden Verse gesungen, die dem Gedenken des Propheten geweiht sind.

Muharram **Islamischer Neujahrstag** (nach Mondkalender bestimmt). Gedenktag zur Erinnerung an den Märtyrer *Hussain,* den Enkel *Mohammeds,* der in Kerbala im heutigen Irak ermordet wurde.

Feiertag zum Todestag von Père Laval Am **9. September** unternehmen die **Katholiken** eine Pilgerfahrt zum Grab von *Père Laval,* einem Priester und Arzt, der 23 Jahre auf der Insel lebte und sich in dieser Zeit besonders um die schwarzen Sklaven bemühte. Nach einem frommen Leben starb er am 9. September 1864. An seiner Grabstätte sollen sich regelmäßig Wunderheilungen vollziehen. Im Jahre 1918 begann sein Heiligsprechungsprozess, der noch nicht vollendet ist.

Einheimische Medizin

Savinien Meredac schreibt in seinem Roman „Polyte" (1926) über die Begegnung mit einem Medizinmann: „Er kam spät. Nachdem er *Becca* gebeten hatte, alle Bandagen abzunehmen, ließ er sich den kranken Zahn zeigen. Dann ließ er seine qualmende Pfeife in der Tasche verschwinden. Er rauchte niemals, wenn er eine Kirche betrat oder Formeln zu sprechen hatte. Aus einer anderen Tasche zog der Heiler einen Hufnagel, dessen gealtertes Zink bereits Patina aufwies, die einem trockenen Filaoszweig glich. Den Kopf des Nagels drückte er auf den Backenzahn, schlug darüber drei Kreuze und sprach einige Gebete vor sich hin. Schließlich verlangte er einen Hammer und schlug den Hufnagel, zunächst mit leichten, dann mit immer kräftiger werdenden Schlägen in den mächtigsten der fünf Mangobäume, die in der Nähe standen, so weit, bis der Kopf des Nagels die Rinde des Baumes berührte. Zu *Becca* gewandt sagte er: „Deine Leiden haben sich in dem Maße entfernt, wie ich den Nagel in den Baum schlug – ist das wahr?" *Becca* stimmte zu. „Der Mangobaum hat deine Schmerzen in sich aufgenommen. Wenn man aber jemals den Nagel wieder herauszieht, wird es dir zum Schaden werden! Dann beginnt der ganze Tanz von vorne! Guten Abend."

Medizinmänner

Wie auf den übrigen Inseln des westlichen Indischen Ozeans ziehen Kreolen auch auf Mauritius häufig einen Medizinmann zu Rate, wenn Verstauchungen, Zahnschmerzen oder auch seelische Leiden kuriert werden müssen. Von diesen „Medizinmännern" spricht niemand offen, zeigte es sich doch in der Vergangenheit, dass Europäer sich über diese Praktiken lustig machten. So will man sich heute gegenüber den „aufgeklärten" Europäern einerseits keine Blöße geben, andererseits aber auch nicht auf die Hilfe der Naturheiler und Zauberer verzichten.

Die Welt der Zauberer und Medizinmänner mit ihren Riten, Gesetzen, Heiligtümern und Mysterien findet man mehr **in der ländlichen Bevölkerung,** und man sollte sich nicht zu sehr von der Angst, auf einen *Matapan* (Scharlatan) zu treffen, beeinflussen lassen. Mit viel Glück kann es gelingen, einer Heilung durch einen Medizinmann beizuwohnen.

Kunst und Kultur

Literatur

Anfänge

Da körperliche Arbeit von Sklaven, indischen Landarbeitern und chinesischen Kulis erledigt wurde, konnte man sich in der feinen französischen Gesellschaft ausgiebig mit Literatur beschäftigen. Im Jahre **1769** bemühte sich der Naturalist *Commerson,* ein Projekt zu entwickeln, das der *Lineum Society* oder dem *Institut de France* entsprechen sollte. Es wurde eine Gesellschaft zur Förderung von orientalischer und europäischer Literatur gegründet. Die **Societé des Écrivains**

Mauriciens d'Expression Française bemühte sich besonders um die Förderung der Werke mauritischer Schriftsteller in französischer Sprache.

Eine andere Schriftstellervereinigung setzt sich mit Literatur in englischer Sprache auseinander, die *Indian Culture Association* unterstützt Schriftsteller indischer Herkunft, die in englischer Sprache schreiben. Alle mauritischen Literaten werden bis heute von der **Union des Écrivains Mauriciens** unterstützt und gefördert. Daneben gibt es weitere Gruppen, etwa französisch-mauritische Freundschaftsvereine oder die Gesellschaft zur Bewahrung hinduistischer Kultur, *Maha Saabba*.

Mauritius als Inspiration

Seit dem 19. Jahrhundert kamen immer wieder Dichter nach Mauritius, um sich von der Insel inspirieren zu lassen. Neben **Joseph Conrad** und **Baudelaire** wurde auch **Bernardin de St. Pierre** von der Insel angezogen, wo er den berühmtesten Roman schrieb, dessen Handlung auf Mauritius angesiedelt ist. „Paul und Virginie" ist die Geschichte vom Leben zweier allein stehender Frauen, die mit ihren Kindern auf Mauritius leben. Die Kinder, ein Junge und ein Mädchen, wachsen miteinander auf und verlieben sich später ineinander.

mau_106mtpa

Das Mädchen, das einer adeligen Familie entstammt, wird eines Tages zur Ausbildung nach Frankreich geschickt und lässt ihren aus einfachen Verhältnissen stammenden Geliebten zurück. Nach Jahren kehrt sie zurück und wird von ihrem Jugendfreund sehnsüchtig erwartet. Doch kurz vor der Ankunft des Schiffes gerät dies in einen Wirbelsturm, sinkt und *Virginie* ertrinkt. Diese tragische Liebesgeschichte, ähnlich den „Leiden des jungen Werther", wurde in 30 Sprachen übersetzt und auf der ganzen Welt ein Erfolg.

Mauritische Literaten

Bedeutendster Vertreter einheimischer mauritischer Literatur ist **Malcolm de Chazal,** dessen bekanntestes Buch der Roman „Sens Plastique" ist. **Marcelle Lagesse** erhielt den Preis für den besten Roman des Indischen Ozeans. Darin beschreibt er die Zeit um 1800, das Leben in den Kolonien und die Abschaffung der Sklaverei. Die hinduistische Lebensweise hat der Autor **Robert-Edward Hard** in seinen Büchern „Agni" und „Krishna d'Azur" beschrieben, in denen die Philosophie der Upanischaden und Veden wiederzufinden ist.

Theater

Geringe Bedeutung

Im 18. Jahrhundert, zur Zeit des ersten Zuckerbooms, konnten die Zuckerbarone es sich leisten, die berühmtesten Schauspielergruppen aus Frankreich nach Mauritius einzuladen, um Gastspiele zu geben. Diese Glanzzeit des Theaters in Port Louis ist vorbei; stattdessen haben diverse einheimische Schauspielensembles Auftritte auf den Bühnen von Port Louis und Curepipe.

Séga – Tanz der Mauritier

Dumont d'Urville beschreibt Anfang des 19. Jahrhunderts in seinem Buch „Reise um die Welt", was er in Mauritius gesehen hat: „In der Ecke eines Feldes gruppierten sich einige Sklaven im Kreis. Das

mau_108mtpa

ist ein Chega, ein Tanz aus Mozambique, erklärte mir ein Freund. Ein alter Kaffer klemmte sich eine Art Trommel zwischen die Beine, die er mit der Hand schlug. Zu ihm gesellte sich ein zweiter Musiker, der einem dünnen Holzstab mit nur einer Saite bespannt *(Bobre)* dünne Töne entlockte. Schließlich begannen fünf oder sechs Stimmen einen afrikanisch klingenden Gesang – süß, schleppend und melancholisch. Ein Schwarzer und eine Schwarze sprangen halbnackt auf. Ihre ersten Schritte schienen ohne Richtung zu sein. Sie näherten sich einander sanft und ungezwungen, schließlich entfernten sich die Tänzer wieder voneinander, indem sie sich um sich selbst drehten. Ganz langsam wurden ihre Gesichter ausdrucksvoller. Das war die erste Phase einer Leidenschaft, diese Sehnsucht der Schritte, diese schüchternen und schmeichelnden Gesten. Jetzt ist die Haltung der Tanzenden weniger dezent, die Bewegungen werden lasziv. Die Musik passt sich dieser Entwicklung an. Der Tanz, der Rhythmus der Musik, die Musik erreichen einen Höhepunkt, wenn sich das tanzende Paar wieder aufeinander zu bewegt, so nah, dass sich ihre Knie berühren und beider Atem miteinander verschmilzt. Die Menge der Sklaven wird in einen Taumel versetzt ..."

So wie seinerzeit die „Kaffern" die Séga tanzten, so tanzen sie heute alle Mauritier, egal welcher Abstammung. An Abenden kann man mit etwas Glück bis heute am Meeresufer oder in den Bergen Séga-Tänzen beiwohnen. Leichter jedoch ist es, die Séga an Hotelstränden zu erleben, wo professionelle Tanzgruppen sie für die Gäste tanzen. Über einem Holzfeuer erhitzen die Musiker ihre flachen Trommeln, die *Ravannes* genannt werden. Tanzpaare bewegen sich zu den Rhythmen der Ravannes, der Triangeln und zu den Melodien eines Sängers. Die Frauen tragen lange, weite schwingende Röcke, die Männer Hosen, die bis zu den Knien reichen, und bunte Hemden. Die Frauen drehen sich lässig und hüftschwingend um die eigene Achse und heben dazu die leicht verschränkten Arme in die Luft. Die Männer folgen der Tänzerin mit kleinen Schritten, nähern sich ihr und berühren sie wie unbeabsichtigt.

Séga-Tanz

mau_110mtpa

UNTERWEGS AUF MAURITIUS

EINLEITUNG

Vieles ist geboten

Wer Mauritius nicht vom Strand eines Tophotels betrachtet, sondern durch die endlosen Zuckerrohrfelder streift, ist von den vielen Facetten des Landes überrascht. Im Hintergrund der Felder ragen bizarr gezackte Berggipfel in den blauen Himmel, Seen und Süßwasserreservate, Nationalparks mit dichter Vegetation und blühende Flamboyantbäume, Bougainvilleen und Hibiskussträucher setzen farbige Tupfer in das beherrschende Grün des Zuckerrohrs. Die **Städte Port Louis, Curepipe, Vacoas** und **Mahébourg** sind alles andere als monoton. Sie sind teilweise modern, dennoch fremdartig, vielfältig, exotisch und voller Überraschungen. Doch erst die weißen, endlosen **Strände,** vor denen sich das Blau des Indischen Ozeans in zahllosen Farbnuancen ausbreitet, die Berglandschaften im Inneren der Insel, die Palmen und vor allem die bunte Mischung aus **Menschen** verschiedenster Hautfarben und Kulturen machen Mauritius zu einem unvergleichlichen Erlebnis. Eine bleibende Erinnerung für viele Gäste ist die Begegnung mit den Menschen dieser **vielen Kulturen und Religionen,** ihr natürliche Herzlichkeit und die Leichtigkeit ihres Umgangs miteinander ebenso wie mit den Gästen aus dem fernen Europa. Hinzu kommen schließlich Sonnenscheingarantie und hervorragend geführte Hotels aller Preiskategorien, die Mauritius zu einem idealen Reiseziel machen für sonnenhungrige Europäer, die Ruhe und Erholung für Geist, Körper und Seele suchen.

Badeurlaub

99% aller Mauritius-Reisenden wählen einen der vielen Badeorte rund um die Insel als Domizil. Baden, sich verwöhnen lassen, die Sonne genießen und gelegentlich einen Ausflug in das Landesinnere oder in die Hauptstadt Port Louis machen – das ist es, was die Gäste sich von Mauritius erwarten.

Gliederung des Buches Im Folgenden werden zunächst die **Hauptstadt** und die **Ausflugsorte** abseits der reinen Badedestinationen beschrieben. Dann folgt die Beschreibung der **Badeorte,** ausgehend von Port Louis im Uhrzeigersinn bis zurück nach Port Louis.

Port Louis

Hauptstadt und älteste Stadt Port Louis ist die älteste Stadt der Insel. Sie wurde von Gouverneur *Mahé de Labourdonnais* **1735** gegründet, als dieser begann, Gewürze auf Mauritius anzubauen und nach Europa zu verschiffen. Er benannte die erste Stadt der Insel zu Ehren des damals regierenden französischen Königs *Louis XIV.,* welcher die von ihm vertretene *Compagnie des Indes* mit der Verwaltung der Insel beauftragt hatte. Port Louis hat den einzigen **Tiefwasserhafen** der Insel und ist durch einen Halbkreis von Bergen vor starken Winden aus Süden und Osten geschützt. Während des 18. Jahrhunderts wurde der Hafen ein bedeutender französischer **Handels- und Flottenstützpunkt,** um den sich Verwaltungsgebäude gruppierten. Hier ankerten alle Arten von Schiffen, angefangen vom schnellen Segler über Passagierschiffe bis zu bewaffneten Fregatten. Die Boote waren beladen mit Baumwolle und Kaffee, Fracht, die für Frankreich bestimmt war. Kriegsflotten machten auf dem Weg nach Indien Zwischenhalt in Port Louis. Hier sind Seefahrer, Piraten, Entdecker und Kolonisten an Land gegangen. Seit jedoch 1869 der Suez-Kanal eröffnet wurde, war der Hafen von Port Louis von den Auseinandersetzungen um die neue Wasserstraße betroffen. Schloss man etwa den Kanal, erlebte der Hafen von Port Louis einen Aufschwung. Heute ist es ein kleiner und wegen der Freihandelszone und den Industrieansiedlungen sehr aktiver Hafen. Die **geradlinigen Straßen** im Ort, die sich im rechten Winkel schneiden, erinnern an die französische Städteplanung des 18. Jahrhunderts.

Sehenswürdigkeiten in Port Louis

Caudan Waterfront

Eine moderne Sehenswürdigkeit ist der Ende der 1990er Jahre erbaute **Shopping- und Hotelkomplex** Caudan Waterfront im Hafen von Port Louis. Da dieses eindrucksvolle Gebäude auch einen großen **Parkplatz** besitzt, ist es als **Ausgangspunkt für eine Sightseeingtour** durch die Stadt geeignet. Man kann den Stadtrundgang hier mit (Window-) Shopping in den Boutiquen des Einkaufskomplexes beginnen und mit einer Mahlzeit in einem der vielen Restaurants und Snackständen beenden, bevor man ins Strandhotel zurückfährt.

Place d'Armes und Regierungspalast

Das **Zentrum der Stadt** ist der von Palmen umrahmte Place d'Armes. Er erstreckt sich von der Statue des Stadtgründers *Mahé de Labourdonnais* beim Hafen nach Südosten am Hafen bergan etwa 300 m bis zum Regierungspalast. Dieser, 1736 unter *Mahé de Labourdonnais* erbaut, ist das **älteste originalgetreu erhaltene Gebäude von Mauritius.** In seinen Räumen wurden rauschende Feste gefeiert, bei denen die internationalen Gäste vergessen konnten, auf welch abgelegenem Eiland sie sich befanden. In der Ehrenhalle des Palastes stehen Statuen der Königin *Victoria* und des Gouverneurs *Stevenson,* geschaffen von dem mauritischen Bildhauer *Prosper d'Épinay.* Im Inneren des Gebäudes ist kostbares Mobiliar der *Compagnie des Indes* ausgestellt. Zunächst bestand der Bau lediglich aus Parterre und dem ersten Stock. Später wurde ein zweites Stockwerk hinzugefügt, um mehr Raum für die Verwaltung der boomenden Kolonie zu schaffen.

Banken

Entlang des Place d'Armes zwischen Hafen und Regierungsgebäude liegen die Hauptverwaltungen vieler Banken (Öffnungszeiten: Mo bis Fr 9.30

bis 14.30, Sa 9.30 bis 11.30 Uhr), die ganz wesentlich zum Boom der Stadt und der Insel in den vergangenen zehn bis 15 Jahren beigetragen haben.

Stadtzentrum und -theater

Die Fortsetzung des Place d'Armes ist die **Hauptgeschäftsstraße** von Port Louis, die **Intendance Street,** die in südöstlicher Richtung rechts am Regierungspalast vorbei zum 1820 im Kolonialstil erbauten Stadttheater führt. Von vergangenen Glanzzeiten, als hier noch Theater- und Musikgruppen auftraten, zeugt die klassizistische Fassade, der Zuschauerraum ist mit vier Logenrängen ausgestattet, die Decke mit einem Fresko bemalt, auf dem bedeutende europäische Komponisten (darunter *Mozart*) dargestellt sind. Beiderseits der Straße findet man moderne Geschäfte, Banken und Reisebüros. Ihre Verlängerung, die zweimal den Namen wechselt **(Rue Jules Koenig** und **Rue Pope Hennessy)** endet schließlich am Marsfeld.

mau_115mtpa

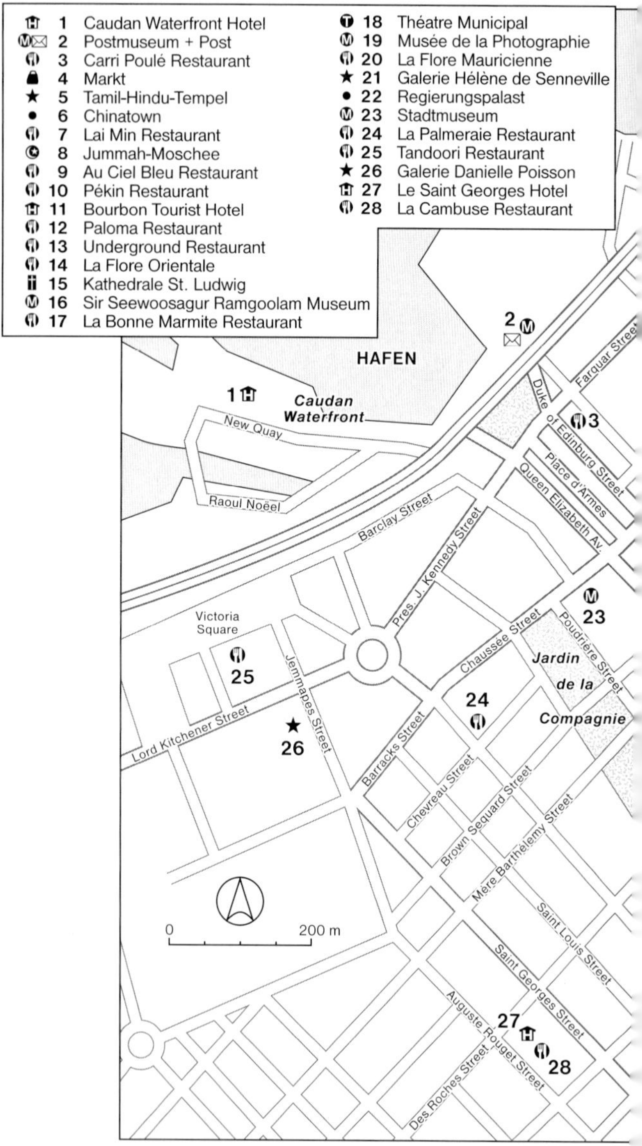
1 Caudan Waterfront Hotel
2 Postmuseum + Post
3 Carri Poulé Restaurant
4 Markt
5 Tamil-Hindu-Tempel
6 Chinatown
7 Lai Min Restaurant
8 Jummah-Moschee
9 Au Ciel Bleu Restaurant
10 Pékin Restaurant
11 Bourbon Tourist Hotel
12 Paloma Restaurant
13 Underground Restaurant
14 La Flore Orientale
15 Kathedrale St. Ludwig
16 Sir Seewoosagur Ramgoolam Museum
17 La Bonne Marmite Restaurant
18 Théatre Municipal
19 Musée de la Photographie
20 La Flore Mauricienne
21 Galerie Hélène de Senneville
22 Regierungspalast
23 Stadtmuseum
24 La Palmeraie Restaurant
25 Tandoori Restaurant
26 Galerie Danielle Poisson
27 Le Saint Georges Hotel
28 La Cambuse Restaurant
HAFEN
Caudan Waterfront
New Quay
Raoul Noëel
Farquar Street
Duke of Edinburg Street
Place d'Armes
Queen Elizabeth Av.
Barclay Street
Pres. J. Kennedy Street
Victoria Square
Jemmapes Street
Lord Kitchener Street
Chaussée Street
Poudrière Street
Jardin de la Compagnie
Barracks Street
Chevreau Street
Brown Sequard Street
Mère Barthelemy Street
Saint Louis Street
Saint Georges Street
Auguste Rouget Street
Des Roches Street
0
200 m

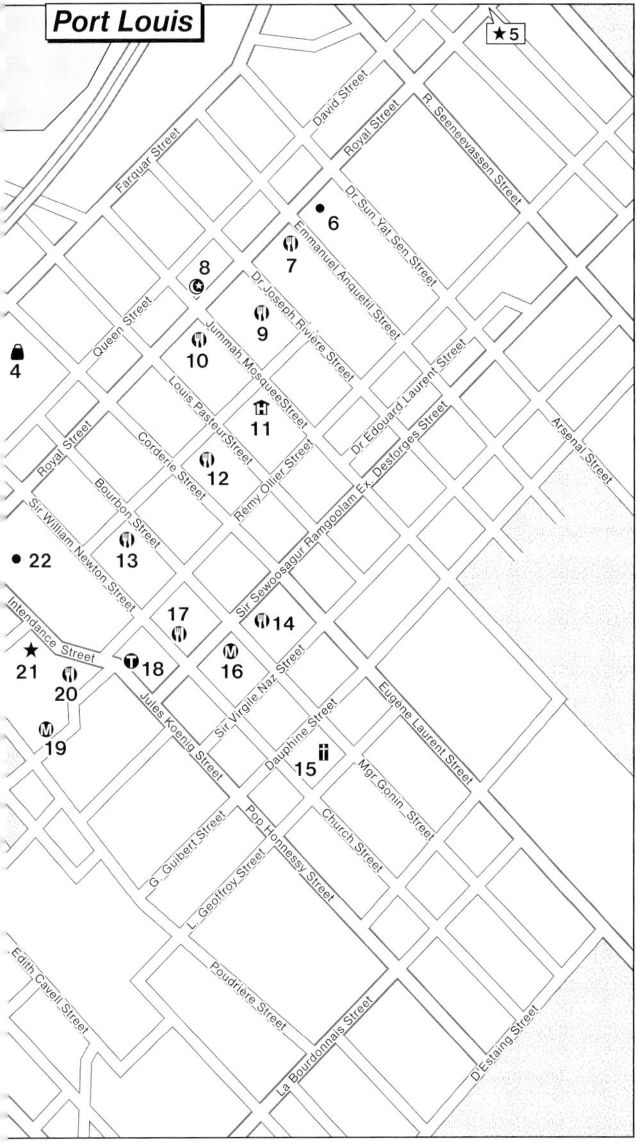

Unterwegs auf Mauritius

Fort Adélaide und Champs de Mars

Folgt man der Rue Pope Hennessy in südöstlicher Richtung und biegt nach der Kirche des Heiligen Ludwig nach links ab, gelangt man zu einer Zitadelle, dem **Fort Adélaide.** Die Anlage wurde **1835** von den Engländern auf einer Anhöhe errichtet und thront bis heute über der Stadt. Von hier aus hat man einen **wunderschönen Ausblick** über die Stadt, den Hafen und die umliegenden Berge. Schaut man von der Zitadelle nach Süden, fällt der Blick auf das **Marsfeld** *(Champs de Mars).* Früher war es der **Exerzier- und Paradeplatz,** seit 1812 werden dort von Mai bis November regelmäßig jeden Sonntag **Pferderennen** veranstaltet. Der Turf Club of Mauritius ist der zweitälteste Rennclub der Welt.

Grab der Madame de Labourdonnais

Wo sich heute die aus Stein gebaute **Kathedrale St. Ludwig** und ein Vorplatz mit Springbrunnen aus dem Jahr 1786 befinden, stand früher die erste Kirche der Insel, die aber – da aus Holz errichtet – einen Wirbelsturm nicht überstand. Mit der alten Kirche wurde auch die Grabstätte von *Madame de Labourdonnais,* der Frau des ersten französischen Gouverneurs der Insel, weggeblasen.

Royal Street

Folgt man der Royal Street, einer lebhaften und von kleinen Geschäften gesäumten Hauptverkehrsader vom Regierungspalast aus in nordöstlicher Richtung, gelangt man zur **Jummah-Moschee,** dem religiösen Zentrum der Moslems auf Mauritius. Sie hat einen weiß getünchten Innenhof, der mit zahlreichen Ornamenten und arabischen Schriftzeichen verziert ist (Öffnungszeiten: Mo bis Do 10 bis 12 Uhr, sonst nur Zutritt für Moslems). Geht man die Royal Street weiter in Richtung Nordosten, erreicht man das wichtigste Heiligtum der Hindus, den **Tamil-Hindu-Tempel.** Im Innenraum stehen Altäre hinduistischer Götter wie *Shiva, Krishna* und *Lakshmi.* Im Gegensatz zu den bunt bemalten Götterstatuetten wirkt der übrige Teil des Tempels recht nüchtern.

Chinesenviertel

Südlich der Royal Road bis zur parallel verlaufenden Sir Sewoosagoor Ramgoolam Street erstreckt sich das Viertel, in dem sich zu Beginn des 19. Jahrhunderts die chinesischen Vertragsarbeiter niedergelassen hatten. Dort wohnen sie heute noch und betreiben „Import- & Exportgeschäfte" mit Stoffen, Geschirr, Töpfen und allem, was man aus der chinesischen Heimat ihrer Ahnen günstig importieren kann. Ein exotischer Genuss ist beispielsweise die **chinesische Pharmazie (Chinese Store)** in der Dr. Sun Yat Sen Street, einer schmalen Seitengasse im Chinesenviertel. Hier türmen sich die vielen Medikamente der chinesischen Naturheilkunde, importiert aus Hongkong, Shanghai und Singapur. Vom Tiger Balm über getrocknete Schlangen und Haifischflossen findet man alles, womit man die aus der Balance geratenen Kräfte des Yin und Yang wieder einpendeln kann.

Stadtmuseum

Einen lohnenden Besuch verspricht das Stadtmuseum von Port Louis, das nicht weit vom Regierungspalast entfernt liegt. Natürlich darf man sich kein Museum wie in europäischen Metropolen erwarten, doch enthält es viele Exponate, welche die **Naturgeschichte der Tier- und Pflanzenwelt** von Mauritius dokumentieren. Beispielsweise ist das seit Jahrhunderten ausgestorbene Wappentier der Insel, die Dronte, nachgebildet und ausgestellt. Im Obergeschoss des Museums befindet sich eine umfangreiche **Bibliothek,** in der man sich über Mauritius und die übrigen Inseln des Indischen Ozeans informieren kann. In dem **Park,** der das Museum umgibt, sind Skulpturen berühmter Mauritier zu sehen.

Markt

Den **Höhepunkt eines Stadtrundgangs** bildet zweifellos der teilweise offene Markt, der sich nur einige Schritte vom Hafen entfernt im Rechteck zwischen Farquar und Queens Street im Norden und Süden sowie Corderie und Duke of Edington Street im Osten bzw. Westen befindet. In einem dunklen Gebäude ist auf Holztischen eine Vielzahl schillernder **Fische** aufgereiht, auch Schalentiere und Muscheln, die von den Händlern immer wieder mit frischem Wasser übergossen werden. Verlässt man das Gebäude und wechselt auf die gegenüberliegende Marktseite, wird man zunächst von fliegenden Händlern ohne festen Marktstand umringt. Dann erreicht man wieder einen geschlossenen Marktteil mit unglaublich vielen **Obst- und Gemüseständen.** Pyramiden von knallroten Tomaten, endlose Reihen von Lauch und Chalotten, Bananen und Orangen sowie bekannte und unbekannte tropische Früchte verleihen dem gedämpften Licht Glanz. In der hintersten Verkaufszeile werden **Kräuter, Gewürze und Heilpflanzen** angeboten. Nachdem man sich an dieser Vielfalt satt gesehen hat, tritt man aus der Halle hinaus ins grelle Sonnenlicht, um sogleich

mau_120mpta

wieder einzutauchen in das dumpfe Gemurmel und Gedränge eines Basars, der sich auf der gegenüberliegenden Straßenseite ausbreitet. Dort wird alles angeboten, was man nicht essen kann. Winzige Marktstände, nur mit einem Sonnenschirm versehen, bieten **Stoffe, Schmuck, Kultgegenstände, Lederwaren** und **Kunsthandwerk** feil. Wer sich ein wenig erfrischen möchte, lässt sich zu einem Milchgetränk verführen. Die Händler haben ihre Wagen überall auf dem Basar verteilt.

Weitere Sehenswürdigkeiten

Kunstgalerien

- **Galerie Danielle Poisson,** 21 Jemmapes Street.
- **Galerie Hélène de Senneville,** 12 Belmont House, Intendance Street.
- **Port Louis Art Gallery,** Mallefille Street.

Museen

- **Natural History Museum,** Mauritius Institute, La Chaussée; tägl. außer Mi von 9 bis 16 Uhr.
- **Sir Seewoosagur Ramgoolam Museum,** Sir Seewoosagur Ramgoolam Street; tägl. außer Do und So 9 bis 16 Uhr.
- **Postal Museum,** neben dem General Post Office; tägl. außer So von 9 bis 16 Uhr.
- **Musée de la Photographie,** Vieux Conseil Street; tägl. von 9 bis 16 Uhr.
- **Theatre Municipal,** Rue Intendance; unregelmäßige Öffnungszeiten.

Unterkunft in Port Louis

Besser außerhalb übernachten

Während die Hotels an den Stränden guten bis sehr guten Standard aufweisen, was Service, Sauberkeit und Essensqualität anbelangt, gilt für die Stadthotels – bis auf wenige Ausnahmen – das Gegenteil. Die meisten sind **heiß und laut, wenig einladend, aber immerhin billig.** Doch auch Globetrotter mit geringen Ansprüchen sollten sich lieber ein kleines Gästehaus in Strandnähe suchen, als in der tagsüber lauten, heißen, stickigen und abends – abgesehen von den chinesischen Spielhöllen – „toten" Hauptstadt zu bleiben.

Gemüsestand auf dem Markt in Port Louis

Hier einige Stadthotels, die brauchbar sind:

- **Caudan Waterfront Hotel** (100 Zimmer), 1997 fertig gestelltes 5-Sterne-Stadthotel im Caudan-Waterfront-Komplex am Hafen. Das Spitzenhotel für Geschäftsleute ist von Einkaufszentren, Boutiquen und Friseursalon umgeben – alles vom Feinsten (ca. 130 Euro pro Zimmer).
- **Le Saint Georges** (60 Zimmer), gut ausgestattetes Stadthotel in der Rue St. Georges, einer ruhigen Einbahnstraße, 5 Minuten zu Fuß vom Verwaltungszentrum von Port Louis entfernt. Das Haus hat ein Restaurant, eine kleine, gemütliche Bar, einen Konferenzsaal (40 Plätze), Telefon und Fernseher auf den Zimmern und Sekretariats- und Faxservice (ca. 80 Euro pro Zimmer).
- **Hotels mittlerer Qualität** sind das Bourbon Tourist Hotel in der Jummah Mosque Street (ÜF ca. 15 Euro pro Zimmer), das Palais d'Or (ÜF ca. 20 Euro pro Zimmer) und das France Tourist Hotel (ÜF ca. 20 Euro pro Zimmer).
- Wer keine Komfortansprüche stellt, spart nochmals Geld, wenn er im Suntours City Hotel oder einem der vielen **kleinen Hotels im Stadtzentrum** übernachtet: City Hotel (18 Euro), Le Grand Carnot (15 Euro), Le Rossignol (12 Euro), Tandoori (12 Euro), Hotel Moderne (10 Euro).

Essen und Trinken

Nach Büroschluss stirbt die Stadt aus

Port Louis ist eine Büro- und Arbeitsstadt. Nach Büroschluss herrscht nur noch in Teilen des Chinesenviertels Leben, im Rest der Metropole werden die Bürgersteige hochgeklappt, nachdem die Arbeiter und Angestellten in die Vororte oder in die Städte im Hochland abgefahren sind. Die vielen indischen, europäischen und kreolischen **Restaurants schließen um 17 Uhr.** Es macht daher wenig Sinn, sich abends für einen „Stadtbummel" mit gepflegtem Abendessen fein zu machen – auch die Auslagen in den Geschäften sind dann hinter schweren Metalljalousien verborgen.

Snacks

Tagsüber gibt es eine große Auswahl. Wer in Eile ist oder sparen will, sollte die Gerichte probieren, die **Straßenverkäufer um die Markthallen, im Chinesenviertel oder am Busbahnhof** anbieten. Darunter sind köstliche Snacks wie *Gateau Bringelle* (gebackene Auberginen), *Gateau Piment* (scharf gewürzte Reiskugeln), *Bhajias* (gebratenes Gemüse), *Gateau Patate* (Gemisch aus Kokosnuss und Süßkartoffeln, kräftig gewürzt) oder *Dhallpuree* (indisches Brot mit scharfer Tomatensoße).

Mittagessen

Mit etwas Zeit aber kann man gerade zu Mittag preiswert und ausgezeichnet in vielen Restaurants essen. Im Folgenden sind einige empfohlen, in denen man im Rahmen eines Stadtrundgangs gut einkehren kann. Die Einteilung in Gruppen erfolgt nach dem jeweiligen Schwerpunkt der Küche. Die meisten Restaurants bieten aber auch Gerichte der anderen Kochrichtungen an.

Chinesisch

● **Au Ciel Bleu,** Josef Rivière Street.
● **La Flore Orientale,** Ramgoolam St.; europäisch, chinesisch und kreolisch.
● **Lai Min,** Rue Royale, Port Louis, Tel. 20042; renommiertes Restaurant, das in einem großen Saal untergebracht ist, chinesische Küche mit kreolischem Einschlag, auch abends geöffnet.
● **Pékin,** Jummah Mosque Street.
● **Paloma,** Léoville L'Homme Street.
● **Hotel Onu,** Royal Street.

Französisch, kreolisch

● **La Flore Mauricienne,** Rue de l'Intendance, Port Louis.
● **La Bonne Marmite,** William Newton Street, Port Louis, Tel. 22402.
● **La Palmeraie,** Sir C. Antelme Street; französische Menüs, aber auch Snacks und Pizzas.
● **Café de la Cité,** Place de la Cathédrale.
● **La Cambuse,** St. George Street.

Indisch, kreolisch

● **Carri Poulé,** Rue Duc d'Edinbourgh; gute Currys zu günstigen Preisen.
● **Underground Restaurant,** Bourbon Street.
● **Tandoori Restaurant,** Victoria Square.

Diverse

Exzellente Restaurants mit verschiedenen Küchen findet man in Moka nahe Port Louis:
● **Le Domaine les Pailles**
● **Le Clos Saint Louis;** französisches Spitzenrestaurant.
● **La Canelle Rouge;** kreolisch.
● **Indra;** indisch.
● **Fu Xiao;** chinesisch.

Verkehrsverbindungen in und um Port Louis

Busse

Ein paar hundert Meter nördlich des Hafens gegenüber der Hauptpost liegt der **Busbahnhof,** von dem aus man im Fünfminutentakt (bis 18 Uhr) in alle Stadtteile und in die nördliche Umgebung fahren kann. In die Städte des Hochlandes und nach Süden fahren die Busse von der **Haltestelle am Victoria Square** (südwestlich des Hafens) ab. Die Busse sind billig, langsam, laut und stinken gewaltig. Doch sie schaffen Kontakt zur Bevölkerung und lehren Geduld. Ausnahme: Nach Mahébourg verkehren Expressbusse, die nur zwei- oder dreimal anhalten und daher eine recht schnelle und preiswerte Fahrt ohne Umsteigen an die Südküste ermöglichen.

Taxis

Überall im Zentrum von Port Louis trifft man auf Taxis. Es gibt keine festgesetzten Preise, Verhandlungsgeschick ist daher wichtig. Eine Meile sollte nicht mehr als 0,50 Euro kosten, wobei aber die Meilen für Hin- und Rückweg zu rechnen sind. Fährt man beispielsweise vom Strandhotel in die Stadt, so ist es günstiger, den Fahrer ein paar Stunden in der Stadt warten zu lassen und im Anschluss an den Besuch auf dem Markt, im Museum oder eines Restaurants mit dem gleichen Taxi zurückzufahren. Das spart Geld und man riskiert nicht, am Abend kein Taxi für die Rückkehr zu finden.

Lohnenswerte Ausflugsziele nahe Port Louis

Le Domaine les Pailles

Parkgelände mit Zuckerplantagen, Restaurants, Reitstall, Kolonialbauten, Schmalspureisenbahn; Rundfahrten im Geländewagen und mit Quad Bikes durch ein riesiges Areal, das eine naturgetreue **Nachbildung eines herrschaftlichen Anwesens der Kolonialzeit** inklusive Zuckerrohrfeldern, Rumdestillerie, Kolonialvillen und gepflegten Parklandschaften ebenso wie naturbelassene Gebirgshänge beinhaltet. Es ist werktags von 10 bis 22 Uhr geöffnet, Eintritt ca. 10 Euro; Geländewagenrundfahrt 20 Euro, 10 bis 15 Uhr, mit Mittagessen 70 Euro; Reitstunde 15 Euro, Ponyreitstunde für Kinder 5 Euro; ganztägiger Reitausflug mit Picknick 100 Euro.

Villa Eureka

Renovierte Kolonialvilla mit kreolischem Museum **im Vorort Moka,** nicht weit vom Gelände der Domaine les Pailles entfernt. Eureka ist eine herrlich gestaltete **Originalvilla aus dem 19. Jahrhundert,** die einen Einblick in das Leben einer adeligen Zuckerbaronfamilie ermöglicht (geöffnet von 9.30 bis 17 Uhr). In der Villa werden auf Anfrage festliche kreolische oder französische Abendessen in traditioneller kreolisch-kolonialer Umgebung arrangiert!

Le Réduit

Das **Schloss** von Le Réduit wurde 1778 unter dem französischen Gouverneur *David* etwa 10 km südlich von Port Louis in kühleren, hoch gelegenen Regionen als neuer Regierungssitz errichtet. Ziel war es, für den Fall eines Krieges zwischen England und Frankreich einen geschützten Ort für die Frauen und Kinder zu schaffen und gleichzeitig der Malaria an der heißen Küste bei Port Louis zu entkommen. Mit den Jahren wurde Le Réduit zum ständigen **Wohnsitz der Gouverneure** von Mauritius und diente als Unterkunft für königliche Besucher. Die Residenz liegt versteckt inmitten tropischer Gärten mit jahrhundertealtem Baumbestand und dient heute als **Sitz des Staatspräsidenten.** Nur die Gärten sind der Öffentlichkeit zugänglich (sie werden um 18 Uhr geschlossen).

Ganz in der Nähe des Schlosses befindet sich die imposante **Universität von Mauritius.**

Die Kirche des Père Laval

An der A4, die Port Louis nach Norden verlässt, liegt **im Vorort St. Croix** die Kirche des *Père Laval.* Die große, moderne Kirche ist an der Stelle errichtet worden, an der sich einst das Grab des von den Kreolen verehrten „Armenpriesters" *Père Laval* befand. *Père Jacques Désiré Laval* wurde in Evreux in Frankreich geboren und war Priester und Arzt zugleich. 1841 kam er nach Mauritius und wurde dort alsbald der **„Apostel der Schwarzen"** genannt, da er sich derer Probleme annahm. Er kämpfte gegen die Sklaverei, hielt Messen für die Armen und betreute sie kostenlos medizinisch, soweit ihm dies als Priester ohne Klinik, aber mit medizinischer Ausbildung möglich war. Man sagt ihm nach, er habe zahlreiche Wunder vollbracht, und verehrt ihn wie einen Heiligen. Im Jahre 1864 starb der Priester. Seither **pilgern einmal jährlich** tausende Gläubige – und durchaus nicht nur Christen! – aus allen Teilen der Insel zur Kirche. Viele Kreolen kommen sogar von La Réunion und den Seychellen hierher, um *Père Laval* um Hilfe gegen Not und Krankheit zu bitten.

Wanderung auf den Piether Both

Vor der Kirche des *Père Laval* biegt ein Weg nach rechts (nach Südosten) ab. Folgt man ihm bis zur nächsten Kreuzung und nimmt dort einen weiteren Weg nach Osten, erreicht man den Fuß des Berges **Piether Both,** der **höchsten Erhebung innerhalb des Moka-Massivs,** das Port Louis umgibt. Die Straße führt weiter bis zu einer Höhe von etwa 300 m durch Zuckerrohrfelder, vorbei an versteckten Hütten und Mangobäumen. Nachdem man auf diesem Weg einen kleinen Hügel erreicht hat, wird der weitere Aufstieg schwieriger und sollte nur von geübten Bergsteigern fortgesetzt werden. Von fern gesehen, scheint auf dem Gipfel des Berges eine Felskugel zu balancieren, die jederzeit herunterrollen könnte. Eine Legende besagte, dass die englische Herrschaft über die Insel enden würde, wenn der Stein herunterfällt. Aber als die Insel die Unabhängigkeit zugesprochen bekam, blieb der Felsen unverrückbar an seinem Platz.

Besteigung des Montagne du Pouce

Der 800 m hohe Berg liegt südlich des Gipfels Piether Both und ist einfacher zu besteigen. Am besten beginnt man die Wanderung an der **Kapelle Ste. Anne,** die in Port Louis in der Nähe des Champs de Mars steht. In südöstlicher Richtung verlässt man von dort die Stadt, durchquert die Vororte und folgt dem Weg durch das **Vallée de Pouce** bis zum Gipfel. Die Wanderung ist einfach in 5 bis 6 Stunden für Hin- und Rückweg zu bewältigen und eröffnet **wunderbare Ausblicke** sowohl auf die Berge und Zuckerrohrfelder im Inneren der Insel als auch auf die Stadt Port Louis und den Indischen Ozean.

Charles Darwin schrieb über das Panorama des Montagne du Pouce: „Von hieraus hinterlässt die ganze Insel mit ihren abfallenden Küsten und ihren zentralen Bergmassiven den Eindruck perfekter Eleganz; wenn man es überhaupt ausdrücken kann, möchte man sagen, dass es eine Szenerie reicher Harmonie ist."

Bernhardin de St. Pierre, der französische Verfasser des mauritischen Nationalepos „Paul et Virginie“, beschrieb die Aussicht vom Gipfel des Le Pouce folgendermaßen: „Auf der linken Seite gewahrt man die Bergkette, welche Morne de la Découverte genannt wird und von wo die ankommenden Schiffe Signale erhalten, am Fuße dieses Hügels die Stadt Port Louis. Auf der rechten Seite schlängelt sich ein Weg von Port Louis nach Pamplemousses. Am Ufer des Meeres ist die Baie de Tombeau zu erkennen, noch etwas weiter rechts der Schatten des Cap Malheureux. Darüber hinaus liegen verstreut wie Wasserblumen inmitten des Indischen Ozeans einige unbewohnte Inseln.“

Auf der Route Royal von Port Louis bis Curepipe

Ins Inselzentrum

Port Louis ist durch eine **gute Autostraße (M1)** mit Curepipe, der größten Stadt im Inselzentrum, verbunden. Die autobahnähnliche vierspurige Straße zieht sich durch die ganze Insel und verbindet die Ballungszentren Port Louis, Curepipe und Mahébourg miteinander. Interessanter als diese Strecke ist die **alte Königsstraße** (Route Royal, **A1),** die am Ostausgang von Port Louis ihren Anfang nimmt. Von dort führt sie in Richtung Südwesten, zunächst parallel zur Autostraße. Bis Curepipe folgen die Orte Beau Bassin, Rose Hill und Quatre Bornes aufeinander.

Beau Bassin, Rose Hill und Quatre Bornes

Zusammengewachsen

9 km südlich von Port Louis erreicht man auf der Route Royal den Ort Beau Bassin, der mit den Gemeinden Rose Hill und Quatre Bornes zusammen-

gewachsen ist. Die drei Orte liegen 450 m über dem Meeresspiegel, was ein angenehmes, kühleres Klima zur Folge hat und einen weiten Blick zum Indischen Ozean ermöglicht. Dies war zur Gründungszeit der Orte zu Beginn des 19. Jahrhunderts wichtig, denn es wurde damals deutlich, dass England mit der Invasion der Insel liebäugelte. Die **schönste der drei Städte** ist das in der Mitte gelegene **Rose Hill.** Hier haben noch reizvolle Villenviertel überdauert, in denen gut erhaltene

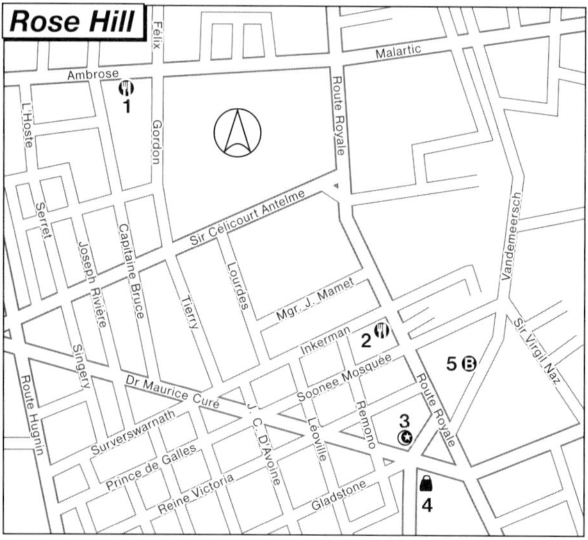

1 Restaurant Le Pékinois
2 Café de Chine
3 Moschee
4 Markt
5 Busbahnhof

Kolonialvillen in großen Gärten stehen. Manche von ihnen sind Residenzen internationaler Organisationen, Botschaften oder Konsulate. Sehenswürdigkeiten weisen die Städte nicht auf, sieht man von den sie umgebenden Feldern ab, wo neben Zuckerrohr auch Tee und Obst angebaut werden, dem in der Sonne leuchtenden Bergrücken Corps de Garde und ein paar alten Gebäuden aus der frühen Kolonialzeit. Zusammen mit Beau Bassin und Quatre Bornes hat sich Rose Hill zu einem **Zentrum kultureller Aktivitäten** auf der Insel entwickelt (Theater Le Plaza, Theatermuseum und Tanzsaal). Der **Markt von Quatre Bornes** gilt als einer der lebendigsten der Insel und ist auch nach 17 Uhr noch geöffnet, da erst dann viele Einwohner der Stadt von ihrem Arbeitsplatz in Port Louis zurückkehren.

Unterkunft

- **Beau Bassin: Vacances Hotel** (12 Euro) und **Auberge Le Resh** (8 Euro).
- **Quatre Bornes:** Das **Gold Crest Hotel** (Route Saint Jean, Tel. 4545945, Fax 4549599, 43 Zimmer, 60 Euro) gilt als bestes Hotel im Hochland; für Geschäftsleute gut gelegen, denn ist es nicht weit zu den Zentren Port Louis und Curepipe. **El Monaco Hotel** in der Route Saint Jean (Tel. 4252608, 35 Euro pro Zimmer). **Einfache Pensionen** sind The Garden House (30 Euro), Mountview Hotel (20 Euro), La Charmeuse (15 Euro), White House (14 Euro), Auberge de Quatre Bornes (10 Euro), Le Gibier (10 Euro).

Essen und Trinken

- **Beau Bassin:** Nid d'Hirondelles (europäisch und kreolisch), Route Royale, an der Ecke Monneron Road und Royal Road (montags geschlossen).
- **Rose Hill:** Café de Chine (europäisch, kreolisch und chinesisch), Royal Road; Le Pékinois (chinesisch), Ambrose Street; Blue Mauritius (europäisch, kreolisch und indisch), Centre Commercial; Riverside (europäisch, kreolisch, chinesisch und indisch), Royal Road.
- **Quatre Bornes:** Gold Crest Caféteria, gutes und preiswertes Restaurant im Hotel Gold Crest; Rolly's Steak House in der Route Saint Jean, gegenüber dem Rathaus, gutes Essen für Fleischliebhaber, die Steaks werden auf heißen Steinen gegart.

Nachtleben

- **Rose Hill:** Diskotheken Le Must und Melody's.
- **Beau Bassin:** Diskotheken Le Saxophone und Le Select.

Curepipe

Vacoas, Floréal

100 Höhenmeter oberhalb von Quatre Bornes liegen die **zusammengewachsenen Städte** Vacoas, Floréal und Curepipe. Wie in den anderen Städten auch, findet man hier nur wenige Sehenswürdigkeiten, dafür erlebt man das tägliche Leben der Mauritier, die im kühlen Hochland wohnen und zu einem großen Prozentsatz nach Port Louis oder in die touristischen Orte an den Küsten zum Arbeiten fahren.

Stadtgeschichte

Curepipe, die größte der drei Städte, erhielt ihren Namen auf seltsame Weise. Grob übersetzt bedeutet er etwa **„Pfeifenpflege".** Hier befand sich in früheren Zeiten ein Rastplatz, an dem die Kutschen auf dem Weg von Mahébourg nach Port Louis Halt machten. An diesem Platz, dem höchstgelegenen der Insel, hatten die Kutscheninsassen Zeit, die Pfeife frisch mit Tabak zu stopfen und für die Weiterfahrt in der holperigen Kutsche herzurichten („kurieren"!).

Während der Malariaepidemien zu Beginn des 19. Jahrhunderts siedelten reiche Bewohner von Port Louis und anderer Küstenorte in das **malariafreie Hochland.** Im höchstgelegenen Teil der Stadt zeugen Villen im Kolonialstil inmitten von prächtigen Gärten, umgeben von Bambuszäunen, von dieser Periode. Auch das Rathaus (*Town Hall*) wurde im traditionellen Stil erbaut. Davor ist ein Park angelegt, den die Statue des Liebespaars „Paul et Virginie" aus dem gleichnamigen Roman von *Bernhardin de St. Pierre* schmückt.

Abends ist was los

Curepipe ist tagsüber eine ruhige Stadt. Der Markt wird abgehalten, in einigen recht guten Geschäften kann man weit preiswerter einkaufen als

Blick auf den Gipfel des Piether Both nördlich von Curepipe

in Port Louis oder den Küstenstädten. Dafür sind die Straßen, Restaurants und Geschäfte abends – wenn in Port Louis bereits die Bürgersteige hochgeklappt sind – mit geschäftigem Leben erfüllt.

Schulen

Einige Schulen verteilen sich um die Kirche Ste. Thérèse, darunter auch das **College Royale,** das im 18. Jahrhundert gegründet wurde und eine der ältesten Schulen im gesamten britischen Commonwealth ist.

Sehenswürdigkeiten in der Stadt

Botanischer Garten

Am Stadtrand liegt eine kleiner botanischer Garten (immer geöffnet, kein Eintritt) mit einer **Sammlung tropischer Pflanzen,** der an Exotik nicht mit dem von Pamplemousses mithalten kann. Ein Spaziergang durch den Garten ist jedoch besonders nach dem Besuch des Marktes und der Geschäfte in Curepipe eine schöne Erholung.

Fabriken für Schiffsmodelle

Die **Fabrik von Comajora** war die erste, die nach Originalplänen historische Schiffe aus der Zeit der Kolonisierung nachbaute. Inzwischen gibt es mit **La Pirogue** eine weitere kleine Fabrik dieser Art in Curepipe – und viele weitere in anderen Orten der Insel. Man kann sie besichtigen und die Handwerkerinnen und Handwerker beim Bau der Schif-

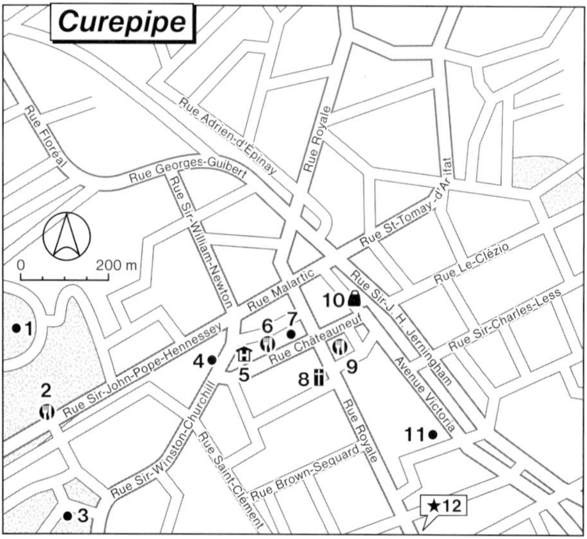

- ● 1 Trou aux Cerfs
- 2 La Bonne Bouffe
- ● 3 Botanischer Garten
- ● 4 Polizei
- 5 Continental Hotel
- 6 Restaurant La Nouvelle Potinière
- ● 7 College Royale
- 8 St. Thérèse
- 9 Le Pot de Terre
- 10 Markt
- ● 11 Spielcasino
- ★ 12 Schiffsmodelle Comajora und La Pirogue

fe beobachten. Beide Fabriken von Curepipe liegen in der Route de La Brasserie nahe dem südlichen Ortsausgang in Richtung Mahébourg.

Kunstgalerie

Galerie Hélène de Senneville, Arcades Ste. Thérèse. Große Sammlung von Kunstwerken mauritischer Maler und auch Siebdrucke des bekannten seychellischen Malers *Michael Adams.*

Trou aux Cerfs

Ein **Vulkankrater,** das Trou aux Cerfs (Hirschloch), von 100 m Tiefe und 70 m Durchmesser liegt nahe dem Stadtzentrum. Die **weite Aussicht** vom Spazierweg rund um den Kraterrand ist an klaren Tagen herrlich, mit etwas Glück kann man dann im Westen am Horizont die 3000 m hohen Gipfel der Nachbarinsel La Réunion erkennen. Richtung Norden erheben sich die Montagnes Longues, die Montagnes du Pouce und der Gipfel des Piether Both, im Osten die Montagnes du Rempart. Ein schöner Spaziergang als Erholung vom Rummel in der Stadt.

Ausflüge in der Region der Plaines Wilhelms

Mare aux Vacoas

Vacoas ist der französische Name der aus Madagaskar stammenden Pandanus-Palme (Schraubenpinie), aus deren Blättern stabile Körbe geflochten werden. Ein **See** mit diesem Namen – Mare aux Vacoas –, der gleichzeitig das Wasserreservoir für alle nahen Siedlungen ist, liegt 5 km südlich von Curepipe in den Plaines Wilhelms. Vor allem Mauritier aus den Küstengebieten verbringen an seinen Ufern die Wochenenden, um sich von der feuchten Hitze am Meer zu erholen.

Tamarin-Wasserfälle

Verlässt man Vacoas nach Süden, erreicht man im Dorf **Glen Park** eine Abzweigung nach Westen Richtung **Camp Roches** und **Henrietta.** Bei der Bushaltestelle in Henrietta zweigt rechts (Südwesten) eine Straße ab und führt an einem hinduistischen Tempel vorbei. Nach der Durchquerung einiger Zuckerrohfelder erreicht man einen Aussichtspunkt zu den **sieben Kaskaden** der Tamarin-Wasserfälle. Fährt man weiter, soweit es möglich ist, und geht nochmals etwa 10 Minuten zu Fuß, erreicht man am Ende des Weges einen weiteren **Aussichtspunkt** mit großartigem Ausblick ins Tal und zum Indischen Ozean. Mit einem ortskundigen Führer (am Busbahnhof in Henrietta nachfragen!) kann man es riskieren zu den Wasserbecken hinabzuklettern und in ihnen unter den Wasserfällen zu baden.

Domaine des Aubineaux, de Bois Chérie, de Saint Aubin

Zwischen dem Südausgang von Curepipe (Ortsteil Forest Side) und der Südküste bei Souillac befindet man sich in einer wenig von der Zivilisation berührten Region, die vergleichsweise selten besucht wird. Hier stehen stolze **Kolonialvillen** wie Le Domaine des Aubineaux nur 1,3 km südlich von Forest Side an der A10. Diese 1872 erbaute Villa in einem riesigen, parkähnlichen Geländeände mit eigenem Reitstall ist ein typisches Beispiel für koloniale Architektur und Wohnungseinrichtung zur Zeit der englischen Herrschaft: schwarze Dachziegel, weiß gestrichene, hölzerne Rundumterrassen und wunderbare Möbel aus al-

mau_134mtpa

ler Welt. Die Villa gehörte früher zum Anwesen der **Teefabrik von „Bois Chérie“,** die man ebenfalls besuchen kann. Sie liegt im Ort Bois Chérie. Man fährt von der Domaine des Aubineaux die A10 weiter in Richtung Süden und zweigt nach etwa 6 km nach rechts auf die A9 ab, der man bis **La Flora** (ca. 5 km) folgt. Hier zweigt eine schmale Straße nach Westen (rechts) ab, auf der man zunächst Grand Bois und dann Bois Chérie (ca. 4 km von der Abzweigung) erreicht. Hier wird etwa ein Drittel der gesamten Teeproduktion von Mauritius hergestellt, die man in einem kleinen Museum nachverfolgen kann. Am Ufer eines kleinen Sees werden die verschiedenen Teesorten zur Probe angeboten.

Schließlich kann man auf dem weiteren Weg an die Südküste auf der A9 auf halber Strecke zwischen Rivière des Anguilles und Soulliac (7 km) auch das alte Kolonialhaus der Teefabrik in **Saint Aubin** von 1819 besuchen, kann dort eine Mahlzeit einnehmen und den tropischen Garten bewundern. Telefonische Voranmeldung zur „Table d'Hote“ (festes Menü, keine Karte!).

Unterkunft

- **Continental Hotel** (Curepipe), eines der besten Stadthotels neben den Hotels Caudan Waterfront und St. Georges (beide in Port Louis) und dem Gold Crest in Quatre Bornes; ÜF ca. 30 Euro.
- **L'Auberge du Petit Cerf** (Curepipe), Anderson Street 23, altes Haus in schönem Garten, gemütliche Atmosphäre; ÜF ca. 20 Euro.
- **Shanghai Hotel** (Curepipe), in der Sir Winston Churchill Street, nicht weit vom Continental; ÜF ca. 10 Euro.
- **Preiswerte Pensionen in Floréal:** Auberge de la Madelon (8 Euro) in der Sir John Pope Hennessy Street, Le Continent (8 Euro), Paradise Guesthouse (10 Euro), Welcome Hotel (10 Euro). Ein empfehlenswertes Hotel ist das Mandarin-Hotel in Floréal (in einem großen Gebäudekomplex untergebracht, gut geführt, aber eher für Geschäftsleute, kein Feriendomizil).

Teepflückerin

Essen und Trinken

Sehr preiswert kann man an offenen Ständen im Obst- und Gemüsemarkt von Curepipe in der Rue Chateauneuf beim Busbahnhof essen. Einfaches, gut gewürztes Essen und viel lokales Flair sind garantiert. Empfehlenswerte Restaurants im Hochland sind:

Französisch:

- **La Nouvelle Potinière,** Meeresfrüchte und französische Küche zu günstigen Preisen.
- **Le Pot de Terre,** Gerichte, auf Holzkohlenfeuer gegrillt, zu günstigem Preis, inmitten des Einkaufszentrums (Impasse Saint Joseph).
- **Au Gourmet,** gutes, teures Restaurant in der Boulevard de St. Pierre Avenue (Vorbestellung nötig, Tel. 6761871).
- **Nobby's Steak House,** Curepipe Road.

Indisch:

- **Maharaja und Ashoka,** indische Küche mit mauritischen Touch – sehr gut!
- **La Bonne Bouffe,** indisch geführtes Café am Ende der Sir John Pope Hennessy Street.
- **Koh-I-Nor Restaurant,** etwas versteckt in der Réunion Road in Floréal in einem eleganten Wohngebiet.

Chinesisch:

- **Tropicana,** wer einmal schick ausgehen möchte, der lege seine Abendgarderobe an und gehe ins Tropicana in der Royal Road.
- **Chinese Wok,** Curepipe Road; gute chinesische Spezialitäten in gemütlicher Atmosphäre; man kann auch preiswert einen „fried rice" für ein paar Euro haben.

Die Nordwestküste von Port Louis bis Cap Malheureux

Badeorte

Mit Beginn dieses Kapitels werden die Badeorte am Indischen Ozean und die von ihnen aus zu unternehmenden Kurzausflüge vorgestellt; die Darstellung erfolgt von Port Louis ausgehend im Uhrzeigersinn bis zurück nach Port Louis.

Anfänge des Tourismus

Die Küste zwischen Port Louis als südlichem und Cap Malheureux als nördlichem Endpunkt war der Ausgangspunkt des internationalen Tourismus auf

Mauritius. Hier befanden sich die ersten Hotels an den geschütztesten Stränden. Hier scheint auch im Winter (Juli, August, September) **viel Sonne,** die Berge im Südosten halten den Südostpassat und die zu dieser Zeit im Hochland häufigen Regenschauer auf Distanz. Wenn es für Strand- und Sonnenhungrige im Süden und Osten wegen des vom Meer hereinblasenden Windes ungemütlich sein kann (sehr angenehm ist der kühlende Wind allerdings für Windsurfer und Golfspieler!), herrschen hier meist blauer Himmel und für Mitteleuropäer angenehme Sommertemperaturen vor. Die Beschreibung beginnt mit dem ersten „Badeort" nördlich von Port Louis und endet in Cap Malheureux.

Baie aux Tombeau

Badeorte

Wenn man Port Louis auf der Autobahn (M1) in Richtung Norden verlässt und die erste Abzweigung nach links nimmt, führt die dann schmale Straße (B29) zwischen Villen auf das Meer zu. Man erreicht die Baie aux Tombeau, die **„Grabesbucht".** Ihren Namen erhielt sie, als der holländische Seefahrer und erste Gouverneur der Insel, **Piether Both,** 1615 mit seinem Schiff kenterte, ertrank und hier begraben wurde. Mit ihm und seinem Schiff vernichtete der verheerende Sturm drei weitere Frachtschiffe, die mit wertvollen Gewürzen aus Indonesien, mit Porzellan aus China und Schmuck aus Indien beladen waren. 1980 gelang es Tauchern, die Schiffe aufzufinden und einzelne Stücke der Fracht (Porzellan) zu bergen. **1798** war die Bucht Schauplatz einer entscheidenden **Seeschlacht** zwischen dem französischen Kriegsschiff „La Preneuse" und zwei englischen Fregatten. Die „Preneuse" wurde von den Engländern zerstört, die englische Invasion nahm ihren Lauf. Als Badebucht ist die Baie aux Tombeau eher weniger geeignet, die Strände sind nicht so weiß, wie man das an anderen Stellen findet, und die

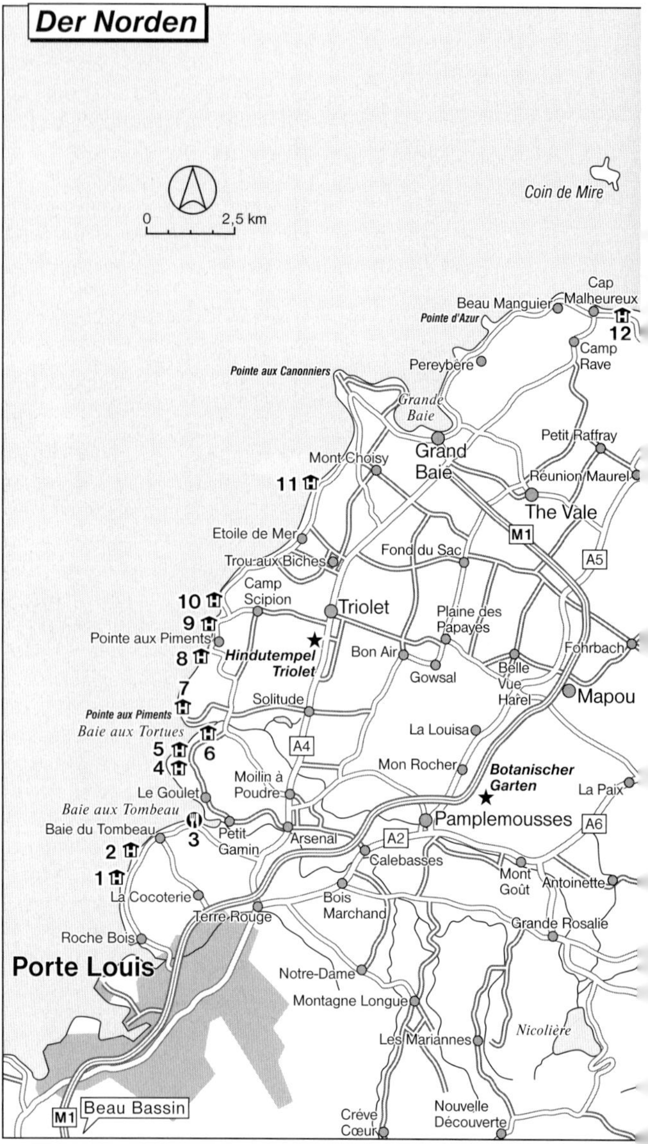
Der Norden
0 2,5 km
Coin de Mire
Cap Malheureux
Beau Manguier
Pointe d'Azur
12
Camp Rave
Pereybère
Pointe aux Canonniers
Grande Baie
Grand Baie
Petit Raffray
Mont Choisy
11
Réunion Maurel
The Vale
M1
Etoile de Mer
Trou aux Biches
Fond du Sac
A5
Camp Scipion
10
Triolet
9
Plaine des Papayes
Pointe aux Piments
Hindutempel Triolet
Bon Air
Fohrbach
8
Belle Vue Harel
Gowsal
Mapou
7
Solitude
Pointe aux Piments
Baie aux Tortues
La Louisa
5
6
A4
4
Mon Rocher
Botanischer Garten
Moilin à Poudre
Le Goulet
La Paix
Baie aux Tombeau
Pamplemousses
Baie du Tombeau
3
Petit Gamin
Arsenal
A2
A6
2
Calebasses
Mont Goût
Antoinette
1
La Cocoterie
Bois Marchand
Terre Rouge
Grande Rosalie
Roche Bois
Porte Louis
Notre-Dame
Montagne Longue
Les Mariannes
Nicolière
Nouvelle Découverte
Créve Cœur
M1
Beau Bassin

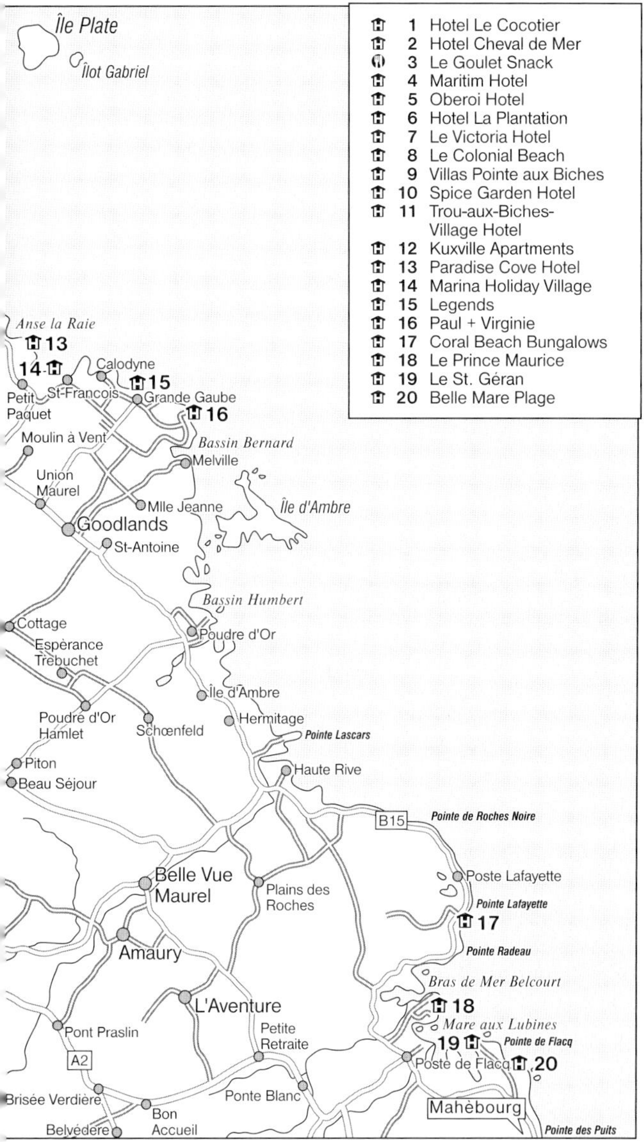
1 Hotel Le Cocotier
2 Hotel Cheval de Mer
3 Le Goulet Snack
4 Maritim Hotel
5 Oberoi Hotel
6 Hotel La Plantation
7 Le Victoria Hotel
8 Le Colonial Beach
9 Villas Pointe aux Biches
10 Spice Garden Hotel
11 Trou-aux-Biches-Village Hotel
12 Kuxville Apartments
13 Paradise Cove Hotel
14 Marina Holiday Village
15 Legends
16 Paul + Virginie
17 Coral Beach Bungalows
18 Le Prince Maurice
19 Le St. Géran
20 Belle Mare Plage
Île Plate
Îlot Gabriel
Anse la Raie
Calodyne
Petit Paquet
St-François
Grande Gaube
Moulin à Vent
Bassin Bernard
Melville
Union Maurel
Mlle Jeanne
Île d'Ambre
Goodlands
St-Antoine
Bassin Humbert
Cottage
Poudre d'Or
Espèrance Trebuchet
Île d'Ambre
Hermitage
Pointe Lascars
Poudre d'Or Hamlet
Schœnfeld
Piton
Beau Séjour
Haute Rive
B15
Pointe de Roches Noire
Poste Lafayette
Pointe Lafayette
Belle Vue Maurel
Plains des Roches
Amaury
Pointe Radeau
Bras de Mer Belcourt
L'Aventure
Mare aux Lubines
Pont Praslin
Petite Retraite
Pointe de Flacq
A2
Poste de Flacq
Brisée Verdière
Ponte Blanc
Mahèbourg
Bon Accueil
Belvédere
Pointe des Puits

Bebauung mit Privathäusern am Strand ist wegen der Nähe zur Inselhauptstadt dicht. Nur gelegentlich findet man einen Durchgang zum Meer.

Der **schönste Strandabschnitt** befindet sich nördlich des Ortes Baie du Tombeau an der **Mündung des Rivière du Tombeau.** Hier breitet sich der öffentliche Strand Le Goulet mit hübschem Palmenhain aus; vor allem wochenends herrscht lebhafter Betrieb, wenn Einheimische hier ein Picknick genießen.

Unterkunft

- **Cheval de Mer,** Pension mit familiärer Atmosphäre in der Royal Road, 20 Euro.
- **Le Cocotiers,** gutes Hotel der 2-Sterne-Kategorie mit nur 50 Zimmern an einem wenig einladenden Strand; dafür gibt es einen Pool, saubere Zimmer mit Blick auf das Meer und ein Restaurant, das gelegentlich auch Gäste aus dem nahen Port Louis zum Abendessen besuchen.

Essen und Trinken

- **Le Goulet Snack,** einfache Imbissbude oberhalb des gleichnamigen öffentlichen Strands (s.o.).

Baie aux Tortues

Naturschutzgebiet

Auf direktem Wege erreicht man die nur 4 km nördlich gelegene Baie aux Tortues auf schmalen Pisten, die durch Zuckerrohrfelder nördlich des Rivière du Tombeau führen. Dazu überquert man die Flussmündung und biegt im Ort **Arsenal** nach links (Osten) in Richtung **Petit Gamin** und **Le Goulet** ab. Hier liegt vor der Mündung des Rivière du Citron das erste und bisher einzige Meeresnaturschutzgebiet mit **reichen und lebendigen Korallengärten** – eines der besten Schnorchelreviere der Insel!

Unterkunft und Essen

Einzige Unterkunft an der Bucht südlich des Rivière Citron ist das **Maritim Hotel,** ein 5-Sterne-Hotel in riesigem Gartengelände (200 Euro pro Zimmer/HP). Auf der gegenüberliegenden Seite liegt das preiswerte, große **Hotel La**

Transport von Zuckerrohr

Plantation an einem nicht ganz so schönen Strand (120 Euro pro Zimmer/HP). Nochmals einige hundert Meter weiter im Norden folgt das **Oberoi Hotel,** eines der schönsten, exklusivsten und auch teuersten Hotels der Insel (700 Euro pro Zimmer/HP). Es ist eines der bisher wenigen Hotels auf Mauritius, das die Gäste nicht in hohen Wohnblocks, sondern in Bungalows und Villen unterbringt, die teilweise von Natursteinmauern eingefriedet sind und alle über einen eigenen Pool verfügen.

Pointe aux Piments

Preiswerte Hotels

Nördlich des Oberoi Hotels beginnt ein **von schwarzen Lavafelsen unterbrochener Sandstrand** mit vielen kleinen und einigen größeren Badehotels, vielen Restaurants und kleinen Geschäften. Der Ort Pointe aux Piments auf halber Strecke zwischen Oberoi Hotel und Trou aux Biches ist bis heute mehr ein Fischerdorf als ein Badeort. Immerhin gibt es neben den kleinen und preiswerten Hotels auch einige sehr hübsche und **gute Restaurants** entlang der Küste, die einen Ausflug zum Abendessen lohnend machen.

Unterkunft

● **Beachcomber Le Victoria Hotel,** Tel. 2658124, Fax 2658224, www.beachcomber.de, 246 Zimmer, etwa 130 Euro; großes Strandhotel der 4-Sterne-Klasse, mit sehr großen Zimmern und daher geeignet für Familien mit Kindern, die in Zusatzbetten im Elternzimmer untergebracht werden können. Das Hotel ist eine sehr gute Wahl, wenn man zu gutem Preis-Leistungsverhältnis einen schönen Strand, viel Unterhaltung, guten Service, nicht aber paradiesische Ruhe erwartet.

● **Le Colonial Beach,** www.colonialhotels.com, Tel. 2655187, Fax 2655247, 24 Zimmer, 100 Euro; hübsches kleines Strandhotel zu günstigem Preis; jeweils vier Apartments in einem Gebäude.

● **Villas Pointe aux Biches,** Tel. 2655901, Fax 2655904, 50 Zimmer, 100 Euro pro Zimmer; kleine, preiswerte Bungalowanlage zwischen Straße und Meer. Ein Pool ersetzt den bei Ebbe flachen Strand. Ein großer Teil der Gäste stammt von der Nachbarinsel La Réunion.

● **Spice Garden Hotel,** Tel. 2613944, Fax 2610740; recht neues Hotel mit interessanter Architektur, gemischt aus europäischen und indischen Elementen mit leicht griechischem Touch. 22 gepflegte Zimmer am Strand in drei Stockwerken und mit Blick auf das Meer und die Küste entlang.

Essen und Trinken

● **Resto Piment Rouge** (französisch und kreolisch), preiswerte Mahlzeiten (10 Euro) im Restaurant jenseits der Küstenstraße.

● **Au Soleil Couchant** (kreolisch und chinesisch), ebenfalls nicht teuer, einfache Umgebung und keine touristische Atmosphäre, sondern mauritisches Flair.

Nachtleben

● **Nuit Blanche Night Club,** im Colonial Beach Hotel.

Busse

Busverbindungen **nach Triolet, Grand Baie, Trou aux Biches und Port Louis.**

Trou aux Biches und Mont Choisy

Touristische Hauptregion

Einige Kilometer weiter im Norden beginnt die touristische Hauptregion der Insel. Sie reicht **von Trou aux Biches über Grand Baie bis Pereybère.** In Trou aux Biches beginnen die weiten, weißen Strände der Nordküste, die man aus den Prospekten kennt. Die Lagunen werden tiefer und bieten **ideale Badeplätze.** Kein Wunder, dass die Zahl der Hotels pro Strandkilometer sprunghaft ansteigt, allerdings ohne bereits ein „mediterranes“

Gefühl der Enge entstehen zu lassen. Die Strände sind optimal, die Schnorchelbedingungen ausgezeichnet, Tauchbasen gibt es sowohl in den vielen guten Hotelanlagen als auch unabhängig von ihnen, das Angebot für Hochseefischer ist vielfältig, und Restaurants findet man in allen Preis-, Geschmacks- und Qualitätsklassen. Und dabei sind die Strände keineswegs überfüllt; bestenfalls am Wochenende, wenn hunderte von Mauritiern zum Picknick kommen und Schulklassen gemeinsam im Palmenhain Zelte aufbauen, geht es am öffentlichen Strand lebhaft zu. Aber schon am Strand von Mont Choisy nördlich von Trou aux Biches herrscht Ruhe, denn an diesem wunderbaren, sichelförmigen und kilometerlangen Strand ist Platz für jeden.

Ausflüge in die Umgebung

Der hinduistische Tempel von Triolet

In dem Ort Triolet, 4 km landeinwärts (Osten) von Trou aux Biches, steht der **größte und sehenswerteste Hindu-Tempel von Mauritius.** Rund um den 1857 errichteten Haupttempel, der sich unter uralten Badamier-Bäumen verbirgt, gruppieren sich in einem kleinen Garten sieben weitere, jeweils einer anderen Gottheit geweihte Tempel. Ein Mönch führt Gäste durch die Gebäude des größten hinduistischen Heiligtums auf Mauritius, das 1898 Ausgangspunkt der ersten Pilgerfahrt hinduistischer Gläubiger zum Grand Bassin im Hochland von Mauritius war, die seither jedes Jahr stattfindet.

Der königliche Garten von Pamplemousses

Östlich von Trou aux Biches, eine gute halbe Stunde Autofahrt auf gewundenen Straßen durch Zuckerrohrfelder und lichte Wälder, liegt der Garten von Pamplemousses, der die **bekannteste Sehenswürdigkeit von Mauritius** ist. Der Name dieses großen Botanischen Gartens stammt von der Frucht, die aus holländischen Kolonien (Indonesien) eingeführt und in diesem Garten erstmals angebaut wurde: der Pampelmuse. Schon 1735 kaufte Gouverneur *Mahé de Labourdonnais* das Gelände und pflanzte dort Obst und Gemüse an. Zur gleichen Zeit errichtete er dort seine **Residenz,** die er **„Mon Plaisir“** nannte. Hier wohnten alle Gouverneure der Insel bis zur Fertigstellung von „Le Réduit“ in Moka. Seine Blütezeit erlebte der Garten unter der Leitung von *Pièrre Poivre,* einem Gouverneur, Philosophen und Naturforscher (1767–1772), und dem Botaniker *Cere,* der 1775 Direktor des Gartens wurde. Beide arbeiteten daran, aus diesem Parkgelände den zur damaligen Zeit reichsten und vielfältigsten botanischen Garten weltweit zu machen. Sie kauften Samen und Setzlinge von Pflanzen aus allen tropischen Regionen der Welt: Gewürze, u.a. Zimtbäume, Gewürznelken und Muskat, tropisches Obst, aber auch Wasserpflanzen und große Bäume. Zur damaligen Zeit bedeckte der Park eine Fläche von 100 Hektar und versorgte europäische Königs- und Fürstenhöfe mit exotischen Blumen und Gewürzen, die in der fruchtbaren Erde von Mauritius hervorragend gediehen. Und noch heute beliefert der Botanische Garten von Pamplemousses die Treibhäuser vieler europäischer Gärten.

Man betritt den Garten durch ein kunstvoll gestaltetes schmiedeeisernes Tor. Nahebei stehen weiße Marmorblöcke, auf denen die Namen der Botaniker vermerkt sind, die sich um den Garten verdient gemacht haben. Nicht weit vom Eingang entfernt befindet sich eine **Allee von Fächerpalmen,** die nur alle 100 Jahre einmal blühen und sterben, sobald die Blüten abgefallen sind. Auf der linken Seite des breiten Hauptweges liegt ein rechteckiges Wasserbecken, in dem die berühmten **Seerosen „Victoria Regia“** schwimmen, die nirgendwo sonst auf der Welt in dieser Pracht besichtigt werden können. Manche ihrer Blätter mit aufgebogenem Rand sind so groß und stark, dass man ein Kleinkind hineinsetzen könnte, ohne dass das Blatt versinken würde. Tagsüber leuchten ihre

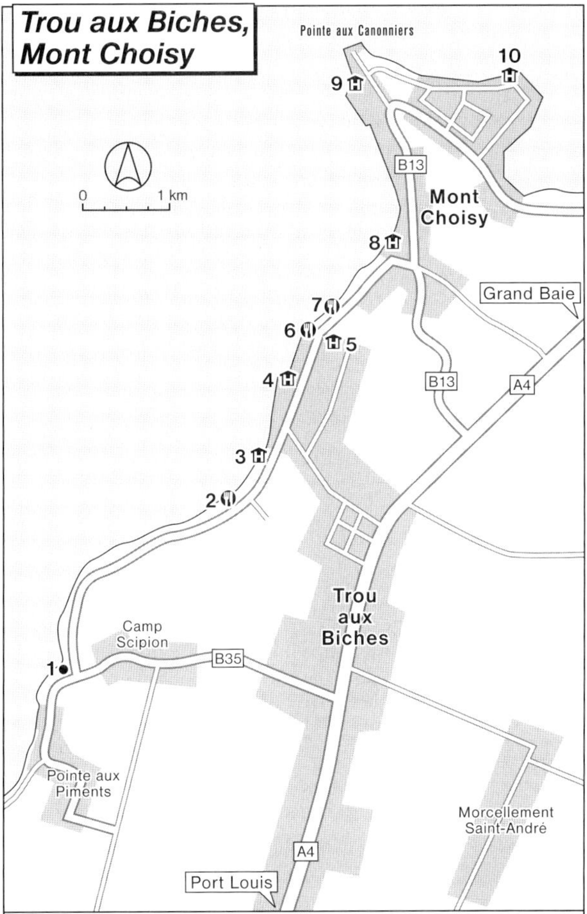

- 1 Aquarium
- 2 Le Cravache d'Or Restaurant
- 3 Le Sakoa Hotel
- 4 Trou-aux-Biches-Village Hotel
- 5 Casuarina Hotel
- 6 Le Grand Bleu Restaurant
- 7 Le Pescator Restaurant
- 8 Club Méditerranée
- 9 Le Canonnier Hotel
- 10 Le Colonial Coconut

Blüten weiß, am Abend verändert sich die Farbe der Blumen zu einem rosa schimmernden Ton. Über der außergewöhnlich schönen und reichen Parkanlage mit Schildkrötengehegen und herrlichen Palmengruppen liegt der Duft tropischer Blüten in der Luft (Öffnungszeiten: 9–18 Uhr; Eintritt: kostenlos).

Unterkunft

● **Beachcomber Trou-aux-Biches-Village Hotel,** Tel. 656562, Fax 2656611, www.beachcomber.de; 205 Zimmer, 80 Bungalows mit jeweils 2 bis 3 Zimmern unter Kokospalmen an einem mehrere Kilometer langen feinsandigen Palmenstrand. Die Anlage hat alles, was das Herz begehrt: Geschäfte, mehrere Swimmingpools, Friseur, diverse Restaurants, Vertretungen der heimischen Reisebüros, eine Bank und eine Post. Alle Wassersportangebote (Windsurfen, Segeln, Wasserski) sind für Hotelgäste kostenfrei. Übernachtung mit Halbpension zwischen 200 und 300 Euro. Das Hotel ist einer der „Klassiker", die das Image der Insel als Urlaubsparadies geprägt haben.

● **Le Sakoa,** kleines Hotel (16 Bungalows) unmittelbar am Strand am südlichen Ende des Strandes von Trou aux Biches. Übernachtung mit Halbpension zwischen 60 und 80 Euro. Ergänzt wird die familiäre und sehr gepflegte Anlage durch das **Herrschaftshaus „Les Quatre Épices",** ein komfortables Urlaubsdomizil für Familien oder Freundesgruppen.

● **Casuarina Hotel,** Tel. 2655653, Fax 2656111, 87 Zimmer; 50 m entfernt vom Strand entfernt und jenseits der Küstenstraße gelegen, ist das Casuarina ebenfalls eines der ersten Touristenhotels auf der Insel, doch wie alle anderen wurde es ständig renoviert, im Standard verbessert und leider auch vergrößert; Übernachtung 80 Euro pro Zimmer.

● **Sonstige Unterkünfte:** Viele preiswerte Unterkünfte liegen in den schmalen Seitenstraßen, die von der Küstenstraße nach Osten in die Zuckerrohrfelder abzweigen. Hier hat man zwar keinen Blick auf das Meer und auch den Strand nicht unmittelbar vor der Terrasse, dafür wohnt man aber zu sehr günstigem Preis doch nahe der Plätze, wo auch „Celebrities" ihren Urlaub verbringen: Mont Choisy Lodge (25 Euro), Résidences C'est Ici (30 Euro), La Ballade (15 Euro), La Sirène Hotel (12 Euro), Aquamarine (11 Euro), The Barns (5 Euro), La Tour Verte (5 Euro) und andere. Da diese kleinen Hotels und Pensionen eigentlich nie ausgebucht sind, sollte man sie **vor Ort auswählen.** Dabei sind entweder Taxifahrer oder die lokalen Reiseveranstalter behilflich, die mit dem Interessenten ein paar der Anlagen besuchen bevor man sich in der Unterkunft einquartiert, die einem am besten gefällt.

Essen und Trinken

Das Angebot an Restaurants ist in und um Trou aux Biches vielfältig. Da sie entlang der Küstenstraße liegen, kann man sie problemlos zu Fuß von den Hotels und Gästehäusern von Trou aux Biches aus erreichen.

- **Le Pescator** (französisch), gutes Fischrestaurant nur wenige hundert Meter nördlich der Hotels Casuarina und Trou aux Biches.
- **La Cravache d'Or** (französisch), gilt als eines der besten französischen Restaurants an der Nordwestküste; wunderbare Lage und Terrasse zum Meer, etwa 4 km südlich des Hotels Trou aux Biches; ausgezeichneter Service und gehobene, aber nicht unverschämte Preise (25 bis 35 Euro für ein volles Menü); Voranmeldung empfehlenswert: Tel. 2657021.
- **Le Grand Bleu,** Restaurant mit indischer Küche in einem großen Gebäudekomplex nördlich des Casuarina Hotels; preiswert, gut gewürzte Speisen, aber nicht sehr gemütlich.

Aktivitäten

Hochseefischen:

- **Corsaire Club,** Organisation du Pêche du Nord, Tel. 2656209, Fax 2656267); ideale Möglichkeit zum Hochseefischen für all jene, die nicht in einem Tophotel mit eigener Flotte wohnen.

Tauchen:

Rund um Trou aux Biches befinden sich einige **interessante Tauchplätze,** etwa das Wrack der Stella Maru (gesunken 1987), der Whale Rock oder der Tempel. Sie sind Tauchziele der **Tauchbasen** in den Hotels Trou aux Biches (Nautilus) und Casuarina (Blue Water Diving), aber auch der hotelunabhängigen Tauchbasis Atlantic Diving Center (Tel. 2657172) neben dem Restaurant La Cravache d'Or.

Das einst interessante **Meerwasseraquarium** am Südende von Trou aux Biches ist seit langem **geschlossen.** Einen Hinweis ist es dennoch wert, da von den Verantwortlichen die baldige Wiedereröffnung versprochen ist.

Busse

Busverbindungen **nach Port Louis, Grand Baie und Pamplemousses.**

Einkaufen

Andenkengeschäfte:

In den Gebäuden jenseits der Küstenstraße nördlich des Casuarina Hotels finden sich viele gute und auch weniger gute (und weniger teure) Geschäfte, in denen man Souvenirs, in Mauritius hergestellte Textilien (Ralph-Lauren-Poloshirts!) und auch von den Philippinen importierte Muscheln und Meeresschnecken kaufen kann. Vom Kauf der Schnecken ist abzuraten, denn sie stehen teilweise unter Naturschutz, obendrein könnte es bei der Einreise in

Deutschland Ärger mit dem Zoll geben! Einige der Geschäfte: L'Argonaute, Aquarium Boutique, Boutique Les Filaos, Souvenir Boutique etc.

Pointe aux Canonniers

Landzunge

Die Royal Road (Küstenstraße von Port Louis nach Norden) führt entlang des öffentlichen Strands von Mont Choisy weiter nach Norden. Hier stehen viele schöne Villen wohlhabender Mauritier, die aber auch an den Stränden der im Norden anschließenden Pointe aux Canonniers ihre Wochenenden verbringen. Die Pointe aux Canonniers ist eine Landzunge, die nach Norden hinausragt und an deren Spitze sich – auf dem Gelände des heutigen Hotels Le Canonnier – der alte **Leuchtturm** befindet. An seiner Westseite liegt an einem langen Sandstrand der **Club Méditerranée.** Die Strände sind nicht so gut zum Baden geeignet wie der im Süden angrenzende öffentliche Strand von Mont Choisy (s.o.).

Unterkunft

● **Club Méditerranée,** Tel. 2637508, Fax 2637511; die großzügige Hotelanlage hat 185 Zimmer mit allem Komfort und bietet jede Art von Wassersportmöglichkeiten. Übernachtung zwischen 200 und 300 Euro pro Zimmer mit voller Verpflegung, Wassersport und Animation. Besu-

mau_148kk

cher können gegen eine Tagesgebühr von etwa 30 Euro das Clubleben einen Tag lang kennen lernen; Mahlzeit und Teilnahme an sportlichen Veranstaltungen sind inbegriffen.

- **Beachcomber Le Canonnier,** Tel. 2637999, Fax 2637864, www.beachcomber.de, 173 Zimmer; sehr gutes Mittelklassehotel am äußersten Nordende der Pointe aux Canonniers; 150 bis 200 Euro pro Zimmer/HP.
- **Le Colonial Coconut,** Tel. 2638509, Fax 2637116, 28 Zimmer; ruhiges Strandhotel mit strohgedeckten Bungalows an der schmalen Küstenstraße an der Westküste der Pointe aux Canonniers; 60 bis 80 Euro pro Zimmer/HP.
- Rocky Holiday Home (18 Euro), Bay Breeze Holiday Apartments (10 Euro) und Sea Point Beach Bungalows (8 Euro) sind einige der **vielen preiswerten, einfachen Unterkünfte** auf der Pointe aux Canonniers.

Essen und Trinken

- **Le Mouillage,** gutes Seafood-Restaurant an der Straße nach Grand Baie (Royal Road) mit gemütlicher Einrichtung im „Seemannsstil".
- **Le Dodo,** ebenfalls an der Royal Road, aber nicht ganz so gehobene Ansprüche (und Preise) wie im Mouillage; da der Eigentümer aus der Schweiz stammt, gibt es neben kreolischen Gerichten gelegentlich auch Raclette und Käsefondue!

Busse

Busverbindungen **nach Grand Baie, Trou aux Biches und Port Louis.**

Sonstiges

Für Abwechslung sorgen tagsüber die **Galerie Bouwens** (Modellschiffe), **Arnegos Atelier d'Art** und die **Galerie Raphael,** in der Nacht die **Disco/Bar Le Privé.**

Grand Baie

Ferienzentrum

Grand Baie ist das Ferienzentrum der Insel Mauritius. 1990 war der Ort noch ein verlassenes Nest mit einem Hotel und zwei Restaurants, heute herrschen reges Leben, dichter Durchgangsverkehr und im Zentrum drangvolle Enge. Gäste der vielen Apartments kaufen im Supermarkt ein, am Strand befinden sich Bars und Restaurants, und am Wochenende kommen Mauritier von überall her, um das **mediterrane Flair** und den **interna-**

Meeresblick von der Terrasse eines Luxusstrandhotels in Grand Baie

tionalen Touch des Ortes zu genießen. In Grand Baie befinden sich teuerste Geschäfte und Restaurants, die größten und ein paar der besten Hotels, aber auch viele Apartments und kleine „Stadthotels“. Als Mitte der 1990er Jahre das Chaos in der wilden Entwicklung des Ortskerns unerträglich wurde, griff die Baubehörde ein und sorgte dafür, dass Neubauten nur bei Abriss alter Gebäude möglich sind. Seither entstanden eine Fußgängerzone, Einkaufsgalerien, Straßencafés und Supermärkte sowie Fußwege am Straßenrand, sodass man sich ohne Lebensgefahr auch zu Fuß fortbewegen kann. Der Ort hat seither einen gewissen mediterran-touristischen Charme entwickelt.

Bucht

Die große Bucht, die dem Ort ihren Namen gab, **gleicht einem Binnensee** mit einem schmalen Ausgang zum Meer im Norden. Rund um die Bucht drängen sich Villen, Yachtclubs, Gästehäuser und Luxushotels. Wegen des ruhigen Wassers in der Bucht ankern hier viele Yachten, Motorboote fahren kreuz und quer.

Infrastruktur

An der Royal Road haben alle großen mauritischen **Reiseagenturen** Büros eingerichtet, die bei der Suche nach einer passenden Unterkunft behilflich sind, **Banken** betreiben ihre wichtigsten Filialen (neben der Hauptstelle in Port Louis) und natürlich auch Bankautomaten, an denen man mit Kreditkarte zu jeder Tages- und Nachtzeit Bargeld bekommt. **Busse** fahren vom Busbahnhof (nahe des öffentlichen Strands) in kurzen Abständen nach Port Louis, Triolet und Pamplemousses sowie nach Pereybère und Cap Malheureux im Norden.

Ausflüge

Drei unbewohnte Inseln nördlich von Grand Baie kann man per Boot besuchen. Die **Insel Coin de Mire** scheint vom Ufer aus gesehen wegen ihres steil aufragenden Felsens als die größte, ist es aber nicht! Sie liegt nur wesentlich näher bei Mauritius als die anderen. Man kann sie nicht betreten, da sie unter strengem Naturschutz steht. Für Taucher aber sind die tiefen Gewässer rund um die Insel ein Abenteuer, weil es in ihnen von Großfischen wimmelt. Die nah beieinander liegenden **Île Plate** und **Îlot Gabriel** haben weiße Sandstrände, Schatten spendende Filaoshaine und herrliche Schnorchelreviere in den umgebenden Korallenriffen. Hier kann man picknicken, baden und nach heißen Nächten in Grand Baie die Ruhe genießen.

Die Ausflugsfahrten werden von allen Hotels und Reisebüros (einige davon befinden sich am Sunset Boulevard zwischen Royal Road und dem Meer) in Grand Baie preisgünstig organisiert. Am Strand wird man auch gelegentlich von Privatleuten angesprochen, die die gleichen Ausflüge billiger anbieten. Ob die Boote allerdings den erforderlichen Sicherheitsstandard bieten, ist ungewiss – und ob entsprechende Versicherungen existieren, erst recht.

Ausflug mit Motorsegler

Eine Tagesfahrt auf dem historischen Motorsegler **„Isla Mauritia"** ist ein traumhafter Ausflug. Er beginnt täglich am frühen Morgen in Grand Baie und führt **bis zur Baie du Tombeau** nur wenig nördlich von Port Louis. Auf dem gepflegten alten Segelschiff werden Mahlzeiten und Getränke serviert, unterwegs haben die Gäste Gelegenheit, in den Riffen des Unterwasser-Nationalparks in der Turtle Bay zu schnorcheln und in gepflegten, alten Gärten spazieren zu gehen – ein lohnender Ausflug (etwa 70 Euro pro Person) und eine angenehme Unterbrechung des Alltags im Luxushotel. Ausgangspunkt des Segeltörns ist ein Landungssteg am westlichen Ortseingang von Grand Baie (Tel. 2638395). Buchbar ist der Ausflug in allen Hotels und bei allen Reiseagenturen vor Ort.

Unterkunft

● **Beachcomber Royal Palm Hotel,** Tel. 2638489, Fax 2638455, www.beachcomber.de, 84 Zimmer, 650 Euro pro Zimmer/HP; am weitaus schönsten Strandabschnitt der Grand Baie befindet sich eines der luxuriösesten Hotels von Mauritius, das keinen Vergleich mit den besten

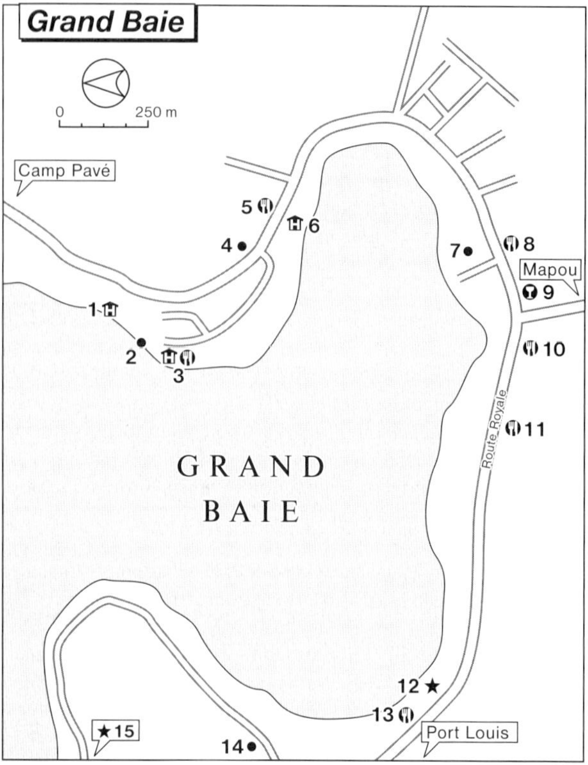

Hotel	1	Beachcomber Royal Palm Hotel
●	2	Yacht Club
Hotel	3	Veranda Bungalow Village
Restaurant		Le Vieille Rouge Restaurant
●	4	Tankstelle
Restaurant	5	Don Camillo Restaurant
Hotel	6	Hotel Le Mauricia
●	7	Centre Nautique
Restaurant	8	La Pagode Restaurant
Pub	9	Phil's Pub
Restaurant	10	La Jonque d'Or Restaurant
Restaurant	11	Sakura Restaurant
★	12	Hindutempel
Restaurant	13	Le Capitaine Restaurant
●	14	Yacht Charters
★	15	Galerie Hélène de Senneville

Strandhotels dieser Welt zu scheuen braucht. Das Le Royal Palm gehört zu den „Leading Hotels of the World" und besticht nicht zuletzt durch den hervorragenden Service. Ein weiteres Argument für dieses Hotel sind der wunderbare feine Sandstrand, der zum offenen Meer hin liegt (nicht innerhalb der Bucht), die Ruhe innerhalb des großen Hotelgeländes und die Nähe zu den Shoppingzentren der Insel und einigen der besten Restaurants und Cafés.

● **Beachcomber Hotel Le Mauricia,** Tel. 2637800, Fax 2637888, www.beachcomber.de, 193 Zimmer, 180 Euro pro Zimmer/HP; in einem großen Hauptgebäude befinden sich Zimmer, Boutiquen, mehrere Restaurants, Friseursalon und andere Einrichtungen, die dem Urlauber Bequemlichkeiten jeder erdenklichen Art bieten. Gutes Preis-Leistungsverhältnis, aber wenig „tropisches Flair". Bademöglichkeit an einem kleinen Sandstrand innerhalb der Bucht und günstige Lage am Rand von Grand Baie mit seinen vielen Restaurants und Bars.

● **Veranda Bungalow Village,** Tel. 2638015, Fax 2637369, www.verandagroup.com, 64 Zimmer, 130 Euro pro Zimmer/HP; schöne, kleine und sehr preiswerte Bungalowanlage mit Bar, Restaurant, Laden und Fahrradvermietung. Jede Art von Wassersport ist möglich, aber nicht im Übernachtungspreis enthalten. Gemütliches Restaurant am Strand und nur 3 Minuten zu Fuß vom Yachtklub entfernt. Der Strand unmittelbar beim Hotel liegt noch in der Bucht und ist klein. Aber nur wenige hundert Meter entfernt befindet sich der **öffentliche Strand La Cuvette,** einer der schönsten, die es auf der Insel gibt.

Einfache Unterkünfte (10 bis 20 Euro):

Es empfiehlt sich, einfache Unterkünfte nicht von Europa aus zu buchen, sondern **vor Ort** mit Taxi oder mit Hilfe einer lokalen Agentur mehrere Häuser zu **begutachten** bevor man ein Zimmer mietet; andernfalls könnte es bittere Enttäuschungen geben. Hier einige Beispiele für vergleichsweise gute Häuser: Bella Vista Hotel, La Chaumière Guesthouse, Residence Peramal, Auberge Miko, Villa Floralies, Les Bananiers, Villa Annick, V.I.P. Villas.

Essen und Trinken

In Grand Baie gibt es **zahlreiche Restaurants aller Preisklassen** mit kreolischer, chinesischer, japanischer, indischer, italienischer oder internationaler Küche. Die französischen und japanischen Restaurants sind – wie überall – teuer und gut, während die chinesischen Restaurants auf preiswerteres Essen spezialisiert sind.

Französisch-kreolisch:

● **Phil's Pub** (auch Assiette du Pecheur), im Zentrum des Ortes an der Royal Road, professioneller Service und europäische Küche.

●**La Vieille Rouge,** Restaurant in der Bungalowanlage Veranda Village, gleich neben dem Yachtclub; wegen der kreolischen Küche und der einfachen, sympathischen Atmosphäre direkt am Wasser empfehlenswert.

Chinesisch:
●**La Jonque d'Or** (chinesisch), unmittelbar im Ortszentrum gegenüber des öffentlichen Strandabschnitts; preiswert, einfach und gut.
●**La Pagode** (chinesisch), noch etwas preiswerter als das benachbarte Jonque d'Or.

Indisch-kreolisch:
●**Le Capitaine,** am westlichen Ortseingang, wo die Royal Road erstmals unmittelbar an die Bucht führt; es gilt als eines der besten Restaurants von Grand Baie mit stark indisch gefärbter kreolischer Küche; bevorzugt werden Meeresfrüchte verarbeitet.

Italienisch:
●**Don Camillo,** italienisch, mit allem, was zu einer Pizzeria gehört: Pizza, Insalata Napoletana, Carpaccio, Ravioli, Lasagna etc.; das hilft, wenn man mal eine Abwechslung von Currys, Mee Soup und gegrilltem Fisch sucht ...

Japanisch:
●**Sakura,** japanisches Sushi-Restaurant an der Royal Road im Ortskern.

Nachtleben

Für Abendunterhaltung ist in Grand Baie gut gesorgt: Stardance, Banana Café, Sunset Café, La Rhumerie, El Diablo, Le Zanzibar, Le Bambou, Tom Cat Jazz Club, Le Grillon und viele Etablissements mehr verteilen sich auf nur ein paar Kilometern Strandlänge – man kann sie unmöglich verfehlen.

Einkaufen und Souvenirs

Arcades BNPI, Arcades Le Tamaris, Espace Océan, Galerie la Colombière, Sunset Boulevard, Galerie Ventura, Grand Bay Store Shopping Centre, Schmuck: SHIV Jewels.

Kunstgalerien

●**Galerie Hélène de Senneville** (Richtung Pointe aux Canonniers).
●**Art Today Gallery**
●**Henry Koombes Gallery**

Grand Baie, idealer Ort für Wassersport und Hochseefischen

mau_155mtpa

Aktivitäten

Als Zentrum des Individualtourismus auf Mauritius bietet Grand Baie nicht nur viele Restaurants, Nachtclubs und Bars außerhalb der Hotels, sondern auch hotelunabhängige Wassersportbasen, die von den vielen Urlaubern in Familienpensionen, Apartments und einfachen Hotels genutzt werden können.

Unterwasserspaziergänge und Glasbodenboote:

- **„Nessie"** ist ein Glasbodenboot, dessen tiefer gelegtes „Passagierabteil" nicht nur nach unten, sondern auch zur Seite dank Glaswänden den Blick auf die Fischwelt freigibt („Semisubmersible").
- **„Captain Nemo"** macht das Unterwassererlebnis ohne Schnorchel oder Tauchflaschen noch intensiver. Der Gast bekommt eine Taucherglocke übergestülpt, wie man es aus den Filmen über Tauchabenteuer in früheren Zeiten kennt, und kann damit eine halbe Stunde unter Wasser spazieren gehen und Fische füttern (www.underseawalk.8k.com). Ausgangspunkt ist der Strand beim Banana Café.

Hochseefischen:

- **Sportfisher,** Tel. 2638358, www.sportfisher.com; Miete von Fischerbooten und Crew für 6 Std. (350 Euro) oder 9 Std. (450 Euro).

Tauchen:

- **Centre Nautique de Grand Baie,** gut ausgestattete Tauchbasis mit Büro im Einkaufskomplex „Sunset Boulevard" an der Royal Road im Ortszentrum.
- **Diving World,** im Hotel Le Mauricia, Tel. 2637800, Fax 2637888.
- **Islandive,** im Hotel Veranda Village, Tel. 2638016.

Segeln:

- **Yacht Charters Ltd.,** Royal Road, Tel. 2638395/96, Fax 2637814.
- **Ocean Pearl Charters,** Royal Road, Grand Baie, Tel. 2638899, Fax 2411002.

Pereybère und Cap Malheureux

Pereybère

Von Grand Baie nach Pereybère und zur Nordspitze von Mauritius bei Cap Malheureux sind es nur noch 7 km. Auf dem Weg kann man zwischen Straße und Strand viele schöne Villen wohlhabender Mauritier bewundern. Auf der Landseite ringen neue Häuser den Zuckerrohrfeldern mehr und mehr Land ab. Pereybère ist ein Dorf mit **wunderschönem,** wenn auch kleinem **Strand,** der an Wochenenden stark von Mauritiern besucht wird. Unter der Woche ist er ein Treffpunkt von Gästen aus La Réunion und einigen Globetrottern aus Europa, die in der Nähe des „Plage Public" (öffentlicher Strand) eine preiswerte Unterkunft gefunden haben. Abends treffen sich Kinder zum Fußballspielen, Mauritier und Gäste gehen in der Dämmerung spazieren, trinken Kaffee und bewundern die über dem Indischen Ozean untergehende Sonne. Anschließend füllen sich die **kleinen Gartenrestaurants,** in denen man preiswert zu Abend essen kann.

Cap Malheureux

Während der Fahrt von Pereybère nach Cap Malheureux fällt der Blick auf die hoch aus dem Meer aufragende **Insel Coin de Mire.** Sie besteht aus einem riesigen dreieckigen, auf einer Seite flach, auf der anderen Seite steil abfallenden Felsen. Die Straße schlängelt sich über Hügel, vorbei an

Strandvillen und einzelnen Hotels. Das **Cap Malheureux,** das die **Nordspitze von Mauritius** bildet, wurde erstmals 1750 auf einer Karte eingezeichnet. In den Untiefen des Kaps verunglückte manches Schiff, was ihm vermutlich seinen Namen „Unglückskap" einbrachte. In der Nähe der Kapelle am Cap Malheureux liegt der Landungsplatz der Expedition, die 1810 Mauritius im Namen Englands in Besitz nahm.

Unterkunft

Unterkünfte zwischen Grand Baie und Cap Malheureux:

Die folgende Listung erfolgt in der Reihenfolge, wie sich die meist kleinen, teilweise auch sehr komfortablen (und teuren) Hotels des äußersten Nordwestens an der Royal Road zwischen dem Nordausgang von Grand Baie bis Cap Malheureux aneinander reihen.

- **Merville Beach Hotel,** Tel. 2638621, Fax 2638146, www.naiade.com, 169 Zimmer; 1 km nördlich der Bucht von Grand Baie liegt das seit den 1970er Jahren bekannte Hotel **an einem der schönsten Hotelstrände der Insel,** der rechts und links in einen weiten Strand übergeht, an dem schöne Villen stehen. Dem Hauptgebäude mit vier Stockwerken merkt man an, dass es aus einer anderen Zeit stammt als die vielen neuen Hotels. Doch im großen Gartengelände verteilt liegen auch einige Bungalows neueren Datums mit sehr komfortablen Zimmern oder gar Wohnungen; Preise 100 bis 200 Euro pro Zimmer/Bungalow.
- **Hibiscus Village,** Tel. 2636891, Fax 2638553, www.hibiscushotel.com, 15 Zimmer; einfaches Bungalowhotel mit Tauchbasis und gutem Restaurant an einem wunderschönen Strand mit hervorragenden Schnorchelgründen. Das für Pereybère teure Hotel hat die **mit Abstand beste Lage aller Unterkünfte in und um Pereybère** (100 Euro pro Bungalow).
- **Cote d'Azur Hotel,** günstig unmittelbar am Strand (allerdings jenseits der Küstenstraße) gelegenes kleines Hotel mit 14 Zimmern und 7 Bungalows für jeweils 4 Personen; www.hotelcotedazur.com, 30 Euro pro Zimmer
- **Fred's Apartments,** preiswerte, gepflegte und saubere Apartments, ruhig und nur 100 m abseits jenseits der Durchgangsstraße und des Strands gelegen; www.fredsmauritius.com, Übernachtung ca. 30 Euro; besonders bei deutschen Globetrottern beliebt, da es einst von einem deutschen Auswanderer *(Fred)* gegründet wurde
- **Les Buissons Bungalows,** Tel. 425 9212, Übernachtung pro Zimmer 30 Euro; Haupthaus mit 3 Zimmern, Wohn-

raum und Pool im gepflegten Garten und 3 benachbarte Bungalows für jeweils 2 bis 5 Personen. Die Bungalows liegen etwa 600 m vom Strand entfernt jenseits der Küstenstraße in Richtung Norden.

- **Le Coin de Mire Village,** Tel. 2627304, Fax 2627305, www.verandagroup.com, 16 Zimmer, 70 Euro; sehr gepflegte Bungalowanlage in einem großen Gartengelände zwischen Zuckerrohrfeldern und Straße und Strand. Die nachteilige Lage macht die Anlage durch guten Service, sehr günstigen Preis, einen wunderbaren Garten und einen schönen, nur selten besuchten Strand wett.
- **Kuxville Apartments,** Tel. 2628836, Fax 2627407, 12 Bungalows und Apartments; die Anlage besteht aus einigen Strandbungalows („Campements") und Apartments

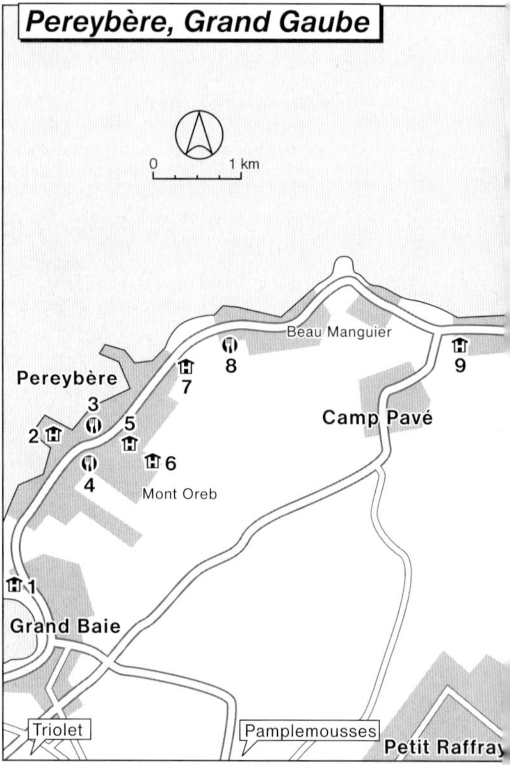

wohlhabender Einheimischer, die von der deutschen Familie *Kux* aus Hamburg betreut und verwaltet werden. Ein Bungalow kostet für eine Nacht etwa 80 Euro (3 bis 4 Betten inkl. Reinigung, Frühstück und Köchin, die die Mahlzeiten zubereitet). Die Bungalows liegen an kleinen, von schwarzen Lavafelsen eingerahmten weißen Sandbuchten.

● **Serendip Bungalows,** Tel. 2628836, Fax 2627407; die Gruppe von 5 Bungalows (ab 60 Euro) für maximal je 4 Gäste liegt auf der dem Strand abgewandten Seite der schmalen Küstenstraße, mit Blick auf die Zuckerrohrfelder und die Berge von Zentralmauritius. Auch sie werden von Familie *Kux* (s.o.) verwaltet und jedes Haus von einer Hausangestellten gepflegt und bedient. Alle Einrichtungen und die Strände von Kuxville stehen zur Verfügung.

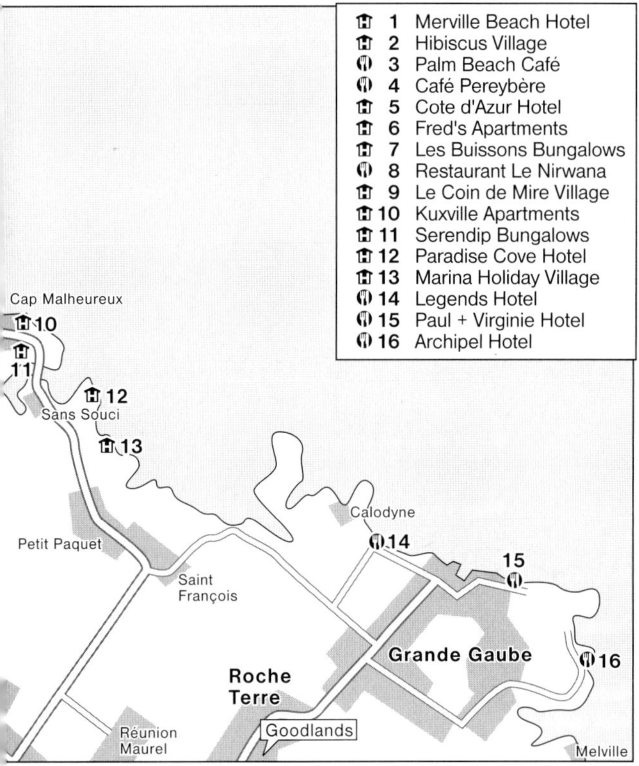

●Paradise Cove Hotel, Tel. 2627983, Fax 2627736, 64 Zimmer, 500 Euro pro Zimmer; sehr gepflegtes kleines Hotel mit Tauchbasis und vielen Sport- und Wassersportmöglichkeiten, die im Preis enthalten sind. Das Hotel ist gut organisiert, bietet einen hohen Servicestandard und strahlt einen sehr individuellen Charme aus.
●Marina Holiday Village, Tel. 2627651, Fax 2627650, www.verandagroup.com, 140 Zimmer, 120 Euro; kleine Hotel- und Bungalowanlage mit viel freiem Raum und einem kleinen Strand. Sehr ruhige Lage mit herrlichem Blick.

Preiswerte Unterkünfte (10 bis 20 Euro pro Tag):
Wie auch in Grand Baie und Trou aux Biches gibt es entlang der Straße von Grand Baie im Süden bis Cap Malheureux im Norden eine Vielzahl von Familienpensionen und Gästehäusern. Um keine Enttäuschungen zu erleben, ist es besser sie nicht „ungesehen" zu buchen, sondern **vor Ort** mit Mietwagen, Taxi oder der Hilfe einer lokalen Agentur zu besuchen und dann zu **entscheiden. Einige recht schöne Unterkünfte** dieser Art sind: Panorama Motel & Restaurant, Pereybère Beach Apartments, Etoile du Nord, Merry Cottage, Le Béril, Côte d'Azur Krissy's Apartments, Pereybère Beach Apartments, Cases Fleuries, Sam Villa, Anuska Hotel, L'Escala, Merry Cottage, Villa Le Filaos, Jolicœur Guesthouse, Paradizo, Le Multipliant.

Essen und Trinken

●Pieds dans L'Eau (europäisch und kreolisch), auf dem Gelände des Hibiscus Village, von der Lage her das wohl schönste Restaurant in Pereybère: Man sitzt auf einer überdachten Terrasse mit Blick auf den Garten, die Bucht und in der ferne die Insel Coin de Mire.
●Palm Beach Café, europäische, kreolische und chinesische Gerichte und Snacks zu Preisen, die sich auch Einheimische gelegentlich leisten können; der Trumpf ist die Lage unmittelbar am Strand von Pereybère mit der Küstenstraße im Rücken!
●Café Pereybère, sehr preiswertes chinesisches Restaurant jenseits der Küstenstraße unmittelbar beim öffentlichen Strand.
●Restaurant Le Nirwana, indisch-kreolische Gerichte nördlich des Ortes an der Ostseite der Straße; sehr liebevoll dekoriert und mit ausgezeichnet zubereiteten indischen Spezialitäten von Dal Bath bis Tandoori Chicken.

Nachtleben

Le Bounty, Bénitier Cocktail, Secrets und Séga-Show am Sonntagabend im **Hibiscus Village.**

Busse und Taxis

●Busverbindungen bestehen **nach Pereybère, Grand Baie und Triolet.**
●Auf Hotelgäste spezialisierte Taxiunternehmen sind jederzeit abrufbereit.

Aktivitäten

Ausflüge:

Ausflüge zu den vorgelagerten **Inseln Île Ronde** (Round Island) und **Île aux Serpents** (Snake Island) werden von Fischern am öffentlichen Strand angeboten.

Tauchen:

- **Pereybère Diving,** im Hotel Hibiscus Village (s.o.).
- **Sindbad Diving,** im Kuxville Hotel, Tel. 2628836, Fax 2627407; seit vielen Jahren unter erfahrener deutscher Leitung; eine der besten und sichersten Basen der Insel.
- **The Cap Divers,** im Paradise Cove Hotel, Tel. 2627983, Fax 2627407.

Segeln:

- **Croisière Emeraude & Aquacat Co. Ltd.,** Cap Malheureux, Tel. 2638974, Fax 2637004.

Die Ostküste von Grand Gaube bis Mahébourg

Traumhafte Strände

Folgt man dem Küstensträßchen von Cap Malheureux weiter nach Osten, erreicht man das Fischerdorf Grand Gaube, das erste an der Ostküste. Weiter südlich entfernt sich die Straße vom Meer. Ausgedehnte Zuckerrohrfelder, auf denen sich dunklen Pyramiden aus Lavagestein türmen, säumen die Straße. Südlich von Poudre d'Or reiht sich dann bis Trou d'Eau Douce im Südosten ein Traumstrand an den anderen. Teilweise sind sie kilometerlang und nur durch schwarze Lavafelsen voneinander getrennt. Die Ostküste hat sich erst in den vergangenen zehn Jahren zu einem touristischen Zentrum entwickelt, auch wenn es dort schon immer einige gute Hotels gab, etwa das St. Géran bei Belle Mare und das Le Touessrok bei Trou d'Eau Douce. Die **Landschaften** sind **traumhaft,** da der Blick weit über die Zuckerrohrfelder bis zu den Bergketten im Westen schweifen kann. Schwachpunkt der Region sind die im mauritischen Sommer **auffrischenden Winde,** die vom

Meer her aus Südost auf die Küste zu wehen. Von Juli bis September können sie den Aufenthalt im Freien manchmal ungemütlich machen.

Grand Gaube

Schiffsbau-tradition

Grand Gaube im äußersten Nordosten ist ein Dorf mit alter Schiffsbautradition. Die Fischer bauten ihre Boote über hunderte von Jahren aus dem roten Holz des Jack-Fruit-Baumes. Vielleicht ist das der Grund, warum die hier im Nordosten der Insel hergestellten **Schiffsmodelle** den Ruf haben, die qualitativ hochwertigsten zu sein. Die bekannteste der Fabriken befindet sich im etwa 10 km südlicher gelegenen Goodlands (s.u.).

Île d'Ambre

Von Grand Gaube aus kann man einen **Ausflug** zu der unbewohnten Insel Île d'Ambre unternehmen (sogar mit Zeltübernachtung möglich!). Die Organisation wird von einigen Hotels im Norden durchgeführt.

mau_162mtpa

Unterkunft

● **Legends,** Tel. 2049191, www.naiade.com, Zimmer 200 Euro; architektonisch interessantes Hotel an einem weiten Sandstrand; alle Zimmer sind nach Feng-Shui-Prinzipien konzipiert und eingerichtet und – egal welchem „Element" (Metall, Wasser, Holz, Luft oder Feuer) zugeordnet – großzügig und gleichzeitig unaufdringlich gestaltet. Alle Wassersportmöglichkeiten, ein Wellnesszentrum, Tennisplätze und ein Golfübungsgelände sind vorhanden und ohne Aufpreis zu nutzen.

● **Paul & Virginie Hotel,** www.verandagroup.com, 81 Zimmer, 60 Euro; kleines Hotel mit ebensolchem Strand, dafür aber sehr großem Pool und für die Preisklasse hervorragendem Restaurant und großen Zimmern. Es liegt gegenüber der Bushaltestelle von Grand Gaube mit Blick auf die Inseln nördlich von Mauritius. Sehr ruhig und mit sehr günstigem Preis-Leistungsverhältnis.

● **Archipel Hotel,** Tel. 2839518, Fax 2839910, www.archipelhotel.com, 30 Zimmer, 80 Euro pro Zimmer; am Strand gelegene Apartments und Zimmer (auch mit Halbpension möglich) mit 2 bis 6 Betten und Kochgelegenheit. Ein Mietwagen ist empfehlenswert.

Busse

Busverbindungen **nach Triolet und Centre de Flacq.**

Poudre d'Or und Goodlands

Poudre d'Or

Bei Poudre d'Or trifft die Straße wieder auf das Meer und auf einen wunderschönen, in der Abendsonne **golden leuchtenden Sandstrand** – daher der Name Poudre d'Or (Goldstaub). Durch den Roman „Paul et Virginie" von *Bernhardin de St. Pierre* wurde der Ort berühmt, denn das tragische Ende des Romans spielt sich hier ab. Tatsächlich ereignete sich am frühen Morgen des 15. August 1744 das Schiffsunglück der „Saint Géran", das den Hintergrund der romantischen Liebesgeschichte lieferte. Das Schiff lief im Sturm auf ein Riff vor der Île d'Ambre auf und sank. Unter den Toten war *Virginie,* die von *Paul* sehnsüchtig von ihrem Aufenthalt in Frankreich zurückerwartet

Ausflugsboot: Warten auf Kunden

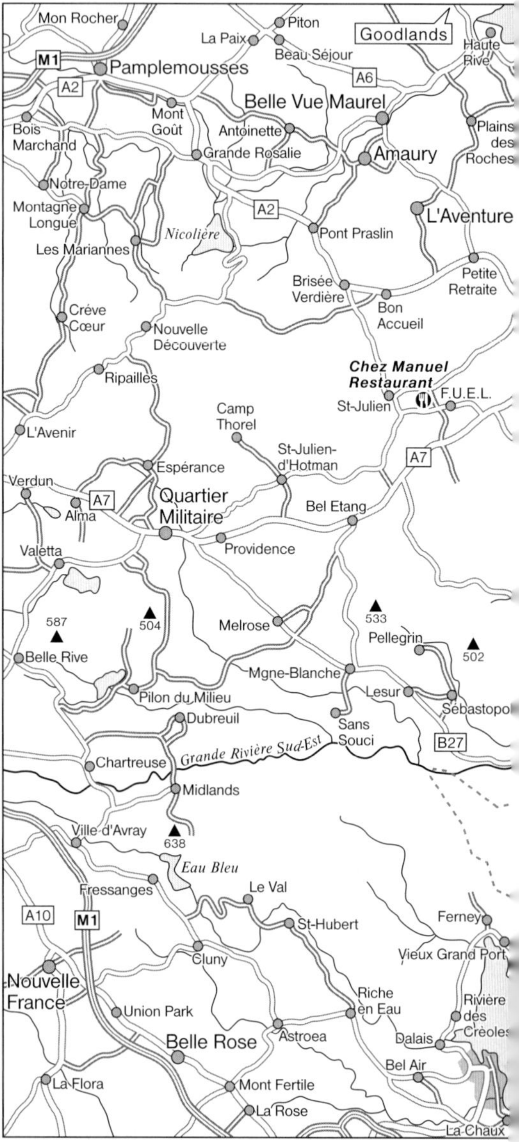
Mon Rocher
Piton
La Paix
Beau Séjour
Goodlands
Haute Rive
M1
Pamplemousses
A6
A2
Belle Vue Maurel
Mont Goût
Bois Marchand
Antoinette
Plains des Roches
Grande Rosalie
Amaury
Notre-Dame
Montagne Longue
A2
L'Aventure
Nicolière
Pont Praslin
Les Mariannes
Brisée Verdière
Petite Retraite
Bon Accueil
Créve Cœur
Nouvelle Découverte
Chez Manuel Restaurant
Ripailles
St-Julien
F.U.E.L.
Camp Thorel
L'Avenir
St-Julien-d'Hotman
A7
Espérance
Verdun
Quartier Militaire
Alma
A7
Bel Etang
Providence
Valetta
533
587
504
Melrose
Pellegrin
502
Belle Rive
Mgne-Blanche
Lesur
Pilon du Milieu
Sébastopol
Dubreuil
Sans Souci
B27
Grande Rivière Sud-Est
Chartreuse
Midlands
Ville-d'Avray
638
Eau Bleu
Fressanges
Le Val
A10
M1
Ferney
St-Hubert
Vieux Grand Port
Cluny
Nouvelle France
Riche en Eau
Rivière des Créoles
Union Park
Astroea
Dalais
Belle Rose
Bel Air
La Flora
Mont Fertile
La Rose
La Chaux

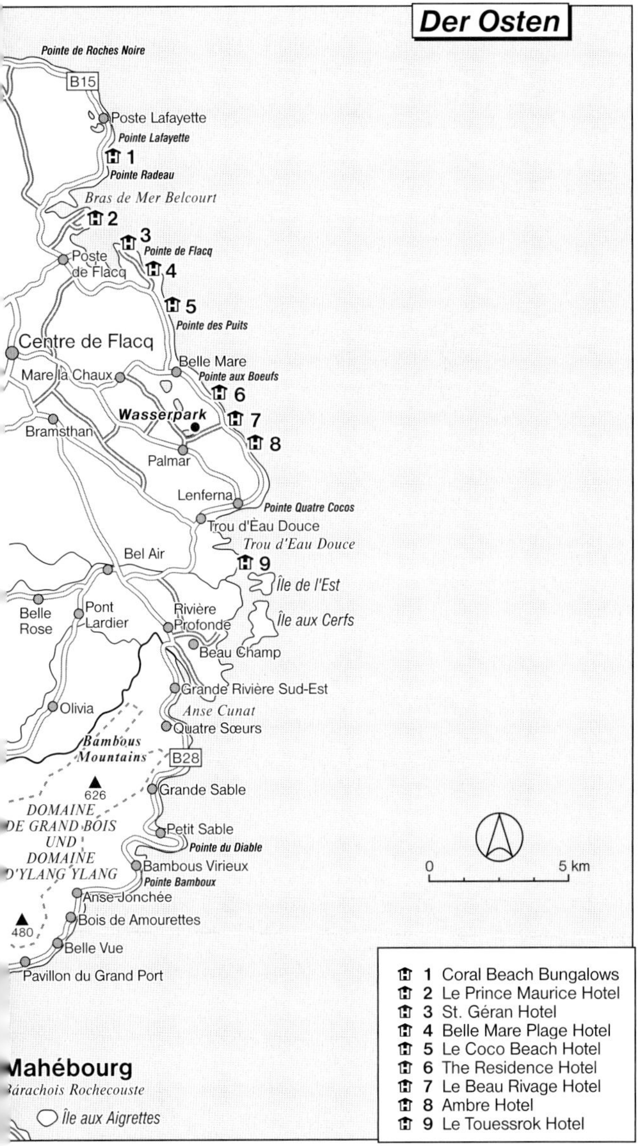
Der Osten
Pointe de Roches Noire
B15
Poste Lafayette
Pointe Lafayette
1
Pointe Radeau
Bras de Mer Belcourt
2
3
Pointe de Flacq
Poste de Flacq
4
5
Pointe des Puits
Centre de Flacq
Belle Mare
Mare la Chaux
Pointe aux Boeufs
6
Wasserpark
7
Bramsthan
8
Palmar
Lenferna
Pointe Quatre Cocos
Trou d'Èau Douce
Trou d'Eau Douce
Bel Air
9
Île de l'Est
Belle Rose
Pont Lardier
Rivière Profonde
Île aux Cerfs
Beau Champ
Grande Rivière Sud-Est
Olivia
Anse Cunat
Quatre Sœurs
Bambous Mountains
B28
626
Grande Sable
DOMAINE DE GRAND BOIS UND DOMAINE D'YLANG YLANG
Petit Sable
Pointe du Diable
Bambous Virieux
Pointe Bambous
Anse Jonchée
480
Bois de Amourettes
Belle Vue
Pavillon du Grand Port
Mahébourg
Barachois Rochecouste
Île aux Aigrettes
0
5 km
1 Coral Beach Bungalows
2 Le Prince Maurice Hotel
3 St. Géran Hotel
4 Belle Mare Plage Hotel
5 Le Coco Beach Hotel
6 The Residence Hotel
7 Le Beau Rivage Hotel
8 Ambre Hotel
9 Le Touessrok Hotel

wurde. Erst 1966 machten Taucher das Wrack der „Saint Géran" ausfindig und bargen die Schiffsglocke, die heute im Museum von Mahébourg ausgestellt ist.

Goodlands

6 km landeinwärts liegt die in den vergangenen Jahren stark angewachsene Stadt Goodlands, die wegen der großen **Fabrik für Modellschiffe** und der ältesten und größten **Zuckerfabrik** (Saint Antoine) viele Arbeitsplätze bietet. Beide können besucht werden, besonders die Besichtigung der Fabrik „Historic Marine" (Modellschiffe) ist sehr interessant. Die Führung ist kostenlos – sofern man es schafft, kein Model zu kaufen ... Nach einhelliger Meinung der Experten zählen die hier gebauten Modellschiffe zu den schönsten der Insel – und auch zu den teuersten. Reges mauritisches Leben spielt sich auf dem **Samstagsmarkt** ab.

Poste Lafayette und Poste de Flacq

Kaum Tourismus

7 km südlich von Goodlands erreicht die B15 wieder die Küste, an der sie nun für 15 km entlang des Strandes von Poste Lafayette nach Poste de Flacq im Süden führt. Tourismus gibt es hier – nördlich des bekannten Strands von Belle Mare – bis auf ein kleines Gästehaus und ein Luxushotel nicht. Um so schöner ist die **parkartige Landschaft** mit hübschen Villen am Strand und einem flachen, korallenreichen Meer.

Unterkunft

Unterkunft in Poste Lafayette und Poste de Flacq:

- **Coral Beach Bungalows,** Tel. 4239229, 6 Zimmer, 35 Euro; an einem unendlichen Sandstrand gelegen, bei Ebbe schauen Korallen raus, bei Flut ist es ein herrlicher Platz zum Schnorcheln und Baden.
- **Le Prince Maurice,** Tel. 4139100, www.princemaurice.com, 400 Euro pro Zimmer; das Hotel zählt zweifelsohne zu den vier besten Hotels der Insel und damit zu den besten Strandhotels der Welt. Mit 90 luxuriösen Zimmern ist es verhältnismäßig klein, liegt aber in einem sehr großen Gelände, das der Zuckerfabrik „Constance" gehört.

Belle Mare (Plage)

Ideal für Badeurlaub

Nach der Umrundung der großen Bucht Bras de Mer Belcourt und der Durchquerung des Dorfes Poste de Flacq erreicht die Straße den **15 km langen weißen Sandstrand** von Belle Mare, an dem sich viele, zum Teil ausgezeichnete Hotels befinden. Der Strand erstreckt sich von der Halbinsel Pointe de Flacq im Norden über den Ort Belle Mare bis zum Ort Trou d'Eau Douce im Süden, vor dem die viel besuchte und bekannte **Insel Île aux Cerfs** liegt (s.u.). Abgesehen von der schönen und noch wenig bebauten Landschaft jenseits des Küstenstreifens bietet die Gegend ideale Bade- und Urlaubsbedingungen.

Unterkunft

Hotels entlang des Strandes von Norden nach Süden:

●**One & Only St. Géran Hotel,** Tel. 4151825, Fax 4151983, www.oneandonlyresorts.com, 175 Zimmer, 300 bis 400 Euro pro Zimmer; Luxushotel mit weitem, schneeweißem Sandstrand, Pool, Wassersportzentrum, Tennisplätzen, Golfgelände (9-Loch) – gilt als eines der Hotels mit dem besten Service.

●**Belle Mare Plage Hotel,** Tel. 4151518, Fax 4151993, www.bellemareplagehotel.com, 178 Zimmer, 180 bis 250 Euro pro Zimmer; die vormals kleine Anlage in einem riesigen Gelände wurde 2003 von Grund auf renoviert und auf 5-Sterne-Niveau geliftet. Auch hier sind alle Sportmöglichkeiten und gute Abendunterhaltung geboten. Nur durch einen lang gestreckten Strand und den 9-Loch-Golfplatz vom St. Géran Hotel getrennt, liegt das Belle Mare Plage **an einem der schönsten Strandabschnitte der Insel.** Mehrere Pools, Strandbars, Tauchbasis, Spielkasino und zwei hervorragende 18-Loch-Golfplätze (hier finden internationale Turniere statt!) gehören zum Hotel. Windsurfer finden fast immer gute Bedingungen vor.

●**Le Coco Beach Hotel,** Tel. 4151090, Fax 4151092, www.sunresort.com, 240 Zimmer, ab 160 Euro; neuartige Mischung aus komfortablem Strandhotel und Restaurants, Driving Range, Reitstall, Tennisanlage, Tauchbasis und umfassendem Wassersportangebot. Preiswert und lebhaft: Wer im Urlaub Freunde finden, seinen Kindern Spielkameraden bescheren oder von 7 bis 22 Uhr Sport treiben möchte – hier ist er richtig!

●**The Residence,** Tel. 4018888, Fax 4155888, www.theresidence.com, Zimmer 250 Euro pro Nacht; Spitzenhotel an herrlichem Strand **mit einem der schönsten tropischen Gärten auf der Insel** und dem Flair der „guten alten Kolonialzeit". Inspiriert wurden Service, Dekoration und die Speisekarte des Hotels vom berühmten Raffels Hotel in Singapur.

- **Le Beau Rivage Hotel,** Tel. (230) 4022000, Fax (230) 4152020, www.naiade.com, 250 Euro pro Zimmer; 5-Sterne-Hotel an einem herrlichen Strand, mit riesigem Pool (das lieben Kinder!) und sehr gutem Service. Obwohl nicht ganz so sehr auf „Weltklasse" getrimmt wie einige andere, lässt es dennoch (zu niedrigerem Preis) kaum einen Wunsch offen.
- **Ambre Hotel,** Tel. 4151544, Fax 4151594, www.apavouhotels.com, 246 Zimmer, 120 bis 180 Euro pro Zimmer; an einem langen weißen Strandabschnitt liegt dieses große Resorthotel der gehobenen Mittelklasse mit allen Annehmlichkeiten.

Hotels der 2- bis 3-Sterne-Kategorie liegen entlang der Ostküste, jeweils 1 bis 2 km voneinander entfernt. Unten werden sie in preislich und qualitativ absteigender Reihenfolge von 90 bis 30 Euro pro Person im Doppelzimmer aufgelistet. Abgesehen vom Emeraud Beach liegen alle genannten Hotels unmittelbar am Strand.

- **Le Tropical,** Tel. 4192300, Fax 4192302, www.naiade.com, 48 Zimmer; gut geführtes kleineres und preiswertes Hotel der 3-Sterne-Kategorie.
- **Silver Beach Hotel,** Tel. 4192600, Fax 4192604, 32 Zimmer.
- **Le Surcouf Hotel,** Tel. 4191800, Fax 2121361, 27 Zimmer.
- **Le Palmar Hotel,** Tel. 4151544, Fax 4151594, 40 Zimmer.
- **Emeraud Beach Hotel,** Tel. 4151107, Fax 4151109, 52 Zimmer; das Hotel liegt nicht direkt am Strand, die Küstenstraße führt hinter dem Hotel vorbei; das Hotel hat den Vorteil, dass es an einem **sehr großen öffentlichen Strand** liegt, der unter der Woche menschenleer, am Wochenende von einheimischen Familien bevölkert ist.
- **Country Inn,** Tel. 4192962, Fax 4192964, 28 Zimmer.

Essen und Trinken

- **In allen Hotels** stehen ausgezeichnete Restaurants zur Verfügung, nicht jedoch außerhalb der Hotels.
- Eine Empfehlung ist das **Chez Manuel** in St. Julien d'Hotman. Mit dem Auto ist man 20 Minuten dorthin unterwegs, auch ein öffentlicher Bus fährt von Poste de Flac bis fast vor die Tür! Hier gibt es hervorragendes und dennoch preiswertes chinesisches Essen zwischen Zuckerrohrfeldern.

Belle Mare: ideale Bedingungen für einen Badeurlaub

Aktivitäten

Tauchen:

Ausgezeichnete Tauchbasen befinden sich in allen großen Hotels der Küste. Selbstverständlich können auch Gäste von Hotels, die keine Tauchbasis haben, dort Kurse belegen (Preis pro Tauchgang mit eigener Ausrüstung ab 26 Euro).

- **Saint-Géran Diving,** im St. Géran Hotel, Tel. 4151825, Fax 4151983.
- **Neptune,** im Belle Mare Plage Hotel, Tel. 4151518, Fax 4151993.

Golf:

Die Ostküste von Mauritius ist zum Golf-Dorado der Insel geworden, seit das Belle Mare Plage Hotel über zwei hervorragende 18-Loch-Golfplätze verfügt und seine Gäste auch auf dem 9-Loch-Platz des Saint Géran Hotels kostenlos (wie auf den beiden anderen!) spielen dürfen. Seit Herbst 2003 werden die drei Plätze durch den „Bernhard-Langer-Golfplatz" des Hotels Le Touessrok ergänzt.

- Golfclub des St. Géran Hotels (9-Loch).
- Golfclub des Belle Mare Plage Hotels (2 x 18-Loch).
- Golfclub des Le Touessrok Hotels auf der Île aux Cerfs (18-Loch).
- Driving Range im Gelände des Coco Beach Hotels.

mau_169mtpa

mau_170mtpa

Wasserpark

Obwohl Mauritius in seinen Hotels an der Küste ausreichend Möglichkeiten bietet, sich in Süß- und Salzwasser auszutoben, hat ein findiger Investor eine Marktlücke entdeckt, die auch in Europa erfolgreich gefüllt wird. Ein Wasserpark mit **Rutschen, Springbrunnen und Wasserfällen** (alles künstlich angelegt) steht inmitten der Zuckerrohrfelder einige hundert Meter hinter dem Strand von Belle Mare. Kinder lieben ihn. Öffnungszeiten: täglich von 10 bis 17.30 Uhr, Preise: 160–300 MR (10–20 Euro).

Trou d'Eau Douce und Île aux Cerfs

Trou d'Eau Douce

Trou d'Eau Douce ist ein **gemütlicher kleiner Ort** am Südende des langen Strandes von Belle Mare mit **Strandvillen,** die vom Eigentümer gemietet werden können (fragen Sie im Fremdenverkehrsbüro in Port Louis oder - noch besser - einen Taxifahrer im Ort), mit mehreren **preisgünstigen Restaurants** und einem **Luxushotel.** Der Ort liegt in einer **weiten Bucht** am - hier ruhigen - Meer, im Hinterland dehnen sich Zuckerrohrfelder aus.

Île aux Cerfs

Die Île aux Cerfs galt **viele Jahre als die Trauminsel schlechthin.** Die Ruhe, der unglaublich schöne Strand, das dezente, aber doch vollständige Angebot an Wassersportmöglichkeiten, kleine Restaurants und schattige Plätze im Filaoshain machten sie zum Symbol für Urlaub auf Mauritius. Aber wie das nun mal ist, wenn Traumplätze bekannt werden: Das Idyll hat sich im Laufe der Jahre zu einem **Tummelplatz der vielen Badegäste der Ostküstenhotels** gewandelt. Kleine Hotels mit weniger schönen Stränden bringen ihre Gäste morgens auf die Insel und holen sie abends wieder ab, Mauritier genießen vor allem am Wochenende ein wenig „internationale Atmosphäre", Strandhändler optimieren ihren Umsatz – kurz: Es ist vorbei mit der Ruhe und Beschaulichkeit. Aber wer einen Platz sucht, wo was los ist, wo alles „vom Feinsten" ist und wo man sich mit anderen Gästen und Mauritiern trifft, der ist nach wie vor gut aufgehoben auf der Île aux Cerfs.

Und natürlich sind auch die vielen **Golfspieler** auf der Insel richtig, die nur zur Ausübung ihres Sports in beträchtlicher Zahl nach Mauritius reisen. Der 2003 eröffnete Platz im „Bernhard-Langer-Design" gilt als ein Highlight internationaler Golfplatzarchitektur. Abgesehen von der Nordspitze der Insel, wo sich die Wassersportzentren, die schönen Badestrände und Restaurants befinden, belegt er den Rest der Insel. Die 18 Bahnen führen an den Stränden entlang, Süßwasserseen sind zu überwinden, Filaos und neu angepflanzte, natürlich endemische, Pflanzen schaffen eine außergewöhnlich schöne Umgebung.

Unterkunft

- **One & Only Le Touessrok Hotel,** Île aux Cerfs, Tel. 4192451, Fax 4192025, www.oneandonlyresorts.com, 200 Zimmer, 300 Euro pro Zimmer; Spitzenhotel in eigenwilligem Baustil mit „Dorfcharakter" und eigener Badeinsel, der Île de l'Est, die mit Motorbooten in wenigen Minuten erreicht wird und nur den Hotelgästen zugänglich ist.
- **Preiswerte Bungalows und Restaurants** in Trou d'Eau Douce (Preis pro Zimmer mit Frühstück): Residence du

Valmarin (35 Euro), Auberge Etiennette (15 Euro), Blue Ocean Resorts (15 Euro), Chant de La Mer Bungalows (15 Euro).

Essen und Trinken

● **Resteau 7** und **Chez Tino** sind Restaurants, die meist von Einheimischen, inzwischen aber wegen ihres guten Rufs und den günstigen Preisen auch mehr und mehr von Touristen besucht werden. Beide liegen im Zentrum des Dorfs Trou d'Eau Douce.

● Teurer sind die Restaurants auf der Île aux Cerfs, wobei die **Sand's Bar** mit ihren Snacks und Pizzas und **Le Marché** mit kreolischem Mittagessen erschwinglich sind. Das Seafood-Restaurant **Paul & Virginie** passt sich dem Preisniveau des Hotels Le Touessrok an, zu dem es gehört.

Einkaufen

Nautilus Boutique im Zentrum von Trou d'Eau Douce.

Aktivitäten

Hochseefischen:
● **Le Surcouf,** Tel. 4193198, Fax 4193197.

Tauchen:
● **Pierre Sport Diving,** Le Touessrok Hotel, Tel. 4192451, Fax 4192025.

Segeln:
● **Croisières des Îles,** Segeln mit Katamaran, Tel. 5190876.

Golf:
Anmeldung beim **Hotel Le Touessrok** und Transfer mit dem Hotelshuttle zur Île aux Cerfs.

Inseltransfer

Wer nicht im Hotel Le Touessrok wohnt oder die Insel nur zum Golfspielen besucht, kann mit öffentlichen Booten für wenige Rupien vom Festland zur Insel übersetzen. Anbieter dieses Transfers sind u.a.: **Bateaux Vicky** (Tel. 7545597), **Croisière des Îles** (Tel. 5190876) und **Sea Horse National Group** (Tel. 4195857).

Weiterfahrt bis Mahébourg

Montagnes Bambous

Die unendlichen weißen Badestrände enden südlich der Île aux Cerfs. Hier reichen die Abhänge der Montagnes Bambous bis ans Meer, die Strände sind vom Lavagestein und dem Sand, der von mehreren Flüssen aus den Bergen eingeschwemmt wird, dunkel gefärbt. Die Landschaft hingegen ist grandios, die Bergkette steht zu 80%

unter Naturschutz, nur die südöstlichen Abhänge werden für Plantagen (Ylang-Ylang, Pfeffer und andere Gewürze) genutzt.

Domaine des Grands Bois, d'Ylang-Ylang

Am Rand des Naturschutzgebietes befinden sich mit der Domaine des Grands Bois oder auch Domaine des Chasseurs (www.dchasseur.com) und der Domaine d'Ylang-Ylang **zwei Ausflugsziele in den Bergen,** in denen man ein ganz anderes Mauritius kennen lernt. Einfache, aus Holz grob zusammengezimmerte Restaurants servieren auf großen Aussichtsterrassen kreolische Currys. Man kann **Ylang-Ylang-Pflanzungen** besichtigen – und auch die produzierten Parfums erstehen – oder auf **geführten Spaziergängen** durch das Naturschutzgebiet wandern, sich unter **Wasserfällen** erfrischen und nach dem zahlreichen **Rotwild** Ausschau halten.

Vieux Grand Port

Die kleine Stadt am Nordufer der Anse Colas hat keine echten touristischen Attraktionen zu bieten, sieht man davon ab, dass sie Ausgangspunkt für die Fahrt zu den beiden Naturreservaten (Domaine d'Ylang-Ylang und Domaine des Grands Bois) in den Bambou Mountains ist. Aber sie hat eine für Mauritius **bedeutende Geschichte.** Hier lag vermutlich die **erste Ansiedlung holländischer Kolonialisten,** und hier fand die große **Seeschlacht zwischen Franzosen und Engländern** statt, in der **1810** Frankreich ein letztes Mal die Übernahme der Kolonie durch England verhindern konnte. Dass schon vier Monate später die endgültige Niederlage und die Übernahme durch England hingenommen werden musste, ist in der Inschrift am Arc de Triomph in Paris nicht vermerkt, mit der der Sieg der französischen Flotte in der „Schlacht von Vieux Grand Port" gepriesen wird.

Im nahe gelegenen **Wald von Amourettes** trafen sich nicht nur die Verliebten, dort wurden zur französischen Kolonialzeit auch renitente Sklaven hingerichtet, oder es fanden sich in ihrer Ehre verletzte Herren zum Duell ein.

Einen kleinen Einblick in die frühe Kolonialzeit gewinnt man im **Museum Frederik Hendrik.** Zu sehen sind einige wenige aufgefundene Bruchstücke, da die von den Holländern errichteten Gebäude längst durch Feuer zerstört und durch neue Gebäude der späteren französischen und englische Kolonialmächte ersetzt wurden.

Südlich des Ortes stand einst die **erste Zuckerfabrik der Insel (Ferney),** die seit einigen Jahren geschlossen ist. Versteckt in den Bergen westlich davon liegt das wunderschöne Dorf **Riche en Eau** mit Zuckerfabrik (Rose Belle Sugar Estate) und einem herrlichen, noch bewohnten **Kolonialhaus,** das schon in manchem Hollywoodfilm als Kulisse gedient hat (keine Besuche möglich, aber man kann es durch das Gartentor bewundern).

Ausflug nach Le Val

Wenige Kilometer weiter erreicht man den Eingang zum **Naturpark** Le Val inmitten weiter Zuckerrohrfelder. Der Park bietet keine Sensationen; in Gehegen leben Tiere, die auf der Insel vorkommen, entlang gepflegter Wege findet man immer wieder schriftliche Erläuterungen zu vielen Pflanzenarten am Wegesrand. Le Val ist ein Ausflugsziel vor allem der Bewohner der engen und dicht bevölkerten Städte im Hochland der Insel und eine schöne Station auf einer Tagesrundfahrt im touristisch noch kaum erschlossenen Süden der Insel.

Geöffnet ist der Park täglich von 9 bis 17 Uhr, der Eintritt beträgt ca. 3 Euro.

Unterkunft

Unterkunft nahe Vieux Grand Port:

- **Le Barachois,** Tel. 6345643, 20 Euro; an einer engen Bucht liegt diese ganz aus Holz gebaute kleine 9-Zimmeranlage mit Austernzucht und Fischrestaurant. Die Bungalows stehen auf Stelzen über der Lagune und bieten einen atemberaubenden Blick übers Wasser auf die Mangroven, dahinter Zuckerrohrfelder und die Bambous Mountains.
- **Domaine des Grands Bois,** 6 Jagdhütten für 2 bis 3 Personen (50 bis 80 Euro pro Hütte) in einem privaten Naturschutzgebiet mit primärem Regenwald.

Essen und Trinken

- **Domaine des Grands Bois,** Restaurant in den Bergen, das für seine exzellente Wildküche bekannt ist.
- **Domaine d'Ylang-Ylang,** einfaches kreolisches Restaurant in traumhafter Lage mit weitem Blick bis zum Ozean; ebenfalls in den Bergen zwischen Zuckerrohr- und Ylang-Ylang-Plantagen.
- **Le Barachois,** Fisch und Meeresfrüchte, aus eigener Zucht Krabben und Austern, frischer Fisch aus der Lagune unmittelbar neben dem Restaurant.

Busse

Busverbindungen bestehen **nach Mahébourg und Trou d'Eau Douce.**

Mahébourg

Charmante Kolonialstadt

Mahébourg hat viel vom Charme (und der Langeweile) alter Zeiten bewahrt. Die Moderne, die den Norden und das Inselzentrum so vehement verändert hat, scheint hier noch Jahrzehnte entfernt. Die hübsche Kolonialstadt wurde 1804 von Gouverneur *Decaen* gegründet, der sie zum Zentrum der Insel machen wollte. Mit der Machtübernahme durch England 1810 waren diese Pläne jedoch hinfällig, denn die neuen englischen Gouverneure zogen die Nordwestküste und den Hafen von Port Louis als Hauptsitz der Verwaltung vor. So blieb Mahébourg ein ruhiges Provinzstädtchen, mit vielen bis heute erhaltenen alten Holzhäusern, einem **lebendigen Markt,** wenig Straßenverkehr und einem kleinen Historischen Museum.

Historisches Museum

Das Museum ist in einer der hübschen Kolonialvillen nahe dem Nordausgang der Stadt untergebracht (**Naval & Historic Museum,** außer Di, Fr und Feiertagen täglich geöffnet von 9 bis 16 Uhr). Hier werden Wrackteile aufbewahrt und ausgestellt, die man aus der großen Bucht Grand Port gefischt hat, in der verschiedene Seeschlachten zwischen Engländern und Franzosen geschlagen worden sind. Dazu gehören Kanonen und Waffen aus der Schlacht bei Mahébourg, aber auch die Schiffsglocke der „Saint Géran" (siehe bei Poudre d'Or). Das nicht besonders gepflegte Museum

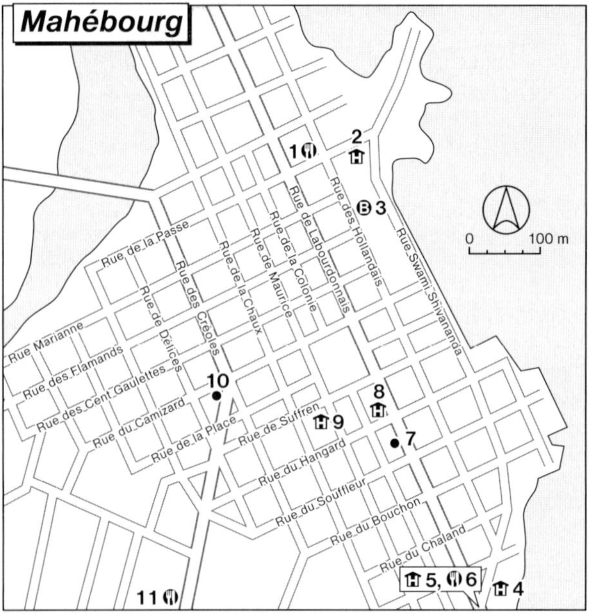

- 1 Pikolo Snack
- 2 Le Saint Laurent
- 3 Busbahnhof
- 4 Coco Villas
- 5 Hotel Le Preskil
- 6 Le Jardin Créole
- 7 Kunsthandwerk
- 8 Nice Place Guesthouse
- 9 Le Saladier
- 10 Starlight Gaming Club
- 11 Au Bon Gout

und der verwilderte Park rundherum passen in die morbide Atmosphäre dieser Stadt, in der die angesehensten Naturheiler und Wundertäter der Insel leben sollen.

Unterkunft

In Mahébourg gibt es verschiedene preiswerte Pensionen und **am südlichen Ortsausgang** ein Hotel der gehobenen Klasse:

● **Le Preskil** (früher La Croix du Sud), Tel. 6041000, knapp 100 Zimmer, 80 Euro pro Zimmer; auf einer Halbinsel, die La Pointe Jérome heißt, am südlichen Ortsausgang in Richtung Pointe d'Esny; **einer der besten Standorte für Windsurfer** (ständiger Südostpassatwind). Seit der Wiedereröffnung im Herbst 2003 ein Hotel der sehr gehobenen Mittelklasse zu günstigem Preis.

Preiswerte Unterkünfte in der Stadt:

Die Unterkünfte in der Stadt selbst sind gemütliche Ausgangspunkte für die Erkundung des Südens der Insel, aber eher nicht als Feriendomizil geeignet. Dazu gehören Coco Villas (Tel. 6312192, 30 Euro), Le Saladier (Tel. 6319758, 12 Euro), Nice Place Guesthouse (Tel. 6319419, 10 Euro), Le Saint Laurent (Tel. 7569065, 20 Euro).

Essen und Trinken

● **Pikolo Snack,** winziges Restaurant in der Rue des Hollondais nahe dem Busbahnhof; man kann sich das Essen auch einpacken lassen und mitnehmen.

● **Au Bon Gout,** in der Royal Road in Richtung Curepipe; indische Gerichte gibt es schon ab 3 Euro.

● **Le Jardin Créole,** an der Straße in Richtung Pointe d'Esny; gilt als eines der besseren Restaurants in Mahébourg (10 bis 15 Euro pro Mahlzeit). Kreolische Spezialitäten wie „Salade Palmiste" (Palmenherzensalat) oder geräucherter Schwertfisch werden exzellent zubereitet.

Busse

● **Expressbusse über den Flughafen nach Curepipe und Port Louis.**

● **Lokale Busse nach Vieux Grand Port und Trou d'Eau Douce.**

Einkaufen

● **Kunsthandwerk** im National Handycraft Centre im Garten des Historischen Museums.

Aktivitäten

● **Starlight Gaming Club** (chinesischer Spielsalon).

Segeln:

● **Croisières Turquoises Ltd.,** Riche en Eau, Tel. 6319835, Fax 6319379.

Pointe d'Esny und die Blue Bay

Langer Strand

In „Campements" (kleinen Strandhäusern) an der Pointe d'Esny traf sich in früheren Jahren die feine Gesellschaft von Mahébourg zum Feiern und zum Baden. Am Südende dieses langen Strandes südlich von Mahébourg liegt die Blue Bay, eine Badebucht mit guten Möglichkeiten zum Schnorcheln und Windsurfen. Der östlichste Punkt des lang gezogenen Strandes zwischen Mahébourg und Blue Bay bietet einen **wunderbaren Panoramablick** nach Norden bis zur Bucht von Grand Port, die von der Bergkette der Bambou Mauntains überragt wird, und zu den Inseln am Horizont: **Île de la Passe,** auf der sich ein altes französisches Fort befindet, **Île aux Aigrettes,** wo ein Naturschutzgebiet eingerichtet ist, und **Île aux Fouques.**

Unterkunft

Unterkunft an der Blue Bay:

● **Le Shandrani Hotel,** Tel. 6374301, Fax 6374313, www.beachcomber.de, 173 Zimmer, Übernachtung 180 bis 250 Euro pro Zimmer; Hotel der Luxusklasse am Südstrand der Blue Bay. Das Hotel ist an drei Seiten vom Meer umgeben. Hier hat man alle denkbaren Sportmöglichkeiten zur Auswahl, auch Reiten und ein Golfübungsgelände (im Übernachtungspreis enthalten).

● **Blue Lagoon Hotel,** 36 Zimmer, 80 bis 90 Euro; 1997 eröffnetes gutes 3-Sterne-Hotel zu günstigem Preis am Nordstrand der Blue Bay, unmittelbar neben dem am Wochenende lebhaften öffentlichen Strand.

Preiswerte Unterkünfte zwischen Mahébourg und Blue Bay:

Man sollte sich die preiswerten Familienpensionen **ansehen bevor man sich entscheidet,** denn nicht alle halten, was ihre Namen versprechen. Behilflich sind die an der Pointe d'Esny ansässigen **Agenturen** Blue Bay Travel and Tours (Tel. 6311697) und Tam Tam Travel and Tours (Tel. 6318642). **Einige Unterkünfte,** die **guten Standard** haben, sind: Villas Le Guerlande (Tel. 6319882, www.leguerlande.com, 50 Euro), Atisha Bungalows (30 Euro), Villa Chantemer (Tel. 4643964, 60 Euro), Villa Chante au Vent (www. chanteauvent.com, 40 Euro).

Die Rochester Falls nördlich von Souillac

Essen und Trinken

- **Le Sirius,** am Strand von Pointe d'Esny; europäische Küche.
- **Le Bougainville,** an der Blue Bay gegenüber dem Hotel Blue Lagoon; Kolonialgebäude mit überdachter Terrasse; besonders am Wochenende ist eine Reservierung empfehlenswert (Tel. 6318299); Snacks und kreolische Küche.

Die Südküste von Mahébourg bis Baie du Cap

Reizvolle Naturlandschaft

Die Region zwischen Mahébourg im Südosten und Le Morne im Südwesten ist die wohl reizvollste Naturlandschaft der Insel Mauritius und **vom Tourismus** bisher **nahezu unberührt** geblieben. Grund hierfür dürften die fehlende oder **schlechte Infrastruktur** mit nur wenigen schmalen Straßen sowie vor allem der in den Monaten Juni bis Oktober oft heftig vom Meer hereinblasende Wind und die nur wenigen geschützten und den Urlauberwünschen entsprechenden „Traumstrände" sein. Im Jahr 2005 werden in der kleinen Bucht bei Bel Ombre die ersten Hotels (Voile d'Or, Heritage und Le Telfair) eröffnet werden.

mau_179mtpa

An der Südküste bis Souillac

Die Straße von Mahébourg nach Souillac, dem Hauptort an der Südküste, windet sich weit ab der Küste durch endlose Zuckerrohrfelder, kleine Dörfer und über schmale Flüsschen. Als einzige „Touristenattraktion" der Region gilt ein Naturphänomen, das gerade in den mauritischen Wintermonaten Juli, August und September besonders eindrucksvoll ist: **Le Souffleur.** Zweigt man von der B8 zwischen den Orten Malakoff und L'Escalier links ab, erreicht man nach 3 bis 4 km eine wilde, felsige Küste, an die die Dünung des Indischen Ozeans mit voller Wucht donnert. Einige Felsformen sorgen dafür, dass hohe Wellen gebündelt werden und gigantische Wasserfontänen senkrecht in die Höhe schießen.

Souillac

Wohnort von Robert Hart

Francois Vicomte de Souillac, Gouverneur von Mauritius in den Jahren von 1779 bis 1787, gründete die kleine Stadt, um das im Hinterland angebaute Indigo, den Zucker, die Gewürze und auch hier geschlagenes Hartholz auf kleinen Barken nach Mahébourg und Port Louis transportieren zu lassen. Hier lebte – und starb 1954 – der **berühmteste englischsprachige Dichter von Mauritius,** *Sir Robert Hart,* der bis heute als der Dichter gilt, der die Kulturen der Insel in seiner Literatur vereint hat. Sein **Wohnhaus,** eine ganz aus Korallengestein erbaute kleine Villa, dient heute als **Museum.** Man kann die originalgetreu erhaltenen Räume besichtigen.

Verträumter Ort

Souillac ist bis heute ein verträumtes Städtchen an einer Bucht, in die mit dem Rivière Savanne einer der größeren Flüsse des Südens mündet. Am Ufer führt eine **Strandpromenade** entlang, von dem **Park „Telfair"** nahe des Ufers hat man einen weiten Blick auf das sanft hügelige Hinterland und die **Montagnes Savannes.** Gleich unterhalb eines kleinen Aussichtspunktes („Le Gris Gris") brechen sich mächtige Wellen an den schwarzen Felsen. Der Strand ist sehenswert, aber nicht zum Baden geeignet, da die Brandung zu gefährlich ist.

Rochester Falls

Nicht weit ist es zu den Kolonialvillen Domaine de Saint Aubin (siehe Ausflüge bei „Vacoas, Floréal und Curepipe"), zum Vanille Crocodile Park (s.u.) und zu den Rochester Falls. Sie liegen 6 km nördlich von Souillac versteckt inmitten von Zuckerrohrfeldern. Die Straße führt zunächst an der **Zuckerfabrik Terracine** vorbei und wird in ihrem weiteren Verlauf zu einer holprigen **Piste;** der Wasserfall ist (nicht sehr auffällig) ausgeschildert. Aus 15 Meter Höhe stürzt das Wasser wie ein Vorhang in ein rundes Becken hinab. Im Laufe der Jahrtausende hat der Fluss schwarzes Basaltgestein wie zu Orgelpfeifen geformt, über die – je nach Jahreszeit – größere oder kleinere Wassermengen herabstürzen. Der schattige und kühle Platz eignet sich ideal, um eine Rast in der Natur einzulegen.

La Vanille Crocodile Park

Aus einer Krokodilzucht wurde im Laufe der Jahre ein kleiner **tropischer Garten mit** einer Vielzahl von **Tiergehegen** – eine echte touristische Attraktion. Riesenschildkröten von Aldabra, Affen aus dem Nationalpark von Rivière Noire, Chamäleons, Geckos und Fledermäuse sind zu bestaunen. Aber die eigentliche Attraktion ist das tropische Ambiente, denn hier ist die ursprüngliche, dichte und grüne Vegetation erhalten wie nur an sehr wenigen Orten auf Mauritius. Im Restaurant des Parks bekommt man – natürlich – **Krokodilfleisch-Gerichte** in allen Variationen – geschmacklich eine interessante Mischung aus Hühnchen und Fisch!

Geöffnet ist der Park täglich von 9.30 bis 17 Uhr, Tel. 6262503, www.mauritius-info/crocodile-park/intro.htm.

Unterkunft

Im Städtchen Souillac selbst gibt es keine Hotels, die nächste Unterkunft befindet sich an einem kleinen Strand etwa 5 km westlich des Ortes. Die **Villas Pointe aux Ro-**

ches (Tel. 255112, Fax 6256110, 28 Zimmer, Übernachtung 50 bis 70 Euro) dienten in früheren Zeiten als Wochenendunterkünfte für die leitenden Angestellten einer Zuckerfabrik, bevor sie zu 16 einfachen, aber hübsch unter Palmen gelegenen Ferienwohnungen und Hotelzimmern umgebaut wurden.

Essen und Trinken

- **Green Palm Restaurant,** im Hotel Villas Pointe aux Roches; kreolisch-europäische Küche.
- **Le Saint Aubin,** im Kolonialhaus-Restaurant (errichtet 1819) bei der gleichnamigen Zuckerfabrik nordöstlich der Stadt; kreolische Currys; direkt angeschlossen sind eine Teeplantage, eine Anthurienzucht und Vanilleplantagen.

Busse

Busverbindungen 3- bis 4-mal täglich **nach Le Morne, Mahébourg und Curepipe.**

Bel Ombre

Buchten

Westwärts, an der 14 km langen Küstenstraße von Souillac bis Bel Ombre, reihen sich kleine Buchten (Riambel, Pamponette und andere) aneinander, die aber meist wegen des starken Seegangs und starker Strömungen **zum Baden nicht geeignet** sind. Landschaftlich aber ist die Strecke einmalig schön, friedlich und kaum bebaut. Die schönste Bucht ist die von Bel Ombre (Schöner Schatten), einem Dorf rund um **Saint Felix, eine der größten Zuckerfabriken der Insel.** Die Bucht konnte man bis vor kurzem nur beschwerlich zu Fuß

mau_182mtpa

durch riesige Zuckerrohrfelder erreichen. Doch seitdem Zucker auf dem Weltmarkt nicht mehr so profitabel zu verkaufen ist, hat die Zuckerfabrik einige Felder aufgegeben und durch einen 18-Loch-Golfplatz sowie drei Hotels der 4- und 5-Sterne-Kategorie ersetzt. Der Strand ist – anders als die meisten Strände im Süden – von Korallenriffen und einer im Südosten ins Meer ragenden Landzunge vor starkem Seegang und den Südostwinden geschützt. Die **Hotels** Le Telfair, Voile d'Or und Heritage werden 2005 eröffnet und sind die ersten Urlaubsdomizile des Südens, alle mit schönem Strand, ausgezeichnetem Service und vor allem einer im übrigen Land nicht mehr so häufigen natürlichen Schönheit der Umgebung.

Zuckerfabrik Saint Felix

Täglich außer am Wochenende und an Feiertagen kann man die Fabrik auf einem etwa **einstündigen geführten Rundgang** besichtigen. Die Erläuterungen gehen häufig im Lärm der Maschinen unter, dennoch bekommt man einen guten Eindruck davon, wie der bei uns so selbstverständlich aus der Tüte rieselnde Zucker mühsam hergestellt wird.

Domaine de Saint Felix

Die Domaine de Saint Felix liegt nordöstlich von Bel Ombre bei Chamouny. Es ist geplant, dieses **Gutshaus mit großem Garten** als Ausflugsziel zu öffnen, sobald die neuen Hotels fertig gestellt sind.

Baie du Cap

Nur wenige Kilometer westlich von Bel Ombre liegt die Bucht Baie du Cap, die von einem enormen **Basaltblock,** dem **Macondé,** „bewacht" wird. Das Delta des Cap River zieht sich aus der Bucht in das Innere der Insel. Um in die Kirche auf der gegenüberliegenden Seite der Bucht zu gelangen, überqueren die Anwohner die schmale Bucht mit Pirogen. 1930 wurde eine waghalsige Straße entlang der Steilküste eröffnet, die man heute in vielen Bildbänden aus spektakulären Perspektiven fotografiert wiederfindet.

Die Westküste von Le Morne bis Port Louis

Halbinsel Le Morne

Le Morne Brabant

Von Baie du Cap sieht man in der Ferne bereits die Silhouette des Le Morne Brabant, eines **556 m** hoch aus dem Meer ragenden Felsklotzes, der neben den Luftaufnahmen von der Île aux Cerfs zum Wahrzeichen der Insel Mauritius geworden ist. Ein Pass auf nur 150 m Höhe trennt den Berg auf der Halbinsel Le Morne von den Bergmassiven im Inneren der Insel. Bei klarem Wetter und trockener Witterung ist die Besteigung eine interessante und **nicht sehr anstrengende Bergtour,** die man allerdings nur in Begleitung eines Bergführers unternehmen sollte, denn der Weg ist nicht gekennzeichnet, und es gibt gefährlich steile Abhänge, die man vermeidet, wenn man die richtige Route wählt. Da auch die Begehung auf dem richtigen Pfad ein paar (nicht zu schwierige) Kletterpassagen enthält, sollten sich Ungeübte auf **Wanderungen in der Ebene** rund um den Felsen beschränken. Eine komplette Umrundung des Berges zu Fuß dauert 2 bis 3 Stunden.

Strände

Die Strände **rund um den Le Morne Brabant** sind von Hotels der 4- und 5-Sterne-Kategorie in Beschlag genommen worden; immerhin wurden einige schöne öffentliche Strände frei gehalten. Die **Strände** bzw. Buchten **auf der Westseite** zählen zu den schönsten der Insel und sind vor Wind und Wellengang gut geschützt. Die Strände **auf der Südseite** hingegen sind dem Seegang und dem Südostwind ausgesetzt, was vor allem in den mauritischen Wintermonaten (Juni bis September) zu spüren ist – ein Grund zur Freude für passionierte und qualifizierte Windsurfer und Wellenreiter!

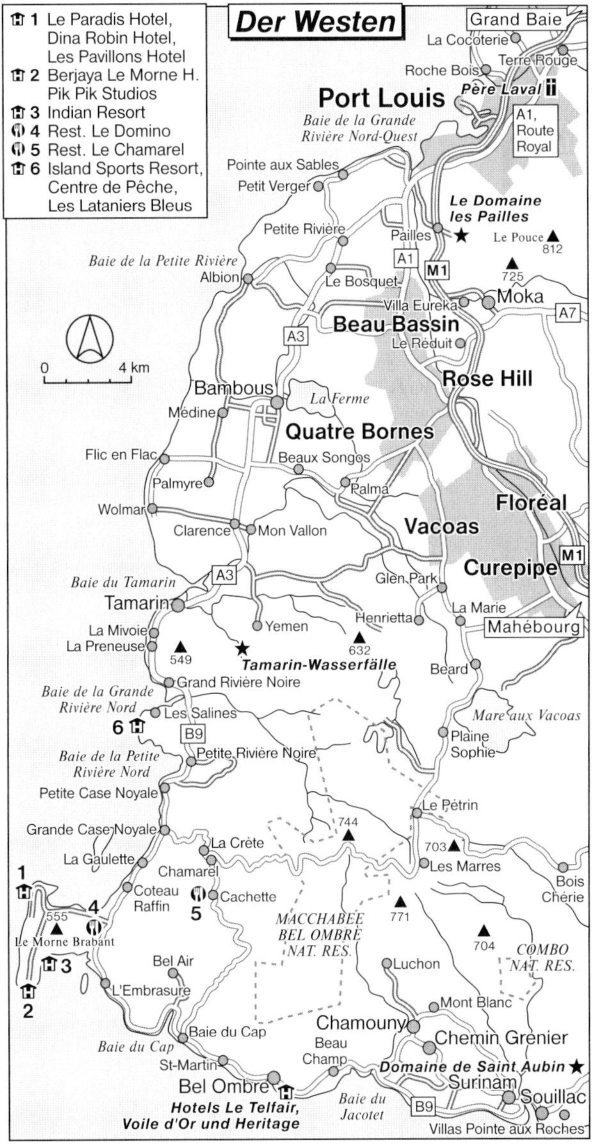
Der Westen
1 Le Paradis Hotel, Dina Robin Hotel, Les Pavillons Hotel
2 Berjaya Le Morne H. Pik Pik Studios
3 Indian Resort
4 Rest. Le Domino
5 Rest. Le Chamarel
6 Island Sports Resort, Centre de Pêche, Les Lataniers Bleus
0 4 km
Grand Baie
La Cocoterie
Terre Rouge
Roche Bois
Père Laval
Port Louis
Baie de la Grande Rivière Nord-Quest
A1, Route Royal
Pointe aux Sables
Petit Verger
Le Domaine les Pailles
Petite Rivière
Pailles
Le Pouce
812
725
A1
M1
Baie de la Petite Rivière
Albion
Le Bosquet
Moka
Villa Eureka
A7
Beau Bassin
A3
Le Réduit
Rose Hill
Bambous
La Ferme
Médine
Quatre Bornes
Flic en Flac
Beaux Songos
Palmyre
Palma
Floréal
Wolmar
Clarence
Mon Vallon
Vacoas
M1
Curepipe
A3
Glen Park
Baie du Tamarin
Tamarin
La Marie
Henrietta
Mahébourg
La Mivoie
Yemen
632
La Preneuse
549
Tamarin-Wasserfälle
Beard
Grand Rivière Noire
Baie de la Grande Rivière Nord
Les Salines
Mare aux Vacoas
6
B9
Plaine Sophie
Baie de la Petite Rivière Nord
Petite Rivière Noire
Petite Case Noyale
Le Pétrin
744
Grande Case Noyale
La Crète
703
La Gaulette
Chamarel
Les Marres
1
Coteau Raffin
Cachette
Bois Chérie
4
5
555
MACCHABEE BEL OMBRE NAT. RES.
771
Le Morne Brabant
704
COMBO NAT. RES.
3
Bel Air
Luchon
2
L'Embrasure
Mont Blanc
Chamouny
Baie du Cap
Chemin Grenier
Baie du Cap
Beau Champ
St-Martin
Domaine de Saint Aubin
Surinam
Bel Ombre
Souillac
Baie du Jacotet
B9
Hotels Le Telfair, Voile d'Or und Heritage
Villas Pointe aux Roches

Île aux Bénitiers

In der türkisfarbenen Lagune im Norden des Le Morne Brabant liegt eine flache, von schneeweißen Stränden umgebene **unbewohnte Insel,** die mit Kokosplantagen bestanden ist. Von den Stränden der Halbinsel Le Morne, aber auch vom Dorf La Gaulette weiter im Norden aus bieten Fischer **Bootsausflüge** zur Insel an, die auch Picknick auf der Insel beinhalten – obwohl das Betreten der Insel eigentlich untersagt ist ...

Unterkunft

Unterkunft auf der Westseite:

●**Beachcomber Le Paradis Hotel,** Tel. 4015050, Fax 4505140, www.beachcomber.de, 257 Zimmer, eine Übernachtung mit Halbpension kostet 200 bis 300 Euro pro Zimmer je nach Jahreszeit und Zimmerkategorie; sehr gutes, 1996 komplett renoviertes und auf guten 5-Sterne-Standard gehobenes Hotel mit 18-Loch-Golfplatz, Mountainbikes, Tennisplätzen, Wasserski und allem, was das (Sportler-)Herz begehrt. Von hier aus kann man die vorgelagerte Insel Île aux Bénitiers sehen und mit Hotelbooten oder Fischern ansteuern.

●**Beachcomber Dina Robin Hotel,** Tel. 4014900, Fax 4014901, www.beachcomber.de, 120 Suiten, eine Übernachtung mit Halbpension kostet 300 bis 350 Euro pro Suite je nach Jahreszeit; Schwesterhotel des Le Paradis am gleichen Strand ein paar hundert Meter weiter südlich, mit noch höherem Servicestandard. Da es nur etwa 120 Suiten hat, ist es ruhiger und gediegener als das Le Paradis. Auch wer hier wohnt, kann alle Einrichtungen des benachbarten Le Paradis nutzen (auch den Golfplatz) und hat zusätzlich ein umfangreiches Wellnessangebot zur Verfügung.

●**Les Pavillons Hotel,** Tel. 6982222, Fax 6984222, www.naiade.com, 120 Zimmer, eine Übernachtung mit HP kostet 120 bis 150 Euro pro Suite je nach Jahreszeit; das dritte Hotel (4 Sterne) an der Westküste bietet zu erheblich niedrigerem Preis ein ähnliches Niveau an Service, Urlaubsqualität und Leistungen wie die beiden anderen.

Unterkunft auf der Südseite:

●**Pik Pik Studios,** einfache, gepflegte Bungalows auf der dem Wind zugewandten Südseite des Bergs; daher sind die Gäste zum Großteil passionierte Wind-, Body- und Kitesurfer oder Wellenreiter; etwa 40 Euro pro Studio mit kleiner Küche.

●**Berjaya Le Morne Resort,** Tel. 6836053, Fax 6836070, 196 Zimmer, etwa 100 Euro pro Zimmer; in Preis und Qualität liegt dieses 1994 eröffnete Hotel ein wenig unter dem Le Paradis; großzügige asiatische Architektur, Tauchbasis, Hochseefischen, schöner Strand – alles ist vorhanden, al-

mau_187mtpa

lerdings nicht in der Topqualität wie bei anderen Hotels der gleichen Größenordnung, dafür billiger.

- **Indian Resort,** ein weiteres großes 4-Sterne-Hotel (350 Zimmer, 120 Euro pro Zimmer) auf der Südseite des Le Morne; hier trifft sich weitgehend auf Wassersport und Wind eingestelltes Publikum, das auch den Komfort von 6 Restaurants, 3 Pools und 3 Bars nicht missen möchte; die Basis des Mistral Clubs (Windsurfen, Kitesurfen) liegt unmittelbar nebenan am Strand.

Essen und Trinken

- **Le Domino,** chinesisch-kreolisches Restaurant am Hang des Morne Brabant mit herrlichem Blick entlang der Westküste.
- **Le Chamarel** (kreolisch-französische Küche), an der Straße zum Black River Gorges National Park.
- **La Varangue sur Morne** (kreolisch-französische Küche), schönes kleines Restaurant am Hang nahe Chamarel, mit Blick auf das Meer und die Île aux Bénitiers.
- **Table d'Hote les Palmiers,** in einem indisch-mauritischen Privathaus in Chamarel (Route Royal, Tel. 4838364) wird zu gemäßigtem Preis ein exzellentes Menü serviert.

Busse

Busverbindungen **nach Souillac und Port Louis** mehrmals täglich.

Ansicht von Le Morne

Aktivitäten

Tauchen:
- **Easydive,** im Berjaya Hotel, Tel. 6836800, Fax 6836070.

Hochseefischen:
- **Beachcomber Fishing Club,** Tel. 6836775, Fax 6836786.

Spielkasinos:
In den Hotels Le Paradis und Berjaya Le Morne.

Terres des Couleurs und der Wasserfall des Rivière du Cap

Von Chamarel aus

Von Chamarel im Landesinneren zweigt eine Piste – Dorfbewohner können den Weg weisen – nach Süden ab und führt zu den **Terres des Couleurs** *(Coloured Earth).* Hier ist der vulkanische Erdboden erodiert, durch Oxidation verschiedener Metalle im Boden schillert er in vielen Braun-, Violett- und Rottönen. Nicht weit entfernt führt ein Weg zum Wasserfall **Rivière du Cap.** Über einen schmalen, bei Regen gefährlich glitschigen Fußweg gelangt man zu dem Bassin, in dem man baden kann. Das Wasser stürzt aus etwa 90 m Höhe in ein Becken. Zurückgekehrt nach Chamarel, kann man der Straße in Richtung Curepipe (Nordosten) folgen oder an die Küste fahren, um nach Süden zum Le Morne Brabant (s.o.) oder nordwärts nach Grand Rivière Noire (s.u.) zu gelangen.

Black River Gorges National Park

Größtes Naturreservat auf Mauritius

Südlich von Grand Rivière Noire, nur wenige hundert Meter nördlich von **Petite Case Noyale,** biegt nach Osten eine schmale, gut asphaltierte Straße ins Landesinnere ab. Sie steigt rasch in engen Serpentinen bergan bis zum **Plateau von Chamarel,** von wo aus man einen Blick auf die Bucht und den Morne Brabant sowie auf die Île aux Bénitiers hat. Hier befindet sich nördlich der Straße der Black River National Park, das größte staatlich geschützte Naturreservat von Mauritius. Im **Le Pétrin Information Center** (geöffnet täglich von 9 bis 16 Uhr) am Parkeingang erhalten Sie Informationen und ein Faltblatt, in dem viele **Wanderrouten** eingezeichnet sind.

Grand Rivière Noire

Hochsee-fischer

Weiter nördlich an der Südwestküste erreicht man die Bucht von Grand Rivière Noire, die Hochburg der Hochseefischer in Mauritius. Sie bietet Booten auch bei Zyklonen guten Schutz, und wegen der Flussmündung fühlen sich viele Großfische in der Nähe der Bucht wohl. Der Ort hat zudem einen guten Ruf als sichere Adresse, um mit Booten **Delphine** vor der Küste anzusteuern und mit ihnen zu schwimmen. Ausfahrten werden von den Hotels organisiert.

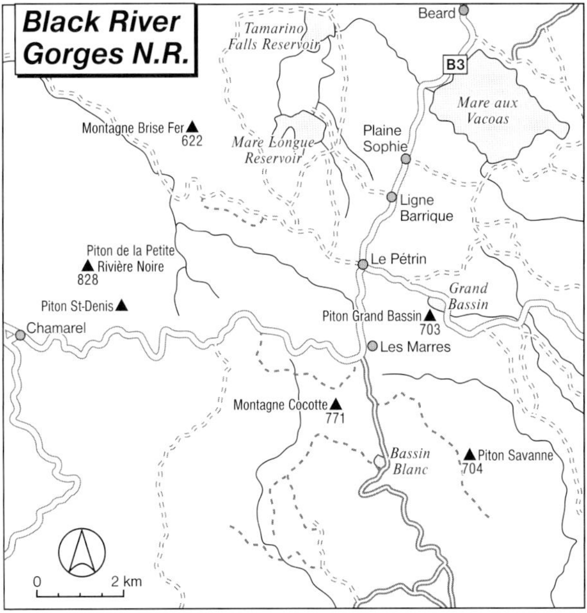

Unterkunft

- **Island Sports Resort,** Tel. 4836768, etwa 80 Euro pro Zimmer; der Strand ist nicht der beste, um so professioneller aber sind die Sportangebote (Tennisplätze, Kajaks, Windsurfen und vieles mehr).
- **Hotel Club Centre de Pêche,** Tel. 6836522, Fax 6836318, 29 Zimmer, 100 Euro pro Zimmer; man wohnt in Bungalows, die sich um den Swimmingpool herum gruppieren; das Hotel unterhält eine Flotte von 25 erstklassig ausgerüsteten, hochseetauglichen Fischerbooten. Wer in erster Linie zum Hochseefischen nach Mauritius kommt, ist hier einfach und relativ preiswert an einem der geeignetsten Ausgangspunkte untergebracht.
- **Les Lataniers Bleus,** Tel. 4836541, www.leslataniersbleus.com, 70 Euro pro Zimmer; preiswertes kleines Hotel mit nur 3 Villen mit jeweils 2 bis 5 Doppelzimmern; man kann entweder die ganze Villa oder nur ein Zimmer wie ein Hotelzimmer mieten. Wunderbare Lage und sehr schön gebaute Villen im französischen Kolonialstil.

Essen und Trinken

- **Cabane Créole,** kreolisch.

mau_190mtpa

Aktivitäten

Hochseefischen:
- **Black River Sport Fishing,** Tel. 6836547.
- **Centre de Pêche de l'Île Maurice,** Tel. 6836522, Fax 6836318.

Tauchen:
- **Odyssee Diving,** Centre de Pêche, Tel. 6836503, Fax 6836318.

Tamarin

Herrliche Bucht

Tamarin ist ein **verschlafener Ort** 10 km nördlich von Rivière Noire an der Mündung des Rivière du Tamarin. Er liegt an einer bezaubernden Bucht mit Kokospalmen, Filaos und Tamarinden und dem schönen Panorama der **Berge von Rivière Noire** als Hintergrund. Am Strand hat man Möglichkeiten zum Wind- und Bodysurfen, es ist jedoch Vorsicht geboten, denn die Brandung ist stark, fast das ganze Jahr über rollen hohe Wellen vom Meer herein, die von keinem vorgelagerten Riff gebrochen werden. Die Bucht von Tamarin wird am Wochenende von Mauritiern aufgesucht, denn dort kann man zum Hochseefischen (Saison von November bis März) und zur Jagd gehen. Wer gern in einer mauritischen Umgebung wohnt, Kontakt mit der Bevölkerung sucht und auf Komfort weniger großen Wert legt, hat mit Tamarin einen idealen Urlaubsort gefunden.

La Preneuse

Der **schönste Strand der Region** liegt etwa 3 km südlich von Tamarin in La Preneuse. Im **„Tour Marcello"**, einem von den Engländern Anfang des 19. Jahrhunderts errichteten Wehrturm am Strand von La Preneuse, sind einige Erinnerungsstücke an die französische und die frühe englische Kolonialzeit aufbewahrt. Boote zum Hochseefischen verleiht das **Centre de Pèche La Carangue** in La Preneuse (Tel. 7299497). Auch ein Ausflug in den Nationalpark von Rivière Noire/Black River bietet sich an, ein echtes Naturerlebnis (s.o.)

Unterkunft

- **Tamarin Hotel,** Tel. 6836581, Fax 6836927, 32 Zimmer, Übernachtung mit Frühstück ca. 30 Euro; das Hotel ist Treffpunkt der Wellenreiter. Die Zimmer sind klimatisiert und haben eigenes Bad und eigene Toilette.
- **Lagane's Bungalows,** Tel. 4836445, 5 Euro; Bungalows zur Selbstverpflegung etwa 200 m vom Strand entfernt; erinnert ein wenig an die Hippiezeiten der 1970er Jahre.
- Im chinesischen Laden Obapix kann man sich nach weiteren privat vermieteten **Strandbungalows** erkundigen. Außerdem findet man **private Häuser,** die Zimmer vermieten: Atmaram Cooshne in der Queen Avenue und das Haus von Herrn *Sumbhoo* in der Church Avenue.

Essen und Trinken

- **Le Cabanon Créole,** am schönen Strand von La Preneuse; kein Luxus, aber sehr gute und preiswerte Menüs.
- **La Bonnne Chute,** seit vielen Jahren das Restaurant mit dem besten Ruf im Südwesten der Insel; nicht billig, aber preiswerter als in den Hotels; die Gerichte sind französisch-kreolisch, die Atmosphäre im ruhigen Garten zwischen Haus und Strand ist gepflegt.

Flic en Flac

Zweitwichtigster Urlaubsort

Neben Grand Baie ist Flic en Flac zum zweitwichtigsten internationalen Urlaubsort in Mauritius herangewachsen. Flic en Flac hat einen – mit Unterbrechungen – **8 km langen Sandstrand,** an dem kleine und größere Hotels aller Preis- und Sternekategorien stehen. Architektonisch sind sie leider nicht annähernd so einfallsreich wie viele sonstige Hotels auf der Insel. Private und öffentliche Strandabschnitte wechseln sich ab. Jenseits der Küstenstraße mussten Zuckerrohrfelder neuen Apartment-Wohnanlagen für Urlauber weichen. Aber auch viele Mauritier leben hier und fahren nach Port Louis oder in die Städte des Hochlands zur Arbeit. Im kleinen Ortszentrum gibt es ein paar Geschäfte, Restaurants und Souvenirläden. Im Filaoshain am Strand werden am Wochenende von Schulklassen und Jugendgruppen Zeltlager aufgestellt und Picknick-Feste gefeiert.

mau_193mtpa

Abendstimmung am verlassenen Strand

Casela Bird & Leisure Park

Nicht weit südlich von der Abzweigung der Stichstraße nach Flic en Flac – die Hauptstraße von Süd nach Nord verläuft in einem Abstand von etwa 3 km zur Küste – liegt ein **kleiner, privater Naturpark** mit dem Namen Casela Bird & Leisure Park. Hier werden in großen Volièren viele **hunderte tropischer Vogelarten** aus aller Welt gehalten; hinzu kommen Affen, Fliegende Hunde, Riesenschildkröten von Aldabra, ja sogar Bengalische Tiger, Leoparden und Strauße. Der Park ist wegen seiner **wunderschönen Lage** auf einer weiten Fläche etwa 200 m über dem Meeresspiegel besonders im nachmittäglichen Sonnenlicht einen Besuch wert.

Von Casela aus kann man auch das **Reservat Yemen** besuchen, das einige Kilometer südlich liegt. Hier leben Wildschweine, Rotwild, Affen und Fledermäuse in freier Natur.

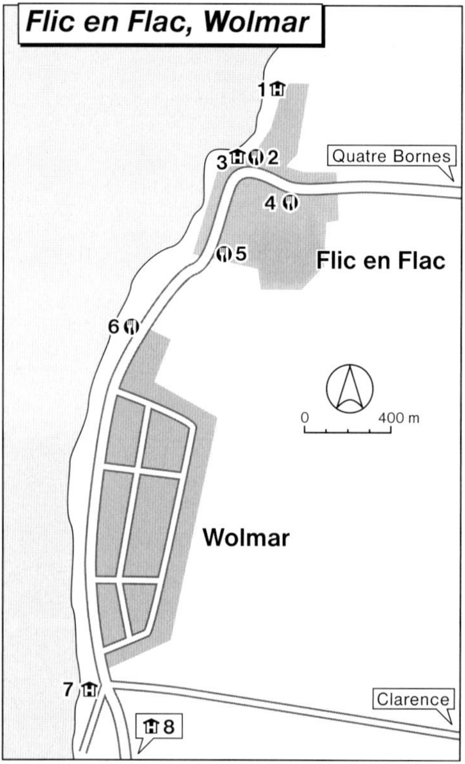

1 Klondike Hotel
2 Moti Mahal
(im Hotel Villas Caroline)
3 Villas Caroline
4 Chez Joe
5 Sea Breeze
6 Mer de Chine
7 Pearl Beach Sunset
8 La Pirogue,
Sugar Beach Resort,
Sofitel Imperial,
Hilton Hotel,
Taj Exotica,
The Sands

Information

● **Flic en Flac Tourist Agency** (www.fftourist.com) ist eine ausgezeichnete Anlaufstelle, wenn man vor Ort ein günstiges und dennoch komfortables Apartment sucht. Die Agentur kann mehrere davon empfehlen und organisiert auch Besichtigungen, damit man nicht die „Katze im Sack" buchen muss.

Unterkunft

Wegen der Vielzahl preiswerter Apartments jenseits der Küstenstraße beschränkt sich die folgende Auflistung auf die Hotels der verschiedenen Preisklassen, die unmittelbar am Strand liegen. Sie werden in der Reihenfolge angeführt, wie sie sich von Norden nach Süden aneinander reihen.

● **Klondike Hotel,** Tel. 4538333, Fax 4538337, 33 Zimmer, 50 bis 60 Euro pro Zimmer; Bungalowanlage am Nordende der Bucht von Flic en Flac mit Swimmingpool und einem kleinen, von Lavafelsen gesäumtem Sandstrand, der jedoch zum Baden wenig geeignet ist.

● **Villas Caroline,** Tel. 4538411, Fax 4538411, 84 Zimmer, 60 bis 80 Euro pro Zimmer; Hotel- und Bungalowanlage am Strand mit vielen Wassersportangeboten und einer guten Tauchbasis; die Anlage liegt an einem sicheren, flachen Strand und ist besonders gut für Familien mit Kindern geeignet.

● **Pearl Beach Sunset Hotel,** Tel. 4538428, www.pearlebeach.com, 70 Zimmer, 50 bis 70 Euro pro Zimmer; kleines Hotel mit wunderbarer Strandlage, der Zimmertrakt ist jedoch recht eng gebaut.

● **La Pirogue,** Tel. 4538441, Fax 4538449, 246 Zimmer, Übernachtung 180 bis 280 Euro pro Zimmer; nach der Renovierung 2003 ist das La Pirogue ein im Preis-Leistungsverhältnis hervorragendes Hotel mit dem Vorzug, dass die Zimmer nicht in großen Gebäuden, sondern in kleinen Gartenchalets einzeln untergebracht sind. Wassersport inklusive, Tauchgänge, Tauchunterricht und Hochseefischen sind gesondert zu bezahlen.

● **Sugar Beach Resort,** Tel. 4539090, www.sunresort.com, 250 Zimmer, 200 bis 250 Euro pro Zimmer; Schwesterhotel des La Pirogue in kolonialer Architektur in einem großzügigen Gartengelände; große Zimmer, alle Wassersportangebote. Sehr gutes Hotel knapp unterhalb der absoluten Spitzenklasse der Insel. Alle Restaurants, Wassersportangebote usw. beider Hotels können von den Gästen beider Hotels genutzt werden.

● **Sofitel Imperial,** Tel. 4538700, Fax 4538320, www.sofitel.com, 180 Zimmer, 200 bis 250 Euro pro Zimmer; relativ kleines unter den komfortablen 5-Sterne-Hotels mit interessanter asiatischer Architektur. Alle denkbaren Sportangebote einschließlich Bogenschießen, Tauchbasis und Hochseefischen und ein schöner, lang gestreckter Sandstrand sind vorhanden.

- **Hilton Hotel,** Tel. 4031000, Fax 4531111, www.hilton.com, etwa 250 Zimmer, Zimmer 200 bis 300 Euro; sehr schön in balinesischem Stil errichtetes Hotel mit erstklassigem Service. Durch die verschachtelte Bauweise wirkt es intimer und persönlicher, als man es bei der Größe erwarten würde.
- **Taj Exotica,** www.tajhotels.com; neues Hotel der absoluten Spitzenklasse, Fertigstellung im Jahr 2005. Einzeln stehende Villen mit Privatpool, Mandara Spa mit ajurvedischen Behandlungsmethoden.
- **The Sands,** Tel. 4031200, www.thesands.com, 150 bis 200 Euro pro Zimmer; Hotel der oberen Mittelklasse am südlichen Ende der Bucht neben dem ruhigen Bungalowhotel Taj Exotica. Sehr schön an der Lagune gelegen, mit Blick auf den Berg Le Morne Brabant im Süden.

Zu den guten unter den billigen, aber **nicht am Strand gelegenen Apartments** gehören: Villa Le Tamarinier (Tel. 4535932, 25 Euro pro Zimmer), Easy World Beach Apartments (Tel. 4538557, 20 Euro), C & A Bungalows (18 Euro), Little Acron (13 Euro), Paradise Villa (12 Euro), La Désirade (20 Euro), Manisa Hotel (Tel. 4538558, 60 Euro).

Essen und Trinken

- **Sea Breeze,** kreolische und chinesische Küche von mittags bis abends in einem kleinen Haus am Strand.
- **Mer de Chine,** preiswerte chinesische Küche, simpel serviert in einem kleinem Restaurant am Strand im Schatten von Casuarinen.
- **Chez Joe,** gleich links am Ortseingang, wo die Stichstraße nach Flic en Flac nach Süden abbiegt; preiswerte kreolische und chinesische Gerichte in einfacher Umgebung.
- **Moti Mahal,** Restaurant im Hotel Villas Caroline mit vorwiegend indisch geprägter, sehr guter kreolischer Küche.

Aktivitäten

Hochseefischen:
- **La Pirogue Big Game Fishing,** Tel. 4538441, Fax 4538449.
- **Sofitel Imperial Big Game Fishing,** Tel. 4538700, Fax 4538320.

Tauchen:
- **Sofitel Diving,** Tel. 4538700, Fax 4538320.
- **La Pirogue Diving,** Tel. 4538441, Fax 4538449.
- **Exploration Sous-Marin,** in den Villas Caroline, Tel. 4538450, Fax 4538144.
- **Klondike Diving,** im Klondike Hotel, Tel. 4538335, Fax 4538337.

Die Küste zwischen Flic en Flac und Port Louis

Die Straße (A3) führt weit ab der Küste von Casela knapp 20 km durch Zuckerrohrfelder und kleine Dörfer bis nach Port Louis. Auf dem Weg besteht die Möglichkeit, in der **Medine Sugar Factory** (4 km nördlich des Casela Parks; Führungen nur nach Anmeldung unter Tel. 4520403) die Produktion von Zucker kennen zu lernen und bei **Albion** an einem wesentlich ruhigeren Strand als dem von Flic en Flac einen Zwischenstopp einzulegen. Touristen findet man hier selten, dafür am Wochenende um so mehr Mauritier aus den Städten des Hochlands, für die dieser Strand einer der nächstgelegenen ist.

Zu Mauritius gehörende Inseln im Indischen Ozean

Nur ein kleiner Teil der Gesamtbevölkerung des Staates Mauritius lebt außerhalb der Hauptinsel. Über eine nennenswerte Bevölkerung verfügt nur die Insel Rodrigues. Die anderen Inseln und Inselgruppen wie Agalega, das Chagos-Archipel, St. Brandon und Tromelin sind entweder reine Kokosplantagen, Stützpunkte für Fischerboote, Militärstützpunkte oder völlig unbewohnt.

Agalega

1200 km nördlich von Mauritius, nahe den zu den Seychellen zählenden Inselgruppen von Alphonse, Farquar und Coéivy, liegen die Koralleninseln von Agalega, die zur **Produktion von Kopra** genutzt werden. Es bestehen Pläne, auf der Insel ein Hotel zu errichten, doch dafür fehlt bisher eine Landepiste. Die Insel ist nur zwei- bis dreimal im Jahr mit einem Schiff erreichbar, das die Lebensmittel für die Arbeiter in der Kokosplantage liefert und die getrocknete und weitgehend verarbeitete Kopra für den Markt auf Mauritius mitnimmt. Für den Besuch von Agalega benötigt man eine Genehmigung der Outer Islands Development Corporation in Port Louis (Tel. 242275, Jade House, Jummah Mosque St.).

Saint Brandon

Das **Archipel** von St. Brandon (auch Cargados und Carajos-Inseln) liegt **450 km nordöstlich von Mauritius** und besteht aus 22 flachen Koralleninseln, die an die Malediven erinnern. Sie sind mit Kokospalmen bedeckt, umgeben von feinem weißen Sand, von türkisfarbenen Lagunen und äußerst **fischreichen Gewässern.** Diese stellen den einzigen Reichtum der Inselgruppe dar, den von dort wird Trockenfisch exportiert, den man auf dem Markt in Port Louis kaufen kann. Die Fischer haben mit der Outer Islands Development Corporation vier bis sechs Monate andauernde Verträge, die ihnen ein gutes Einkommen, aber kein besonders abwechslungsreiches Leben bescheren.

Tromelin

Tromelin liegt **400 km nordwestlich von Mauritius,** etwa 200 km östlich von Nordmadagaskar. Die winzige Insel von 2 km Länge und 700 m Breite wird von Mauritius, Frankreich und Madagaskar als Hoheitsgebiet beansprucht. Die Franzosen sind die einzigen, die ihren Anspruch durch Einrichtungen auf der Insel manifestieren. Sie haben eine **Zuchtanstalt für Seeschildkröten** eingerichtet und exportieren Fisch an Restaurants auf La Réunion.

Chagos-Archipel und Diego Garcia

Das Chagos-Archipel mit der Hauptinsel Diego Garcia liegt **2000 km nordöstlich von Mauritius,** nicht weit im Südwesten der Südspitze der Malediven. Früher befanden sich auf den Inseln Kokosplantagen und Fischereistationen, die einigen tausend Einwohnern als Lebensgrundlage dienten. Als jedoch 1965 die englische Regierung **Diego**

Garcia den **Amerikanern** zur Einrichtung einer **Militärbasis** überließ, mussten die Bewohner die Insel verlassen und wurden bei Port Louis in Notunterkünften untergebracht, wo sie noch heute leben und die Rückkehr in ihre Heimat fordern. Auf der schönen Insel Diego Garcia, mit herrlicher Lagune, großem Korallenriff und vielen Kokospalmen, lagern nun Atomwaffen, im Hafen liegen Flugzeugträger, auf einer 4 km langen Asphaltpiste landen B 52-Bomber – Diego Garcia ist einer der wichtigsten Militärstützpunkte der Vereinigten Staaten zwischen Afrika und Australien und im Zusammenhang mit den jüngsten Kriegen gegen den Irak auch einer breiteren Öffentlichkeit bekannt geworden. Mauritius hatte die Inseln den Engländern unter der Bedingung überlassen, dass die Bevölkerung dort bleiben kann und sie für die Einrichtung von Fernmeldestationen genutzt wird.

502mau-wd

RODRIGUES

Die Insel im Überblick

Verträumte Insel

600 km nordöstlich von Mauritius, zwei Flugstunden in einer Propellermaschine der Air Mauritius von der Hauptinsel entfernt, liegt Rodrigues (gesprochen „Rodrig"), die dritte der drei in diesem Buch beschriebenen Maskareneninseln. Auch sie ist wie Mauritius und La Réunion aus Vulkaneruptionen entstanden. Auf Mauritius mit einer Fläche von etwa 60 mal 50 km leben weit über 1 Million Menschen, auf Rodrigues sind es etwa 50.000, die sich ein Gebiet von 18 km Länge mal 8 km Breite teilen. Die Insel wirkt im Vergleich zu Mauritius verträumt, auf den wenigen Asphaltstraßen trifft man selten einen Omnibus oder einen Geländewagen, der Polizist auf der Kreuzung in der Hauptstadt Port Mathurin ist sichtlich entspannt und verbringt den Tag damit, mit Freunden, Bekannten und Verwandten die neuesten Nachrichten auszutauschen. Die Verbindung zur Außenwelt – für Rodrigues ist das ausschließlich die Hauptinsel Mauritius – stellen mehrmals täglich Air Mauritius sowie ein bis zweimal die Woche Frachtschiffe her. Sie bringen auf Rodrigues produziertes Fleisch, in erster Linie Rinder und Ziegen, nach Port Louis.

Karge Vegetation

Rodrigues ist keineswegs ein tropisches Urwaldparadies, im Gegenteil! Insbesondere die dem Wind ausgesetzte Südostküste ist **in weiten Teilen trocken, staubig und nur von flachen Gräsern und Sträuchern bewachsen,** an denen Ziegen herumknabbern. Nur an der Nordwestküste befinden sich einzelne Waldgebiete, Neuaufforstungen und rund um die Ortschaften und die Hauptstadt schön angelegte Gärten.

Urlaub ohne Luxus

Für Badetouristen, die Luxus, weite weiße Strände und perfekten Service suchen, ist die Insel der falsche Ort. Außer einem Rundgang durch die Hauptstadt und den Hafen und einem Besuch in den paar Inselrestaurants gibt es nicht viel zu tun. **Tauchgänge** in fast unberührten Korallengärten und **Windsurfen** in einmaligen, dem ständigen Wind ausgesetzten Revieren im Südosten sind allerdings von großem Reiz. Die wichtigsten **Sehenswürdigkeiten** sind der helle Strand der Pointe Coton, Tropfsteinhöhlen nahe des Flughafens und Korallenbänke rund um die Insel, die besonders schön und klar in der Nähe der Inseln Cocos und Île Aux Sables bewundert werden können.

Wer auf Komfort verzichten kann, vielleicht sogar Gefallen an der 36-stündigen Anreise mit dem Frachter findet, wird sich auf der Insel wohl fühlen; **mit Zelt und zu Fuß** ist sie bestens zu erkunden.

Inselalltag

Mangels Einkünften aus dem Anbau von Zuckerrohr, aus dem Tourismus und der Textilindustrie ist Rodrigues weitaus ärmer als die Hauptinsel. Man lebt vom **Fischfang** und vom **Verkauf von Fleisch** (Rinder und Ziegen) nach Mauritius. Dies ist auch der Grund, warum sich die Bevölkerungszahl in den vergangenen Jahrzehnten kaum erhöht hat. **Viele Rodriguais verlassen ihre Insel,** um auf Mauritius mehr Geld zu verdienen und ihre Familien zu Hause zu unterstützen.

Wegen des fehlenden indischen und chinesischen Einflusses ist die Küche auf Rodrigues weit weniger asiatisch gefärbt als auf Mauritius. Es überwiegen kreolisch-französische Gerichte mit stark afrikanischen Elementen. **Mais** ist weit mehr Grundnahrungsmittel als der auf Mauritius dominierende Reis, Süßkartoffeln werden wie auf Madagaskar zu Fleischgerichten serviert. Und auch in der Musik spiegelt sich die eher triste Lebensrealität wider.

Die Bezeichnung „Stadt" verdient nur die Hauptstadt Port Mathurin, die übrigen Rodriguais leben in **kleinen Dörfern** in höher gelegenen Regionen verstreut im Inneren der Insel.

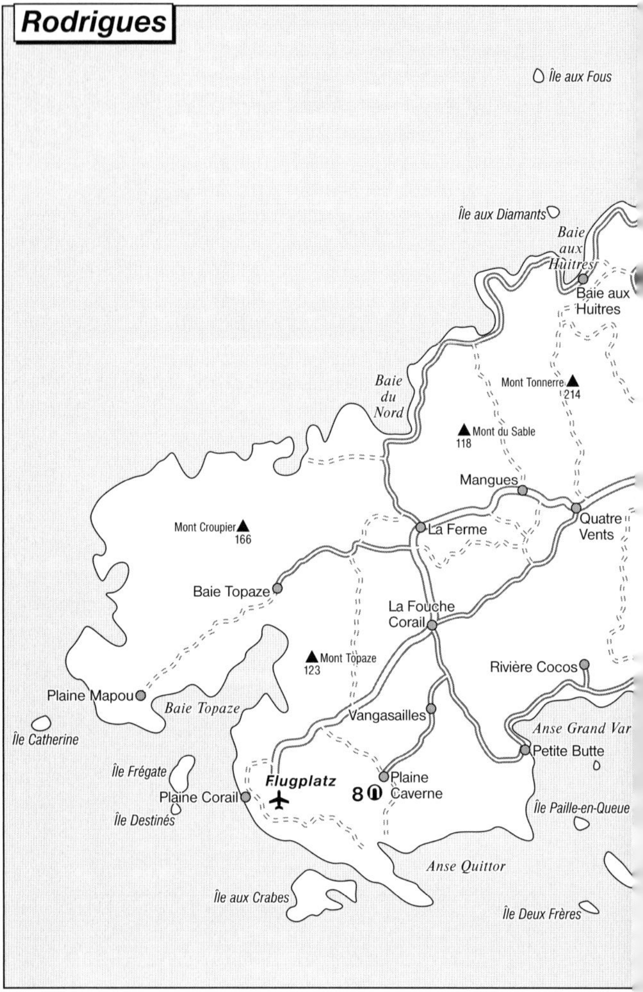

1 Hotel Pointe Venus
2 Hotel Les Cocotiers
3 Hotel Les Filaos
4 Auberge Anse aux Anglais
5 Cotton Bay Hotel
6 Mourouk Ebony Hotel
7 Familienpension
8 Tropfsteinhöhle

Anse aux Caves
Anse aux Anglais
3
2
4
Port Mathurin
1
Grand Baie
Crève Cœur
5
Camp du Roi
Pointe Coton
Mont Borne 281
Mont Grenade 205
Mont Persil 275
Pavé
Bel Air
Roche Bon Dieu
Mont Charlot 252
Citronelle
Baie de l'Est
Mont Piton 354
7
Mont Lubin
Saint-d'Or
Brûle
Patate Théophile
Les Choux
Mont Limon 399
Mont Cimetière 341
Lataniers
Grande Montagne
Pallisade Ternel
Petit Gabriel
Sainte-Famille
Mont Ursule 163
Mont Cabris 166
Saint-Gabriel
Anse Bouteille
Petit Gravier
Mont Chéri 167
6
Port Sud-Est
Anse Mourouk
Anse Raffin
Île Hermitage
Île Gombrani
Île Chat ou Pierrot
0
2 km

Besiedlung und Bevölkerung

Im 16. Jahrhundert landeten erstmals **portugiesische Seefahrer** *(Diego Rodrigues!)* auf der Insel, für zehn Jahre (1601 bis 1611) versuchten **Holländer,** die Insel für den Gewürzanbau nutzbar zu machen, und ab 1725 waren es **Franzosen,** die auf der Insel siedelten, um Meeresschildkröten zu fangen und sie nach Mauritius zu bringen. Sie brachten Sklaven aus Ostafrika und Madagaskar mit und begannen mit dem Anbau von Gemüse und mit Ziegen- und Rinderzucht. Doch die meisten von ihnen verließen die Insel bereits nach einigen Jahrzehnten wieder und ließen eine **kreolische Mischbevölkerung** zurück, die zu 80% aus den Kindern der Sklaven, zu 10% aus Mischlingen und zu 10% aus Europäern bestand. Diese Mischung hat sich auch während der folgenden englischen Kolonialzeit kaum verändert, nur sehr wenige indisch- oder chinesischstämmige Mauritier sind von der Hauptinsel herübergekommen, um sich auf Rodrigues niederzulassen.

Port Mathurin und der Flughafen in Plaine Corail

Besiedlung und Bevölkerung

Die Haupt- und Hafenstadt Port Mathurin an der Nordwestküste ist mit 10.000 Einwohnern die mit weitem Abstand größte Siedlung der Insel. Erst seit 2004 hat Rodrigues in Plaine Coreil an der Südwestküste ein Flughafengebäude mit Wartesaal, Geschäften, Tankstelle und Banken, das das alte, offene Wartehäuschen ersetzt hat. Sogar ein öffentlicher Bus fährt regelmäßig nach Port Mathurin, Taxis warten auf Fahrgäste. Die Fahrt in die Stadt dauert etwa 40 Minuten, da man zunächst auf den Bergrücken hinauf, dann ihn entlang nach Nordosten fährt und schließlich über eine Bergstraße hinunter an die Nordwestküste gelangt. In

Port Mathurin ist die gesamte Inselverwaltung konzentriert, hier – und nur hier – gibt es ein paar Geschäfte, sogar drei Restaurants und einige „Stadthotels".

Mehrmals täglich fliegt eine zweimotorige ATR 42 (46 Plätze) der Air Mauritius, und 3- bis 4-mal pro Monat läuft das Personen- und **Frachtschiff „Mauritius Pride"** den Hafen in Port Mathurin an (s.u.).

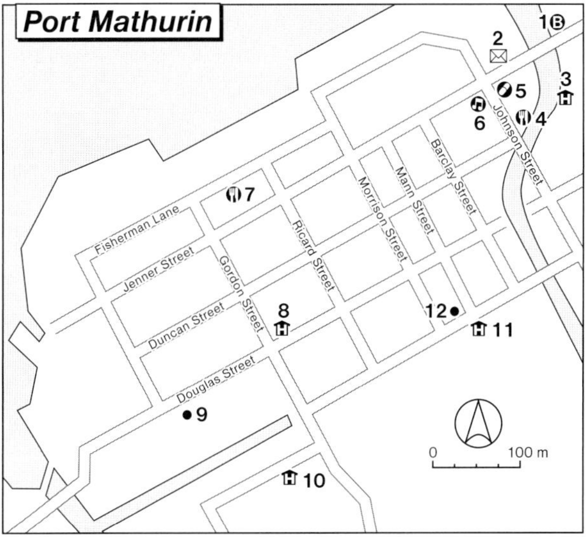

Ⓑ	1	Bushaltestelle
✉	2	Post
	3	Ciel d'Été
	4	Restaurant Le Capitaine
	5	Apotheke
	6	Ebony Nachtclub
	7	Restaurant du Quaie
	8	Hébergement Fatehmamode
•	9	Air Mauritius
	10	Le Tamaris
	11	Hotel Beau Soleil
•	12	Henry Tours

Information

Ein Büro des Fremdenverkehrsamtes gibt es auf Rodrigues (noch) nicht, aber einige **Reiseagenturen** bieten alles an, was auf der Insel unternommen werden kann, vermitteln Hotels und Gästehäuser, vermieten Autos, organisieren Bootsausflüge, führen durch die Tropfsteinhöhle etc.

Im Internet findet man (allerdings nur in englischer und französischer Sprache) viele Informationen unter der Adresse **www.rodrigues-island.org.**

Reiseagenturen

- **Rod Tours,** Port Mathurin, Tel. 8312249, Fax 8311426.
- **Henry Tours,** Port Mathurin, Tel. 8311635, Fax 8311125.
- **Ebony,** Hotel Mourouk, Tel. 8313350, Fax 8313355, und in Port Mathurin, Tel. 8311540, Fax 8312030.
- **Tours 2000,** Tel. 8312099, Fax 8311894.

Unterkunft

- **Hébergement Fatehmamode,** Tel. 8312607, 10 Euro pro Zimmer; einige Zimmer dieses kleinen Hotels in der Douglas Street im Stadtzentrum sind klimatisiert.
- **Ciel d'Été,** Tel. 8311587, 20 Euro pro Zimmer; Familienpension am nordöstlichen Ortsausgang; einfache Zimmer, aber sehr gepflegt und freundlich.
- **Hotel Beau Soleil,** Tel. 8312783, 30 Euro pro Zimmer; in der Rue Victoria; Zimmer mit Bad.
- **Hotel Pointe Venus,** Wiedereröffnung dieses ersten und viele Jahre lang einzigen Hotels der Insel auf dem Montagne Fanal im Jahr 2005. Liegt 1 km nordöstlich oberhalb der Stadt, gleich neben der Radiostation; herrlicher Ausblick. Tel. und Preis noch unbekannt.
- **Le Tamaris,** 15 saubere Apartments (Tel. 8312715, 50 Euro pro Apartment) mit Küche, Wohnzimmer und Terrasse (Balkon) in Camp du Roi im Südwesten der Stadt.

Essen und Trinken

- **Restaurant du Quaie** (chinesische, kreolische und französische Gerichte), eine der besseren Adressen in Port Mathurin, in der Fisherman Lane unmittelbar am Hafen.
- **Le Capitaine,** in der Johnson Street unweit der Familienpension Ciel d'Été; keine interessante Lage, aber sehr gutes und preiswertes kreolisches Essen.
- **La Marimite Resto,** in Camp du Roi etwas außerhalb der Stadt an der Straße nach Südosten (Mont Lubin). Hinsichtlich Atmosphäre und Essensqualität eines der besten Restaurants auf der Insel; chinesische und kreolische Küche mit starkem „Rodrigues-Einschlag" (Maisgerichte, Süßkartoffeln).

Nachtleben

Im **Ebony** in der Jenner Street gibt es am Wochenende Séga-Tanz mit Live-Kapelle, dazwischen Discomusik. Zwei weitere Bars (**Venise** und **San Francisco**) liegen in der Baie aux Huitres einige Kilometer westlich der Stadt.

Ankunft der „Mauritius Pride"

Normalerweise trifft das Frachtschiff (das auch ein paar Passagierkabinen hat) am **Samstagvormittag** im Hafen ein. Das ist das Hauptereignis der Woche! Nähere Informationen zum Fahrplan des Schiffes gibt es bei der Mauritius Shipping Corporation Ltd., 1, Militaire Rd., Port Louis (Tel. 2412550, Fax 2425245). In einer 1.-Klasse-Kabine kostet die Überfahrt hin und zurück ca. 100 Euro, also etwa so viel wie ein Flugticket, in der 2. Klasse kosten Hin- und Rückfahrt nur 40 Euro, in der Deckklasse nochmals die Hälfte.

Inselrundfahrten

Die Hotels und die wenigen Reiseagenturen bieten organisierte Inselrundfahrten in kleinen Bussen an; alle sehenswerten Plätze der Insel werden an einem Tag angefahren, ein gutes Mittagessen ist im Preis von etwa 100 Euro enthalten.

Aktivitäten

Tauchen:

Für Taucher könnte Rodrigues zu einem „Geheimtipp" werden, denn die Korallen rund um die Insel sind gesund (keine Korallenbleiche). Beste Jahreszeit zum Tauchen sind die Monate November bis März. Im übrigen Jahr weht ein stetiger Südostwind, der das Meer vor allem auf der Südseite aufwühlt (gut für die Windsurfer, aber schlecht für Taucher).

- **La Licorne Diving,** Port Mathurin, Tel. 8311959.
- **Tauchbasen in den Hotels Cotton Bay und Mourouk Ebony** (s.u.).

Wandern:

Die Entfernungen sind gering, man kann sich nicht verlaufen, und von fast überall hat man weite Ausblicke aufs Meer.

Anse aux Anglais

Schatz des La Buse

3 km nordöstlich von Port Mathurin in einer schönen Badebucht wird auch heute noch nach dem sagenhaften Schatz des *La Buse* gesucht, der auch auf den Seychellen und an manchen versteckten Orten auf La Réunion und Madagaskar vermutet wird. Der üble Seeräuber *La Buse (Olivier Le Vasseur)* wurde auf la Réunion gehenkt und auf dem Friedhof in Saint Paul (La Réunion) begraben (siehe dort). Ein **kleines Dorf** hat sich in der Anse aux

Anglais gebildet; in den **Hotels Les Filaos** (Tel. 8311644) und **Auberge Anse aux Anglais** (Tel. 8312687) kann man für 30 bis 40 Euro preiswert und nahe am Strand wohnen. **Les Cocotiers** (Tel. 8311058) heißt das dritte Hotel, das ein gutes Stück komfortabler und auch teurer ist (80 Euro pro Zimmer). Und wenn man nur Übernachtung mit Frühstück gebucht hat, kann man in den genannten Pensionen und Hotels oder im **Restaurant Le Récif** mit wunderbarem Ausblick auf den Indischen Ozean zu Abend essen.

Pointe Coton und Anse Mourouk

Badeurlaub Im äußersten Osten und an der Südküste liegen die beiden „touristischen" Hotels der Insel, das Cotton Bay Hotel an der Pointe Coton im Osten und das Mourouk Ebony Hotel an der gleichnamigen Bucht im Süden. Hier kann man einen echten Badeurlaub mit Tauchausflügen, gutem Essen, komfortablen Zimmern und allen Sport- und Ausflugsmöglichkeiten unternehmen, der im Standard der mittleren 3-Sterne-Kategorie auf der Hauptinsel Mauritius entspricht. Zum Pflichtprogramm gehören natürlich ein Besuch der **Tropfsteinhöhlen Caverne Patate** im Westen der lang gestreckten Südküste, **Tauchgänge** in den Buchten vor den Hotels oder per Boot vor der Île aux Sables und der Île aux Cocos, die beide vor der Westküste der Insel liegen.

Unterkunft

- **Cotton Bay Hotel,** Tel. 8313000, Fax 8313003, 48 Zimmer, ca. 100 Euro pro Zimmer; hübsches, recht komfortables Hotel im Kolonialstil an der Pointe Coton. Mit Swimmingpool, Zimmern mit Klimaanlage und allen Ausflugsangeboten, die die Insel zu bieten hat. Es ist alles da, was man für einen angenehmen Urlaub braucht – allerdings nicht in Luxusausführung.
- **Mourouk Ebony,** Paté Reynieux, Tel. 8313350, Fax 8313355, 30 Zimmer, pro Zimmer 100 bis 120 Euro; Bun-

galowhotel an der Südküste der Insel mit viel Komfort und vielen Sportmöglichkeiten. Im europäischen Sommer ist es Treffpunkt von Kite- und Windsurfern, die auch einen Sturm nicht fürchten.

Im Inselzentrum

Mont Lubin Alle Wege auf Rodrigues führen nach Mont Lubin. Dieser kleine Ort in 300 m Höhe ist Schnitttpunkt aller Straßen, die von Nord nach Süd und von Ost nach West führen. Zur Süd- oder Nordküste sind es 3 bis 4 km, 8 bis 9 km zur Ost- oder Westküste – ein idealer Ausgangspunkt für Wanderer, die Rodrigues in seiner ganzen Ursprünglichkeit und Einfachheit kennen lernen möchten. In **Familienpensionen** wie **Chez Mireille et Max Jean-Louis** (Tel. 8314615) oder der **Auberge de la Montagne** (Tel. 8314607) wohnt man wie bei Freunden und isst „comme à la maison".

mau_212cd

La Réunion – Reisetipps A–Z

EINLEITUNG

Mix der Kulturen

La Réunion ist unverkennbar ein **Teil Frankreichs und der Europäischen Union.** Autobahnen und deren Beschilderung entsprechen der europäischen Norm, Telefonzellen sehen aus wie im Mutterland, Tafeln an den Häuserwänden werben für Renault und Air France. Dennoch ist die Insel sehr **afrikanisch** und sogar **indisch, chinesisch und madagassisch** – ganz kreolisch also. Frankreich wurde ihr übergestülpt. Mit Hilfe des Finanzausgleichs zwischen reichen und armen Regionen innerhalb der EU wurden Straßen, Verwaltungsgebäude, Wohnsiedlungen und Hotels errichtet. Den Lebensrhythmus aber bestimmen die Mentalitäten der afrikanisch-kreolischen und indischen Bevölkerungsmehrheit, die sich nicht so schnell verändern lassen wie eine Landschaft durch den Bau von Hochhäusern, Autobahnen und modernen Flughäfen. Die **Strände** in und um den Badeort Saint-Gilles an der Westküste erinnern mehr an die Cote d'Azur als an die Nachbarn Mauritius oder Madagaskar. Die Krankenhäuser in Saint-Denis oder Saint-Pierre könnten ebenso gut in einer mittleren deutschen Stadt stehen, so gut sind sie ausgestattet und von in Frankreich ausgebildetem Personal geführt. Das wirkliche, alte La Réunion findet man abseits der Strände und Städte, in den **Cirques,** den **Vulkankratern** 1000 Meter über dem Meer, wo die Réunionais leben wie vor 30 Jahren, bevor das Geld aus den Kassen der EU in Strömen zu fließen begann. Hier wohnen sie in kleinen Häusern umgeben von Bohnenpflanzungen, Weinreben und Zuckerrohrfeldern. Hier liegen auch die **touristischen Reize** der Insel, die ein tropisches Naturliebhaber-, Bergsteiger- und Wanderparadies ist. Schmale, gut beschilderte Pfade führen über kahle Lavafelder und Sandwüsten, vorbei an offenen, rauchenden Vulkankratern und durch dampfende Regenwälder.

Es gibt zwei Möglichkeiten, diese Insel zu genießen: **wandernd von Hütte zu Hütte** oder **mit dem Auto von Hotel zu Hotel.** Und zwischendrin bietet es sich an, ein paar Tage Strandaufenthalt in Saint-Gilles, Boucan Canot oder Hermitage einzulegen. Mehr aber auch nicht, denn Strände sind anderswo schöner, ruhiger, pittoresker, das Wasser türkisfarbener. Doch nirgendwo sonst auf den Inseln des westlichen Indischen Ozeans sind die Wälder so dicht, die Farne so hoch und grün und die Natur so unberührt und doch leicht „erreichbar" wie hier!

Aktivitäten

Wandern und Trekking

La Réunion ist eine tropische Insel, die auf kleinem Raum viele Aktivitäten ermöglicht und Attraktionen anbietet. Kurze Wanderungen oder mehrtägige Trekkingrouten durch die Berge sind der wohl größte Reiz der Insel (vgl. dazu im Reisekapitel „Unterwegs auf La Réunion"). Aber man findet auch sehr gut organisierte Möglichkeiten zum **Hochseefischen,** zum **Tauchen, Windsurfen** und **Mountainbiken.** Am besten fragt man an der Rezeption seines Hotels oder Gästehauses, wenn man über die nächstgelegenen Freizeitangebote informiert werden will, denn die meisten sind nicht speziell auf die Bedürfnisse von Reisenden zugeschnitten, sondern dienen der einheimischen kreolischen Bevölkerung. Tauchbasen gibt es im Hafenviertel von Saint-Gilles les Bains, in Saint-Leu und in Saint-Pierre; sie arbeiten meist unabhängig von Hotels.

Canyoning und River Rafting

Über 90 Touren

Réunionais sind überzeugt, dass ihre Insel das Mekka der Tropen für die Liebhaber des Canyoning ist. Es sind nicht weniger als 90 (!) verschiedene Touren möglich, jede davon sehr individuell, da es auf der Insel viele verschiedene Landschaften und auch Klimazonen gibt. Während der regenreicheren Jahreszeit von November bis März sind die Flüsse aus den Hochtälern zum Meer wasserreich und reißend. Mit Schlauchbooten geleiten erfahrene „River Rafter" 3 bis 6 Personen die Flüsse hinab. Fast ganzjährig kann man diesen Sport an der wasserreicheren Ostküste betreiben, während des Südsommers sind auch die Flüsse im Westen ausreichend gefüllt (Informationen auch unter **www.canyonreunion.com**).

Anbieter

Geführte Klettertouren durch Flusstäler und River-Rafting-Touren werden angeboten von:

- **Australe Aventures,** 4, Chemin Enilorac, aux *Guillaume,* Tel. 324029.
- **Ric-à-Ric,** 13, Av. Géneral de Gaulle, Saint-Gilles les Bains, Tel. 322538.

Gleitschirmfliegen

Schön und schwierig

Die Bedingungen für Gleitschirmflieger auf La Réunion sind wegen der Windverhältnisse in den Bergen und der steilen Abhänge sehr schwierig, dafür sind die Flüge aber auch sensationell schön. Man sollte sich unbedingt an die heimischen Schulen wenden, um detaillierte Informationen zu bekommen.

Anbieter

- **Parapente Réunion,** 103, Montée des Colimaçons bei Saint-Leu, Tel. 349189, Fax 380186.
- **Azurtech,** 97898 Saint-Leu, Tel. 349189.

Golf

3 Plätze

Wie überall in Frankreich ist Golf auch auf La Réunion ein beliebter und unkompliziert auszuübender Sport. Es gibt inzwischen drei schöne Golfplätze:

- **Golf Club Bourbon,** Étang Salé, 18-Loch, Tel. 263339.
- **Golf du Colorado,** La Montagne, 9-Loch, Tel. 237950.
- **Gold du Bassin Bleu,** Saint-Gilles les Hauts, 18-Loch, Tel. 555358.

Hochseefischen

In den Hafenstädten Le Port, Saint-Gilles, La Possession und Saint-Pierre ist Hochseefischen ein relativ neues, aber wegen der ergiebigen Gewässer rund um die Insel sehr attraktives Sportangebot. Gefangen werden u.a. Speerfisch, Thunfisch und Barrakuda.

Anbieter

- **Maevasion,** Saint-Gilles les Bains, Tel. 333804, www.maeva-fishing.com.
- **Centre de Pêche Europa,** Saint-Gilles les Bains, Tel. 244379.
- **Réunion Fishing Club,** Saint-Gilles les Bains, Tel. 243610, www.reunionfishingclub.com.
- **Blue Marlin,** Saint-Gilles les Bains, Tel. 225447.
- **Sindbad,** Saint-Gilles les Bains, Tel. 245654.
- **Rapetou,** Saint-Pierre, Tel. 646214.
- **Marlin Club de la Réunion,** La Possession, Tel. 556316.

Mountain Biking

Anbieter

- **VTT Evasion,** *Marc Longue,* 12, Chemin Ceinture, 97442 Saint-Philippe, Tel. 370672.
- **Parc du Maido,** 350, Route du Maido, 97423 Le Guillaume, Tel. 324181.
- **Cilaos Fun,** Place de l'Église, 97413 Cilaos, Tel. 317699.

Reiten

Anbieter

- **Club Hippique de La Réunion,** Sainte-Marie, Tel. 282330.
- **La Diligence,** Vingt Septième, Bourg-Murat, Plaine-des-Cafres, Tel. 591010.

Surfen

Die Wellen in Boucan Canot, Roches Noires und Saint-Leu gehören zu den Highlights der Surferszene weltweit. Daher haben sich einige Surfschulen niedergelassen (s.a. **www.runisland.com**):

Anbieter

- **Surf Club des Roches Noires,** Saint-Gilles, Tel. 553585.
- **Passion Glisse,** L'Étang Salé, Tel. 266096.
- **Jetsurf Club,** Saint-Pierre, Tel. 960287.

Tauchen

Intakte Korallen

Die meisten Tauchbasen bilden nach den Regeln der amerikanischen Tauchvereinigungen SSI, PADI oder NAUI aus. Einzelne orientieren sich an den französischen Tauchschulen wie FFESSM oder FSGT. Ohne Ausrüstung muss man mit etwa 40 Euro pro Tauchgang rechnen. Im Unterschied zu vielen anderen Tauchgebieten (Seychellen, Malediven, Polynesien) sind die Korallen hier sehr wenig vom katastrophalen Korallensterben der späten 1990er Jahre beeinträchtigt. Da das Meer an der Küste sehr steil in die Tiefe abfällt, kann sich das Oberflächenwasser nicht so stark erwärmen, da ein stetiger Austausch mit Tiefenwasser stattfindet. Der steile Abfall des Strandes ermöglicht auch viele Tauchgänge unmittelbar vom Strand aus (z.B. in Boucan Canot).

Infos

Detaillierte Informationen zu den Tauchbasen und den vielen Tauchplätzen bekommt man beim **Comité régional de la Fédération francaise d'études et de sport sous-marins,** 2 bis, Rue des Brisants, 97434 Saint-Gilles les Bains, Tel. 330096.

Anbieter

- **Au Gloria Maris,** Saint-Gilles les Bains, Tel. 244142.
- **Bourbon Marine,** Saint-Gilles les Bains, Tel. 244505.
- **Corail Club de Plongée,** Saint-Gilles les Bains, Tel. 243725.
- **Club du Grand Bleu,** Saint-Gilles les Bains, Tel. 243394.
- **Mascareignes Plongée,** Saint-Gilles les Bains, Tel. 442774.
- **Atlantis,** Route des Colimaçons, Saint-Leu, Tel. 347747.
- **B'Leu Océan,** 25, Rue du Géneral-Lambert, Saint-Leu, Tel. 349749.

- **Excelsus,** Route des Colimaçons, Saint-Leu, Tel. 347365, www.chez.com/excelsus.
- **Réunion Plongée,** Route des Colimaçons, Saint-Leu, Tel. 347777.
- **Centre de Plongée sous-marine de Saint-Pierre,** Tel. 258966.

Wasserski

Anbieter

- **Club Nautique de Bourbon,** 2, Rue des Brisants, Saint-Gilles les Bains, Tel. 244093.
- **Club Nautique de l'Est,** Case de la Rivière des Roches, Tel. 503206.
- **Ski Nautique Club de Saint-Paul,** 1, Rue de la Croix, l'Étang Saint-Paul, Tel. 454287.

mau_219cd

Anreise mit dem Flugzeug

Flugverbindungen

Zu erreichen ist La Réunion von Deutschland, Österreich und der Schweiz über Paris mit Air France sowie mit Air Mauritius von Frankfurt, Zürich und Genf über Mauritius.

Der einzige **internationale Flughafen** auf La Réunion ist **Saint-Denis.**

- **Air France,** www.airfrance.de. Von vielen Flughäfen in Deutschland, Österreich, der Schweiz sowie Amsterdam und Brüssel über Paris.
- **Air Mauritius,** www.airmauritius.com. Von Frankfurt, Zürich und Genf über Mauritius.

Flugpreise

Für einen Flug mit Air France von Flughäfen in Deutschland, Österreich, der Schweiz, Belgien und den Niederlanden über Paris nach La Réunion muss man je nach Saison und Aufenthaltsdauer mit **ca. 800 Euro** bzw. 1400 SFr rechnen.

Von Zeit zu Zeit offeriert Air France **befristete Sonderangebote;** dann kann man für etwa 700 Euro nach La Réunion und zurück fliegen bzw. mit einem Jugend-/Studententarif ab der Schweiz ab 1188 SFr.

Weitere Tipps zu Flugpreisen und Buchungsmöglichkeiten finden sich im Kapitel über Mauritius unter „Anreise mit dem Flugzeug“.

Ankunft und Einreise

Einreise

Einreise (und Ausreise) sind unkompliziert, eine Flughafensteuer bei der Ausreise gibt es nicht. La Réunion ist französisches Hoheitsgebiet und Teil der EU, es gelten daher die gleichen **Einreisebestimmungen wie innerhalb Europas.** Angehörige der Europäischen Union benötigen einen gültigen Personalausweis, sicherheitshalber sollte man aber auch einen gültigen Reisepass mitbringen (für Schweizer Pflicht). Wer länger als 90 Tage bleiben möchte, kann die am Flughafen bei der Einreise erteilte Aufenthaltsgenehmigung in der Préfecture von Saint-Denis problemlos verlängern lassen. Wer aus einem Infektionsgebiet (Zentralafrika und Südamerika) nach La Réunion einreisen will, muss den Nachweis einer wirksamen Gelbfieber- und Choleraimpfung erbringen (vgl. dazu im Anhang).

Ankunft

Der internationale **Flughafen Roland Garros** liegt 15 km östlich von Saint-Denis (30 Minuten Autofahrt) an der Nordostküste der Insel und ist gut organisiert. Ein **Pendelbus** fährt alle 30 Minuten für etwa 10 Euro vom Flughafen ins Zentrum der Inselhauptstadt Saint-Denis. **Taxis** sind ebenfalls vorhanden und verlangen tagsüber etwa 20 Euro bis nach Saint-Denis oder etwa 100 Euro zum Badeort Saint-Gilles an der Westküste der Insel. Einige **Mietwagenfirmen** (unter anderem auch Sixt) haben Schalter am Flughafen und eine große Flotte an Fahrzeugen auf dem Parkplatz vor der Ankunftshalle (siehe „Reisen auf La Réunion"). Wer einen Mietwagen zurückgeben muss, sollte rechtzeitig am Flughafen sein, um die Rückgabeformalitäten in Ruhe erledigen zu können. Immerhin hat der Vermieter eine erhebliche Kaution rückzuerstatten. Wenn man es da eilig hat, könnte man in Schwierigkeiten geraten.

Bekleidung

Im tropischen Klima der Inseln ist es absolut unüblich, sich formell mit Anzug oder einem Kostüm zu kleiden. **Leichte, luftige** und sportliche **Baumwollkleidung** ist üblich und auch für Behördengänge ausreichend. In Restaurants sollte man – besonders zum Abendessen – nicht mit kurzer Hose oder T-Shirt erscheinen. Da viele Restaurants klimatisiert sind, empfiehlt es sich ohnehin, einen leichten Baumwollpulli mitzunehmen. Für die hoch gelegenen Cirques braucht man besonders im Südwinter warme Kleidung, denn es kann hier nach Sonnenuntergang empfindlich kühl (unter 10°C) werden.

Diplomatische Vertretungen

Auf La Réunion

- **Honorarkonsul der Bundesrepublik Deutschland auf La Réunion,** 9C, Rue de Lorraine, 97400 Saint-Denis, Tel. 216206, Fax 217455.
- **Vertretung der Schweiz,** 107, Chemin Crève Coeur, 97460 Saint-Paul, Tel./Fax 455574.

mau_222cd

In Deutschland

- **Französische Botschaft,** Pariser Platz 5, 10117 Berlin, Tel. 030-590039000, Fax 030-590039067, www.botschaft-frankreich.de, Mo bis Fr 9 bis 12 und Mi 14 bis 17 Uhr.

In der Schweiz

- **Französische Botschaft,** Schosshaldenstrasse 46, 3006 Bern, Tel. 031-3592111, Fax 031-3592174, www.amba-france-ch.org.

In Österreich

- **Französische Botschaft,** Technikerstraße 2, 1040 Wien, Tel. 01-502750, Fax 01-50275168, konsularische Abteilung: Wieblingerstr. 24, 1010 Wien, Tel. 01-50275200, Fax 01-50275253, www.ambafrance-at.org.

Einkäufe

Warenvielfalt

La Réunion ist als Mitglied der EU mit Waren fast so gut versorgt wie Europa. Zollfreihäfen gibt es nicht, so dass „Schnäppchen" eher selten sind. **Lokales Kunsthandwerk** ist jedoch eine der wenigen Einnahmequellen der armen Bevölkerung, die in den abgelegenen Cirques (Vulkankratern) lebt. In Saint-Gilles-les-Hauts, in Entre-Deux und Petite-Île findet man neuerdings kleine Kunsthandwerksmärkte, auf denen Gebrauchsgegenstände aus Bambus, Vacoageflecht oder Lavagestein verkauft werden. Näheres hierzu findet man auf der Webseite: www.cocodiles.com. Ein typisches **Mitbringsel** ist auch eine Flasche des Dessertweines, der in den Hochtälern produziert wird, ferner lokal produzierter Rum und Vanillestangen unmittelbar aus der Plantage. Abzuraten ist vom Einkauf

River Rafting auf La Réunion,
eine der vielen Möglichkeiten sportlicher Betätigung

von Ketten aus Korallenstein oder Schmuckstücken aus Schildpatt, da diese Industrie für die Meeresfauna sehr schädlich ist.

Märkte

Märkte, auf denen neben Lebensmitteln auch **Souvenirs** zu finden sind:

- **Saint-Paul,** den ganzen Freitag und samstags bis Mittag.
- **Saint-Pierre,** samstags bis Mittag.
- **Saint-Denis,** außer Sonntag die ganze Woche geöffnet.

Essen und Trinken

Vielfältig, gut und teuer

Das Essen ist – wie in Frankreich üblich – nicht billig, dafür aber ausgezeichnet. 10 bis 25 Euro muss man für ein Menü mindestens kalkulieren, in guten Restaurants kann es ohne weiteres auch das Doppelte sein. Restauranttipps stehen in den Kapiteln zu den Städten und Cirques. Die kulturelle Vielfalt der Insel spiegelt sich auch stark in den Speisekarten der Restaurants. Manche haben französische, madagassische, afrikanische, chinesische und indische Gerichte auf der Karte, andere spezialisieren sich auf eine oder zwei der verschiedenen Kochkünste. Basis aber bleibt immer die **„kreolische Küche"**, ein Mix aus französischen Rezepten und kulinarischen Einflüssen aller anderen auf La Réunion ansässigen Volksgruppen.

Tables d'Hôte

Eine Möglichkeit, wirklich engen Kontakt mit der Bevölkerung der Insel zu knüpfen, sind die Abendmenüs in den Gästebauernhöfen oder in den Häusern mit Tables d'Hôte. Hier wird zu einer vorher festgelegten Zeit **für alle Gäste an langen Tafeln ein ausgiebiges kreolisches Menü** serviert. Französischkenntnisse sind hilfreich, denn sehr

Auf dem Markt kann man sich
mit frischen Lebensmitteln eindecken

schnell werden lebhafte Diskussionen am Tisch entbrennen. Da diese Tables d'Hôte auch bei Réunionais sehr beliebt sind, sollte man sich frühzeitig über das Fremdenverkehrsbüro oder das „Maison du Montagne" anmelden (siehe „Informationsstellen").

Feste und Feiertage

Alle christlichen Feste sind geschützte Feiertage wie in Frankreich. Zusätzlich begehen die größeren Städte den Namenstag ihres Schutzheiligen, der ebenfalls arbeitsfrei ist.

- **1. Januar** (Neujahr).
- **Ostermontag**
- **1. Mai** (Tag der Arbeit).
- **14. Juli** (Französischer Nationalfeiertag).
- **11. August** (Fest des Schutzheiligen in Sainte-Suzanne).
- **15. August** (Maria Himmelfahrt).
- **25. August** (Fest des Schutzheiligen in Saint-Louis).
- **4. September** (Fest des Schutzheiligen in Sainte-Rose).

- **18. September** (Fest des Schutzheiligen in Saint-Leu).
- **19. September** (Fest des Schutzheiligen in Sainte-Marie).
- **9. Oktober** (Fest des Schutzheiligen in Saint-Denis).
- **1. November** (Allerheiligen).
- **11. November** (Martinsfest in Grand Îlet und Saint-André).
- **20. Dezember** (Fest der Abschaffung der Sklaverei).
- **25. Dezember** (Weihnachten).

Am letzten Sonntag im Januar findet in Cilaos das „Fest der Heiligen Frau vom Schnee" statt. Die chinesischen und moslemischen Feiertage auf La Réunion entsprechen denen auf Mauritius (siehe dort im entsprechenden Kapitel).

Geld/Finanzen

Zahlungsmittel ist der **Euro,** die Lebenshaltungskosten sind nicht niedriger als in Frankreich. Am Flughafen und in allen Städten finden sich Banken mit **Geldautomaten.**

Gesundheit

Europäische Verhältnisse

Tropenkrankheiten (Pest, Cholera, Malaria, Bilharziose, Gelbfieber usw.) gibt es nicht, und die medizinische Versorgung hat nahezu mitteleuropäischen Standard. Die Krankenhäuser sind mit allen modernen Diagnose- und Heilmöglichkeiten ausgestattet. Es besteht die (geringe) Gefahr, durch verunreinigte Speisen oder Getränke Magenbeschwerden zu bekommen, da unser Körper an manche auf La Réunion übliche Bakterien nicht gewöhnt ist. Daher sollte auf Verzehr von Lebensmitteln aus billigen Straßenrestaurants und von offenen Märkten verzichtet werden. Vgl. zur Gesundheitsvorsorge auch die Informationen im Anhang.

Kranken-häuser

- **Centre hospitalier Départemental Félix Guillon,** 97400 Saint-Denis, Quartier Bellepierre, Tel. 201515.
- **Centre hospitalier Gabriel Martin,** 97460 Saint-Paul, 38, Rue Labourdonnais, Tel. 453030.
- **Group hospitalier sud Réunion,** Av. du Président Mittérand, 94710 Saint-Pierre, Tel. 350202.

Notdienste

SOS Médecin:

- in Saint-Denis, Tel. 974444.
- in Saint-Paul, Tel. 454502.
- in Saint-Pierre, Tel. 350202.

INFORMATIONSSTELLEN

Informationsstellen auf La Réunion

Auf La Réunion gibt es diverse Anlaufstellen für Fragen zu touristischen Belangen:

- **Office du Tourisme de La Réunion,** 48, Rue Sainte-Marie, Saint-Denis, Tel. 216165; Infos zu Hotels und Apartments.
- **Comité du Tourisme de la Réunion,** Place du 20 Décembre 1848, Saint-Denis, Tel. 210041; Infos zu Hotels und Apartments.
- **Relais Départemental des Gîtes Rureaux,** 18, Rue Sainte-Anne, Saint-Denis, Tel. 203190); Vereinigung der Gîtes Rureaux (siehe „Unterkunft").
- **Féderation Réunionaise des Auberges de Jeunesse,** Saint-Paul, Tel. 455351, Fax 456107; Infos zu Jugendherbergen.
- In allen größeren Ortschaften der Insel finden sich zusätzlich **Informationsbüros der Gemeinden (Syndicats d'Initiative),** die Karten und Unterkunftsverzeichnisse für ihre Region bereithalten.
- **Maison de La Montagne,** Palais Rontaunay, 5, Rue Rontaunay, 97400 Saint-Denis, Tel. 907878, Fax 418429, resa @reunion-nature.com, www.reunion-nature.com; Infos zur Bergwelt der Insel.

Fremdenverkehrsämter

In Deutschland erhält man Infos beim **„Maison de la France"** (http://de.franceguide.com):

Deutschland

- Zeppelinallee 37, 60325 **Frankfurt am Main,** Anforderung von Informationsmaterial: Tel. 0190-570025, Fax 0190-599061, info.de@franceguide.com, www.la-reunion-tourisme.com.

Österreich

- Argentinierstraße 41 a, 1040 **Wien,** Tel. 0900-25005, Fax 01-5032871, info.at@franceguide.com.

Schweiz

- Rennweg 42, 7226 **Zürich,** Tel. 0900-900699, Fax 01-2174617, info.zrh@franceguide.com.

Informationen im Internet

Auf Deutsch

Fast alle Webseiten, die sich mit La Réunion im Detail befassen, sind in französischer Sprache verfasst. Hier zwei deutschsprachige Seiten als Ausgangspunkt für eigene Recherchen: **www.insel-la-reunion.de** und **www.la-reunion-tourisme.com/default1.htm.**

Fremdsprachig

- **www.anthurium.com**
Kooperation kleiner Hotels
- **www.cia.gov/cia/publications/factbook/geos/re.html**
Alle Fakten des CIA zu La Réunion
- **www.mi-aime-a-ou.com**
Ausgangsseite zu weiteren Seiten
- **www.la-petite-gazette.com**
Aktuelles und Interessantes
- **www.univ-reunion.fr/**
Europäische Universität von La Réunion
- **www.flore-reunion.com/frame.html**
Fauna und Flora
- **www.reunion.aeroport.fr/**
Flughafen Roland Garros
- **www.cocodiles.com**
Kunsthandwerk und Souvenirs
- **www.chez.com/indereunion**
Religionen
- **www.perso.wanadoo.fr/christophe.belluteau/accueil.htm**
Restaurants
- **www.runisland.com/index1.html**
Kommerzielles Portal mit Forum
- **www.creole.org/**
Alles zum Tourismus
- **www.runweb.com/uk_main.asp**
La Réunion in englischer Sprache
- **www.la-vague.net/**
Weiterführende Webseiten

- **www.rando-reunion.com**
La Réunion mit Bergstiefeln erkunden
- **www.geoscope.ipgp.jussieu.fr:8080/reunion/stationreu2.html**
Interessantes zum Piton de La Fournaise
- **www.la-ptite-gazette.com/webcamreunion.php**
Links zu verschiedenen Webcams
- **www.meteo-reunion.com**
Wetter

Lernen und Arbeiten

Eine Aufenthalts- und Arbeitserlaubnis zu bekommen ist einfach, da La Réunion als Département Frankreichs Teil der Europäischen Union ist. Von der gut halben Million Menschen, die auf La Réunion leben, sind etwa 150.000 Schulkinder und 7000 Lehrer. Es gibt zwei höhere Schulen, die *Lycées Mixtes* in Tampon und Saint-Denis. Eine Technische Hochschule und eine Universität mit drei Fakultäten (Rechts-, Geistes- und Naturwissenschaften) bilden qualifizierten Nachwuchs aus, wenn auch nicht ganz das Niveau der Schulen und Universitäten Frankreichs erreicht wird. Näheres siehe unter **www.univ-reunion.fr.**

Nachtleben

Bescheiden La Réunion ist eine Insel der fast unbegrenzten Möglichkeiten, sich aktiv zu betätigen oder auch nur am Strand zu erholen. Das Nachtleben ist sicher kein Grund, dorthin zu reisen. Doch gibt es durchaus gute Diskotheken, in denen sich die Jugend der Insel und auch Gäste aus Frankreich und anderen Ländern Europas treffen (weitere Angaben im Kapitel „Unterwegs auf La Réunion").

Öffnungszeiten

Geschäfte Geschäfte öffnen **wochentags von 8.30 bis 12 Uhr und von 14.30 bis 18 Uhr.**

Banken Banken sind **Mo bis Fr von 9 bis 15 Uhr** geöffnet, in Saint-Gilles hat man sich den Bedürfnissen der Touristen angepasst und bis 17 Uhr und auch samstags geöffnet.

Postämter Postämter haben **Mo bis Fr von 7.30 bis 18 Uhr** geöffnet.

Post und Telekommunikation

Telefon Die Telefonverbindungen nach Europa sind gut, schnell und nicht teuer. Man kann von fast allen der über 500 Telefonzellen mit Telefonkarte nach Europa telefonieren. Drei Minuten nach Deutsch-

mau_230cd

land kosten etwa 10 Euro. Die **Telefonvorwahl von La Réunion** lautet **00262** (zu weiteren internationalen Vorwahlen vgl. bei Mauritius).

Mobiltelefon

In La Réunion nutzt man 900 MHz GSM wie in Europa und auch 1800 MHz. Je nachdem, welchen Provider man hat, kann man sein Mobiltelefon auch dort einsetzen. Man muss bei Nutzung eines europäischen Gerätes in La Réunion jedoch mit **hohen Roaming-Kosten** rechnen (Ausnahme: Vodafone-Kunden, die auf Vodafone-World umgestellt haben). Preiswerter geht es, wenn man bei seinem Provider nachfragt oder auf der Website nachschaut, welcher der Roamingpartner in La Réunion am preiswertesten ist, und diesen per **manueller Netzauswahl** bei den Telefonaten voreinstellt.

Falls das Mobiltelefon **SIM-lock-frei** ist (keine Sperrung anderer Provider vorhanden ist) und man viele Telefonate innerhalb La Réunion führen möchte, kann man sich eine **Prepaid-SIM-Karte** von den Anbietern vor Ort besorgen:

- **Orange Réunion,** www.orange.re:
La Mobicarte, 10, 20 oder 35 Euro.
- **SRR (Réunionnaise du Radiotéléphone),** www.srr.fr:
SFR La Carte, 20 Euro.

Weitere Tipps zum Mobiltelefonieren stehen im Mauritius-Kapitel „Post und Telekommunikation“.

Post

Ein Brief in die Schweiz, nach Österreich oder Deutschland erreicht seinen Empfänger in der Regel innerhalb von 3 bis 5 Tagen.

Am Stadtstrand von Saint-Pierre

Reisen auf La Réunion

Gute Infrastruktur

Die Infrastruktur für individuelles Reisen auf der Insel ist ausgezeichnet, es ist kein Problem, von jedem Ort der Insel zu einem beliebigen anderen mit öffentlichen Verkehrsmitteln, Taxi, Kollektivtaxi oder per Anhalter zu gelangen. Allerdings kann dies ein langwieriges (öffentliche Busse) oder teures (Taxis) Unterfangen sein, da die Entfernungen wegen der gewundenen Straßen überraschend groß sind und man nur entlang der Westküste auf der Autobahn zügig voran kommt.

Autofahren mit dem Mietwagen

Ideales Transportmittel

Der Mietwagen ist das ideale Transportmittel für die Insel La Réunion. Die angebotenen Autos sind in erstklassigem Zustand und kosten **zwischen 70 und 120 Euro pro Tag** (unbegrenzte Kilometerleistung), je nachdem, ob man mit einem Kleinwagen auskommt oder einen Minivan benötigt. Der Fahrer muss mindestens 23 Jahre alt sein und seit mehr als einem Jahr einen Führerschein besitzen.

Viele bekannte **Mietwagenfirmen** haben Repräsentanten am Flughafen, und man kann den Wagen telefonisch vorbestellen (auf Französisch):

Anbieter

- **Rent-a-Car,** Tel. 532255.
- **Avis,** Tel. 488182.
- **Budget,** Tel. 280195.
- **Sixt,** Tel. 488377.
- **Pop's Car,** Tel. 488178.
- **National,** Tel. 488377.

Konditionen

Alle Vermieter verlangen bei Übergabe des Fahrzeugs eine hohe **Kaution** oder einen pauschal unterzeichneten Abdruck der Kreditkarte. Die Kaution wird bei der Rückgabe des Fahrzeugs erstattet, der Kreditkartenabdruck zurückgegeben. Um keine Überraschung zu erleben, empfiehlt es sich, den **Wagen vor der Übernahme genau** zu **prüfen** und frühzeitig am Flughafen zu sein, um ggf. Zeit für Verhandlungen zu haben. Ist man einmal unterwegs, sollte man sich besonders bei Fahrten in den Bergen viel Zeit lassen, denn die Straßen sind teilweise kurvenreich, steil und eng.

Straßen und Tankstellen

Die Straßen auf der Insel sind in ausgezeichnetem Zustand, und man fährt – wie in Frankreich und Deutschland – auf der rechten Straßenseite. Selbst die Beschilderung an den großen Straßen entspricht der gewohnten EU-Norm. Auf Landstraßen darf man nicht über 80 km/h fahren, auf Autobahnen beträgt die erlaubte Höchstgeschwindigkeit 130 km/h. Tanken kann man überall an modernen Zapfsäulen mit Kreditkartenautomaten, die Preise entsprechen denen in Mitteleuropa.

Autostopp

Relativ einfach

Réunionais sind großzügig im Mitnehmen von Rucksackreisenden. An den Autobahnen, die bereits im Ortszentrum der größeren Städte beginnen, ist es allerdings schwer, da dort niemand gerne anhält. Man sollte daher unmittelbar im Ortszentrum – etwa an einer Ampel – den Daumen raushalten, bevor es auf die Autobahn geht.

Fahrrad- und Mountainbikefahren

Natürlich ist es möglich, La Réunion mit dem Fahrrad zu umrunden und zu durchqueren, aber es ist wenig empfehlenswert. An den Küsten herrscht dichter Verkehr, im Landesinneren winden sich die Straßen oft extrem steil endlos lange Anstiege hinauf. Mountainbiken zählt hingegen zu den sportlichen Attraktionen der Insel; es gibt zu diesem Zweck hergerichtete Bergwege, auf denen Tagesetappen von Hütte zu Hütte zurückgelegt werden können, oder man fährt von seiner Unterkunft weg und wieder dorthin zurück.

mau_234cd

Hubschrauber

Flughafentransfer und Rundflüge

Für Rundflüge oder auch für die Rückreise aus dem Süden der Insel zum Flughafen Roland Garros kann man unter den nachstehenden Adressen Helikopter mieten. Der Preis für einen einstündigen Flug beträgt **ca. 250 Euro** bei voller Besetzung des Helikopters mit 4 Personen. La Réunion auf diese Art zu erkunden, ist ein unvergessliches Erlebnis!

Anbieter

- **Helilagon,** L'Éperon, Saint-Gilles les Hauts, Tel. 555555, www.helilagon.com.
- **Heli Réunion,** Héliport de Saint-Gilles, Tel. 240000.
- **Héliport de Roland Garros,** Tel. 931111, www.heli-reunion.com.

Fischerboote im Hafen von Le Port

Motorrad

Kurvenreiche Bergstraßen

Eine nicht ganz ungefährliche, wegen der kurvenreichen Bergstraßen und des angenehmen Klimas aber um so schönere Reisealternative ist die Fahrt mit dem Motorrad.

Anbieter

- **Max Moto,** Saint-Denis, Tel. 211525.
- **Moto Rencontre,** Saint-Pierre, Tel. 250935.
- **Top Moto,** Saint-Gilles les Bains, Tel. 242578.
- **Locascoot,** Saint-Gilles les Bains, Tel. 858830.

Preise

Die Preise bewegen sich je nach Größe und Hubraum der Maschine **zwischen 30 und 60 Euro pro Tag.**

Busse

Die früher von Privatunternehmen betriebenen Buslinien wurden vor einigen Jahren unter ein staatliches Dach gebracht und haben seither eine **zentrale Auskunftsstelle in Saint-Denis (Tel. 212521).** An allen Bushaltestellen bekommt man den kompletten Fahrplan. Im Norden und Westen ist der Busverkehr sehr dicht und zuverlässig, im Osten und Süden dafür eher selten und unpünktlich. Nach 18 Uhr fährt dort kaum noch ein öffentlicher Bus. In den dicht besiedelten Gebieten des Nordens und Westens verkehren zusätzlich so genannte **„Car Jaunes“,** Kleinbusse, die in kürzeren Abständen abfahren als die normalen Omnibusse.

Anbieter und Infos

- **Saint-Denis,** Tel. 415110 (Cars jaunes), Tel. 925925 (Citalis/Brûlé).
- **Le Port,** Tel. 550311 (Cars jaunes), Tel. 752222 (Semitel/Rivière des Galets).
- **Saint-Paul,** Tel. 225438 (Cars jaunes), Tel. 225465.
- **Saint-Pierre,** Tel. 356728 (Cars jaunes), Tel. 753754 (Semitel/Saint-Louis-Cilaos).
- **Saint-Joseph,** Tel. 560390 (Cars jaunes).
- **Saint-Benoît,** Tel. 501069 (Cars jaunes).
- **Saint-André,** Tel. 468000 (Cars jaunes/Hell-Bourg und Grand-Îlet).

Kollektivtaxis

Kleinbusse

Kollektivtaxis sind Kleinbusse, die **an den Busstationen** warten und zum nächsten Ziel fahren, sobald alle Sitze belegt sind. Sie kosten ein wenig mehr als Busse (s.u.), sind aber wesentlich billiger als Privattaxis.

Privattaxis

Am Flughafen, in Städten

Taxis findet man wie in Europa überall in den Städten und am Flughafen. Die Fahrpreise ebenso wie die Qualität der Fahrzeuge liegen auf **europäischem Niveau.**

Reisende mit Handicap

Hotel Villas du Lagon

Die touristische Infrastruktur der Insel ist nur in wenigen Ausnahmefällen auf die Bedürfnisse von behinderten Personen eingerichtet. Das Hotel Villas du Lagon, das erst Ende der 1990er Jahre errichtet wurde, verfügt über die entsprechenden baulichen Einrichtungen. Die vielen kleinen Hotels, die meist schon seit Jahrzehnten existieren,

mau_236cd

sind für Behinderte jedoch eher ungeeignet. Auch die bergige Landschaft und die schmalen Straßen erleichtern eine Reise für körperlich Behinderte nicht gerade. Lokale Reiseunternehmen allerdings bemühen sich sehr darum, Routen zusammenzustellen, die auch für diese Bevölkerungsgruppen zu bewältigen sind.

Reiseveranstalter

Organisierte Rundreisen

Viele Reiseveranstalter in Deutschland, Österreich und der Schweiz bieten organisierte Rundreisen von 6 bis 14 Tagen auf der Insel an. Meist werden diese Reisen in Kombination mit einer Badereise nach Mauritius gebucht, was wegen der nicht so optimalen Strände auf La Réunion eine gelungene Variante darstellt. Wenige Spezialveranstalter offerieren umfangreiche und individuell nach Kundenwünschen zusammenstellbare Reisen an.

„Anthurium“

Eine Besonderheit ist die auf La Réunion ansässige **Hotelkooperation „Anthurium“ (www.Anthurium.com).** Sie ermöglicht es, in etwa 30 verschiedenen, meist kleinen und individuell gestalteten Hotels mit 3 bis 20 Zimmern an den verschiedensten Orten der Insel zu wohnen. Man hat die Wahl, die Hotels tageweise vorauszubuchen, kann aber auch einfach nur zum Einheitspreis eine oder zwei Wochen in Anthurium-Hotels buchen und dann spontan entscheiden, welches Anthurium-Hotel man für die nächste Übernachtung nutzen möchte. Ein Anruf in der Zentrale genügt, und die Reservierung wird im Hotel telefonisch durchgeführt und – sofern ein Zimmer frei ist – bestätigt. Dies stellt eine angenehme Kombination aus Sicherheit durch Buchung über einen Veranstalter und indivi-

Les Filaos, eines von vielen kleinen Mittelklassehotels in Saint-Gilles les Bains

dueller Gestaltungsmöglichkeit der Reise noch vor Ort dar. Einen Katalog mit den Angeboten der Anthuriumhotel bekommt man bei:

- **Trauminsel Reisen,** Maisie und Wolfgang Därr GmbH, 82211 Herrsching, Summerstr. 8, Tel. 08152-93190, Fax 08152-931920, Info@TrauminselReisen.de, www.TrauminselReisen.de.

Man kann sich auf La Réunion auch an das Reiseunternehmen „Connections Réunion" wenden, das mit der Hotelgruppe Anthurium zusammenarbeitet und neben deren Hotels auch Transfers, Mietwagen, Ausflüge usw. anbietet.

- **Connections Réunion,** 53, Route de Domenjod, 97490 Sainte-Clothilde, Tel. 931393, Fax 931797.

Reisezeit

Das ganze Jahr über

Eine „beste Reisezeit" gibt es für La Réunion nicht. Wer die Insel kennen lernen will, kann dies das ganze Jahr über tun – und die Wahrscheinlichkeit ist groß, dass täglich die Sonne scheint. Die Insel liegt nur wenig nördlich des Wendekreises des Steinbocks, also innerhalb des Tropengürtels, der sich zwischen den beiden Wendekreisen befindet.

Klima

Das Klima ist im **„Südsommer"** (November bis März) heiß und feucht, im **„Südwinter"** (Mai bis November) trocken und etwa 5 bis 6°C kühler. In den Bergregionen kann die Temperatur nachts sogar unter 0 Grad sinken, tagsüber wird es jedoch wieder so warm wie in einem mitteleuropäischen Sommer. Für Bergsteiger oder Wanderer ist der Südwinter die ideale Reisezeit. Die Spanne zwischen den wärmsten und kältesten Monaten des Jahres beträgt nur etwa 5 bis 6 Grad. An der Küste schwankt die durchschnittliche Tagestemperatur (kühle Nachtstunden mitgerechnet) zwischen 18°C im Winter und 31°C im Sommer.

La Réunion steht das ganze Jahr unter dem Einfluss einer Hochdruckzone nördlich der Maskarenen. Der den Passatwinden zugewandte Südosten der Insel **(Region au Vent)** ist feucht und warm, mit Jahresniederschlägen zwischen 2000 und 5000 mm. Dagegen liegt die dem Passat abgewandte Nordwestseite im Regenschatten des hohen Zentralgebirges **(Region sous le Vent)** und ist mit 500 bis 1000 mm Niederschlag eher trocken. Der größte Teil der Niederschläge geht in den Bergregionen nieder. An den Küsten, insbesondere an der Nordwestküste, die der ganzjährigen Hauptwindrichtung aus Südost abgewandt ist, verschwindet die Sonne nur selten hinter Regenwolken.

Die kühlere Jahreszeit (Südwinter) ist gleichzeitig auch die trockenere Zeit, die warme Jahreszeit, der „Südsommer", ist an den Küsten feucht und tropisch, wie wir es in Europa nur aus Gewächshäusern in botanischen Gärten kennen. Die durch den hohen Gebirgszug entstehenden thermischen Winde machen diese Mischung aus feucht und heiß aber gut erträglich.

Sicherheit

Sicheres Reiseziel

La Réunion ist ein sicheres Reiseland, in dem Diebstahl nicht häufiger (eher seltener) vorkommt als bei uns. Wer die allgemeinen Vorsichtsmaßnahmen beachtet (z.B. Wertsachen in den Hotelsafe), hat nichts zu befürchten.

Strom

Die Steckersysteme entsprechen französischer Norm, die Stromspannung beträgt **220 Volt.** Adapter sind meist nicht erforderlich, sicherheitshalber empfiehlt es sich, einen mitzubringen.

UNTERKUNFT

Vielfältig, mittelmäßig und teuer

Die Unterkunftsmöglichkeiten auf La Réunion sind vielfältig, wenn auch qualitativ nicht auf hohem Niveau. Das Preis-Leistungsverhältnis ist nicht so, wie ein Reisender es aus anderen Regionen in Afrika, Asien oder Südamerika gewohnt ist. Wenn man das relativ hohe Preisniveau akzeptiert, gibt es vielfältige und interessante Unterkunftsmöglichkeiten:

Campingplätze

2 Plätze

Prinzipiell ist es gestattet, sein Zelt auf öffentlichen Grundstücken aufzubauen. Doch hat es einige Diskussionen gegeben, weil sich „wilde" Camper „wild" benommen haben und ihre Ruhestätte in schmutzigem Zustand hinterließen. Seinen Rastplatz hat man so zu hinterlassen, wie man ihn vorgefunden hat – als sei noch nie jemand dort gewesen! Einfacher ist das Zelten auf den beiden Campingplätzen, auf denen es auch Strom, Wasser und sanitäre Einrichtungen gibt (jeweils **10 Euro pro Nacht und Zelt**):

- **Camping municipal,** 97427 L'Étang Salé les Bains (Strandnähe), Av. Hoareau, Tel. 917586.
- **Camping à la Ferme,** Mme. *Lucette Ahrel,* 37, Rue Pignolet, 97431 Plaine-des-Palmistes.
- **Camping à la Ferme,** Hell-Bourg.

Privatunterkünfte bei einheimischen Familien (Gîtes)

Sehr persönlich

Eine komplette Liste aller Privatunterkünfte kann man vom „Maison de la Montagne" (siehe „Informationsstellen") erhalten. Der Preis pro Zimmer liegt **zwischen 30 und 40 Euro** inklusive Frühstück und Abendessen. Es darf kein Komfort erwartet werden, dafür aber ein sehr persönlicher

Empfang bei Einheimischen. Es wird unterschieden zwischen **Gîtes Rureaux** (Familienpensionen in ländlichen Gebieten mit Selbstverpflegung), **Chambres d'Hôtes** (Übernachtung mit Frühstück bei Familien), **Gîtes d'Étape** (einfache Unterkünfte in Ortschaften in den Cirques, oft mit Schlafräumen für 4 bis 10 Personen) und **Gîtes de Montagne** (Familienpensionen in den Bergen).

Jugendherbergen

3 Herbergen

Es gibt drei Jugendherbergen, für die man einen Ausweis benötigt und in denen man übernachten darf, sofern man nicht über 26 Jahre alt ist. Jugendherbergsausweise können in den Herbergen erworben werden. Der Übernachtungspreis beträgt etwa **15 Euro mit Frühstück.** Ein Abendessen kostet etwa 8 Euro.

- **Auberge de Jeunesse Leconte de Lisle,** im Hochland über Saint-Paul, Rue de l'Auberge, Le Bernica, 97435 Saint-Gilles les Hauts, Tel. 228975; mit Gemeinschaftsdusche und WC, auch per Bus erreichbar.
- **Entre Deux,** 120 Chemin Defaud (Ravine des Citrons), 97414 Entre Deux, Tel. 395920; neue Jugendherberge für bis zu 29 Gäste in 7 Zimmern mit Gemeinschaftsdusche und WC.
- **Auberge de Jeunesse Morange,** Hell-Bourg, 4, Rue de la Cayenne, 97433 Salazie, Tel. 474131.

Den **Jugendherbergsausweis** kann man auch schon zu Hause erwerben (Tipp: kann man auch als Familie beantragen!):

- **Deutsches Jugendherbergswerk,** Bismarckstr. 8, 32657 Detmold, Tel. 05231-74010, Fax 740149, www.jugendherberge.de, 12 bis 20 Euro.
- **Österreichischer Jugendherbergsverband,** Schottenring 28, 1010 Wien, Tel. 01-5335353, Fax 5350861, www. oejhv.or.at, 15 bis 20 Euro.
- **Schweizer Jugendherbergen,** Schaffhauserstraße 14, 8042 Zürich, Tel. 01-3601414, Fax 01-3601460, www. youthhostel.ch, 22 bis 33 SFr.

Hotels

3 bis 4 Sterne

Die meisten Hotels befinden sich **in und nahe Saint-Gilles les Bains** und in **Saint-Denis.** Hohen Ansprüchen genügen nur wenige von ihnen (Mercure Créolia in Saint-Denis, Le Saint-Denis in Saint-Denis, Les Villas de Mer in La Saline, das Novotel in Saint-Gilles, das St. Alexis und das Le Boucan Canot in Boucan Canot). Eine Übernachtung mit Frühstück im Doppelzimmer kostet **zwischen 60 und 150 Euro pro Person.**

2 bis 3 Sterne

In den Criques und an den Stränden findet man kleinere Hotels, die teilweise sehr gemütlich sind und reizvoll liegen (Le Baril bei Saint-Philippe, Le Maido in Maido); Preis: **40 bis 60 Euro pro Übernachtung** mit Frühstück im Doppelzimmer.

Apartments mit eigener Küche in den Strandbädern

Eine Liste der vielen Ferienwohnungen auf La Réunion erhält man bei folgender Adresse:

- **Fédération Réunionaise des offices du tourisme et syndicats d'initiative,** 18, Rue Sainte Anne, 97400 Saint-Denis, Tel. 217376.

Gîtes de Montagne (Berghütten)

Lange im Voraus buchen

Übernachtungen in den Berghütten müssen lange im Voraus beim **„Maison de la Montagne"** (siehe „Informationsstellen") gebucht und vorausbezahlt werden. Die Übernachtung (ohne Frühstück) kostet **20 bis 25 Euro** inklusive Frühstück. Die Unterbringung erfolgt in **Matratzenlagern.** Obwohl in der Regel Decken zur Verfügung gestellt werden, ist es empfehlenswert, einen eigenen leichten **Schlafsack** mitzubringen.

Hütten

- **Bélouve,** Tel. 412123.
- **Basse valée,** Tel. 370075.
- **Grand Place,** Tel. 438542.
- **Ilet à Bourses,** Tel. 434393.
- **La Nouvelle,** Tel. 434963.
- **Marla,** Tel. 437831.
- **Piton des Neiges,** Tel. 511526.
- **Roche Écrite,** Tel. 439984.
- **Roche Plate,** Tel. 436001.
- **Vulkan,** Tel. 212896.

Zoll

La Réunion: Stichproben

Zollkontrollen sind unkompliziert, es werden in der Regel nur Stichproben gemacht. **Zollfrei einführen** darf man: Kleidungsstücke, Gegenstände des persönlichen Gebrauchs, 250 g Tabak oder 200 Zigaretten, 2 l Wein, 1 l hochprozentige alkoholische Getränke und 100 ml Parfum pro Person über 16 Jahre. Waffen und Munition müssen bei der Ankunft angemeldet werden.

Europa

Bei Rückkehr nach Europa muss man auch innerhalb der EU-Hoheitsgebiete die Einfuhrverbote und -einschränkungen beachten, und Schweizer müssen sich darüber hinaus an die Zollfreimengen halten (siehe Mauritius-Kapitel „Zoll").

mau_244cd

La Réunion – Land und Leute

Geographie

Vulkanismus

La Réunion gehört mit Mauritius und Rodrigues zur **Inselgruppe der Maskarenen,** die aus vulkanischer Tätigkeit in erdgeschichtlich relativ später Zeit entstanden ist. Die Insel liegt etwa 800 km östlich von Madagaskar und 200 km südlich von Mauritius auf dem 21. südlichen Breitengrad. Mit einer Fläche von **2510 km²** entspricht sie etwa der Größe Luxemburgs oder einem Quadrat mit der Seitenlänge von 50 km. La Réunion hat einen Umfang von über 200 km und einen Durchmesser von 40 bis 70 km. Vor etwa drei Millionen Jahren brachte eine gewaltige Eruption den noch heute gleichmäßigen **Vulkankegel des Piton de la Fournaise** zum Vorschein. Spätere Eruptionen formten die übrigen Gipfel und die Talkessel im Inneren der Ränder der früheren Öffnungen. Die westlicher liegenden Inseln Grand Comore und Anjouan stammen aus einer ähnlichen Epoche, die große Nachbarinsel Madagaskar ist im Vergleich zu La Réunion ein Methusalem, Mauritius eine alte Dame.

Vulkane

Die Insel besteht aus einer Gruppe von vier Vulkanen. Im Nordwesten nimmt das Gebirge um den **Piton des Neiges** zwei Drittel der Fläche der Insel ein. Die drei wichtigsten Krater sind weitgehend eingestürzt, nur vereinzelt ragen besonders widerstandsfähige Felswände in den Himmel. Die von Kraterhängen umschlossenen Hochtäler öffnen sich an einigen Stellen in engen Schluchten zum Meer; an der Außenseite der Vulkankegel fallen Lavahänge gleichmäßig zum Meer hin ab. Besonders charakteristisch erkennt man das an der vul-

Der Vulkan Piton de la Fournaise auf La Réunion
ist immer wieder aktiv, allein 2004 dreimal

mau_247cd

kanischen, schiefen Ebene, die sich vom Grand Bénare bis zur Westküste erstreckt.

Inmitten des Talkessels des Piton des Neiges entstand später ein weiterer Vulkan und formte das **Salazie-Massiv,** an dessen beiden äußeren Seiten sich die höchsten Berge der Insel erheben: **Le Gros Morne** mit 2992 m und der **Piton des Neiges** (3069 m). Rund um den Piton des Neiges haben sich drei Gebirgskessel gebildet: im Norden der **Cirque de Salazie,** westlich davon der **Cirque de Mafate** und im Süden der **Cirque de Cilaos.**

Im Südosten nimmt das jüngere **Fournaise-Massiv** das letzte Drittel der Inselfläche ein. Es entstand durch die Lavamassen, die aus vielen Vulkankratern ausströmten. Der jüngste und kleinste davon ist der **Piton de la Fournaise**. Er ist 2625 m hoch, liegt im Südosten der Insel und ist bis heute aktiv. Es treten alle zwei bis drei Jahre heftige **Eruptionen** auf, die es dann unmöglich machen, ihm nahe zu kommen, geschweige denn ihn zu besteigen.

Hochebenen

Wo sich die Abhänge des Piton des Neiges und des Piton de la Fournaise treffen, erstrecken sich zwei ineinander übergehende Hochebenen: **Plaine-des-Cafres** und **Plaine-des-Palmistes.** Die Plaine-des-Cafres fällt vom Vulkan aus sanft nach Nordosten ab, die Plaine-des-Palmistes auf der anderen Seite nach Südwesten, und entlang der Küsten erstrecken sich etwa 2 bis 5 km breite Ebenen vom Meeresufer bis zum Fuß der Vulkane. **Buchten und Strände** sind aus Geröll entstanden, die das Regen- und Schmelzwasser seit Jahrtausenden ins Tal schwemmt. Dazu gehören: die Plaine des Galets, die Plaine de la Rivière St. Etienne und die Plaine de la Rivière du Mat. Im Südosten, wo der noch tätige Vulkan Piton de La Fournaise der Küste am nächsten ist, reichen junge, noch kaum begrünte **Lavahänge** bis zum Meer.

Flora und Fauna

Pflanzenwelt

Tropische und Nutzpflanzen

Gras- und Baumsavanne auf der trockenen Westseite der Insel und Feuchtwald in den übrigen Gebieten waren die ursprüngliche vielfältige und artenreiche Vegetation der Insel. In den zugänglichen Teilen der Insel hat der Mensch diese Vegetation durch Nutzpflanzen, vor allem das Zuckerrohr, aber auch durch Parfumpflanzen, Mais und Bohnen ersetzt. Seit dem 19. Jahrhundert führte man auch fremde Arten ein, um dem **Holzmangel** und der Erosion zu begegnen. In unzugänglichen Gebieten, etwa den tiefen Schluchten der Cirques, gibt es bis heute dichte tropische Vegetation mit Palmen, Baumfarnen, Orchideen und verschiedenen Aloearten. Diese vermischten sich teilweise mit den eingeführten Pflanzen, wie Zitrusfruchtbäumen aller Art, aus Madagaskar kommenden Flamboyantbäumen und Bougainvilleen. Die

Wiederaufforstung der Hochlagen wird seit einigen Jahren verstärkt vorangetrieben. Man hofft, den Holzbedarf der Insel bis zum Jahr 2020 aus Eigenwuchs decken zu können.

Tierwelt

Keine Gifttiere

Wie auf allen Inseln des westlichen Indischen Ozeans gibt es auch auf La Réunion keine giftigen Schlangen oder andere gefährliche Tiere. Wild lebende Landtiere sind ohnehin selten. Interessant sind einige **Chamäleonarten,** die man vor allem in Zuckerrohrfeldern findet. In den Bergwäldern kommen **Rotwild** und **Hasen** vor, die gejagt werden. Krokodile und Schildkröten sind seit langem ausgerottet.

Vogelarten

Zahlreiche Vögel leben in den dichten Wäldern. Dazu gehören **Reb- und Auerhühner, Amseln,** die **Paille-en-Queue, Kanarienvögel, Madonnenvögel** und **chinesische Wachteln.** Am Wasser und an den Steilküsten hat sich eine große Zahl Meeresvögel niedergelassen. Häufig sind die **Mantelmöve,** der **Schwarze Sturmvogel,** der **Puffin Noir** und der **Puffin d'Herminier.**

Meeresfauna

Die Meeresfauna der Gewässer um La Réunion ist **vielfältig und exotisch** in Gestalt und Farben. Die buntesten Tropenfische sind Papageien- und Schmetterlingsfische. Fast alle heimischen Fische sind essbar, so auch der *Carangues,* der *Vivaneau Rouge,* Thunfisch und Bananenfisch.

Eine Besonderheit sind **Bichiques,** eine Fischbrut, die im Meer geboren wird und bald danach die Flussläufe hinaufwandert. Dort werden sie dann einmal im Jahr gefangen und als kulinarische Spezialität der Insel in Restaurants angeboten.

Auf dem Meeresgrund und am Strand finden sich viele **Muschelarten, Seesterne** und zur Freude vor allem französischer und italienischer Gäste auch essbare **Seeigel** (Vorsicht beim Baden!).

GESCHICHTE

Araber, Portugiesen, Holländer, Franzosen

Bis Mitte des 17. Jahrhunderts war die Île de La Réunion unbewohnt. Es ist aber anzunehmen, dass arabische Seefahrer schon sehr früh die Küsten der Insel betraten, denn auf arabischen Seekarten finden sich Eintragungen der Insel wie **„Dina Arabica“** oder auch **„Dina Robin“.** Für das Abendland wurden die Inseln Mauritius, Rodrigues und La Réunion von **Pedro Mascarenhas 1511** entdeckt – und bilden seither die Inselgruppe der Maskarenen. Aber weder die Portugiesen noch die bald darauf im Indischen Ozean aktiven Holländer nahmen die Insel La Réunion in Besitz. Erst 1642 entsandte der französische Gouverneur von Fort Dauphin auf Madagaskar Kapitän *Cocquet,* um die Insel im Namen von König *Ludwig XIV.* für Frankreich in Besitz zu nehmen. Zunächst aber wurde sie nicht kolonisiert, sondern lediglich als Straflager genutzt. 1646 schickte der Gouverneur von Madagaskar zehn aufrührerische Mitglieder der französischen Garnison auf Madagaskar nach Réunion ins Exil. Als man sie nach Ver-

büßung ihrer Strafe nach drei Jahren der Gefangenschaft nach Madagaskar zurückholte, stellte man überrascht fest, dass sie sich bester Gesundheit erfreuten und begeistert von ihrem Leben auf der einsamen Insel erzählten. Das weckte natürlich die Neugier der Kolonialisten. 1649 besuchte der französische Naturforscher **Étienne de Flacourt** die Insel und nannte sie zu Ehren des Königs *Ludwig XIV.* aus dem Geschlecht der Bourbonen **„Île Bourbon".** Mit ihm kamen Arbeiter, um Tabak, Gemüse und Melonen anzubauen. Doch dieser **erste Besiedlungsversuch** scheiterte an persönlichem Streit zwischen den Kolonialisten, die schließlich an Bord eines Seeräuberschiffes die Insel wieder verließen.

Kolonisierung

Erst ab 1663 war die Île Bourbon ständig bewohnt. Zwei Franzosen und einige madagassische Sklaven bewirtschafteten Küstenabschnitte und verkauften die reichen Erträge an vorbeifahrende Handels- und Seeräuberschiffe. Die **Übergabe an die Compagnie des Indes 1665** durch den französischen König war der Beginn der intensiven Kolonisation. Vom Potenzial der Insel überzeugt, ließ die *Compagnie des Indes,* eine französische Ostindien-Handelsgesellschaft, die Insel ab 1665 von einem **Gouverneur** verwalten. 1667 wurden mit der finanziellen Unterstützung wohlhabender französischer Familien mehrere Schiffe mit Siedlern nachgeschickt. Die Neuankömmlinge begannen mit der systematischen Anlage großer **Plantagen.** Sie kultivierten Reis und Gemüse und züchteten Schafe und Schweine. Bald entstanden die **Ortschaften Saint-Paul** und **Saint-Denis** im Norden der Insel, und **1711** wurde ein **Provinzrat** ernannt, der die Aufgabe hatte, dem Gouverneur bei Rechts-, Handels- und Verwaltungsaufgaben zur Seite zu stehen.

Markt in Saint-Leu

Kaffee

Einen Wendepunkt in der Entwicklung der Insel stellte die Einführung der Kaffeepflanze aus Arabien im Jahr **1715** dar, denn sie entwickelte sich schnell zum wichtigsten Exportgut der Insel und brachte ihr **ersten Reichtum.** Der Kaffee von La Réunion wurde unter dem Namen „Cafe Arabica" weltbekannt. *Mahé de Labourdonnais,* der als Generalgouverneur der Inseln Île de France (heute Mauritius) und Île Bourbon (heute La Réunion) fungierte, holte Sklaven aus Madagaskar und Afrika, um den profitablen Kaffeeanbau zu verstärken. Die Einwohnerzahl auf der Insel stieg rasch an, **1767** lebten auf La Réunion bereits **46.000 Menschen.** Als Mitte des 18. Jahrhunderts der Weltmarktpreis für Kaffee sank, verlor die *Compagnie des Indes* ihr Interesse an La Réunion und den anderen Inseln der Region und übertrug die Verwaltung 1767 wieder dem französischen König.

Wirtschaftliche Entwicklung

50% der Inselbewohner waren **Sklaven.** Sie hielten das von der Compagnie eingeführte Wirtschaftssystem aufrecht, indem sie den unrentabel gewordenen Kaffeeanbau durch Kulturen von **Baumwolle** und **Gewürznelken** ersetzten. Verstärkt baute man nun auch **Zuckerrohr** an, da Frankreich die Zuckerinsel Mauritius an England verloren hatte. Als auch Frankreich 1848 die Sklavenhaltung offiziell untersagte und keine Sklaven mehr aus Afrika gekauft werden konnten, wurden wie schon vorher in Mauritius **Arbeiter aus Indien** angeworben, die für einen gewaltigen Bevölkerungszuwachs sorgten.

Bourbon-Vanille

Bereits **1819** waren die ersten Vanillepflanzen aus Mexiko auf La Réunion eingeführt worden, aber erst die Entdeckung, dass es möglich war, die Pflanze künstlich zu befruchten, machte das Gewürz zu einem bedeutenden, ja, zum **bedeutendsten Wirtschaftsfaktor** der Insel. Die Bourbon-Vanille ist bis heute in vielen europäischen Ländern ein Begriff für beste Qualität. Trotz des billigen, künstlich hergestellten Vanillin konnte sich die Bourbon-Vanille einen exklusiven Absatzmarkt erhalten und der Insel anhaltenden Reichtum bescheren.

Nachkriegsgeschichte

Nach Ende des Zweiten Weltkriegs wurde die Insel **1946 von einer Kolonie** zum **französischen Département erklärt** und damit Bestandteil Frankreichs wie andere Départements im Mutterland selbst. Die Verwaltungsstruktur und die politische Organisation wurden modernisiert. Heute ist die Insel den Départements des Mutterlandes in ihren Rechten nahezu gleichgestellt. **1972** erhielt La Réunion ein etwas höheres Maß an Unabhängigkeit als es die Départements im Mutterland besitzen, als man der Insel den Status einer **„Domaine Outre Mer"** verlieh. Verwaltung und Legislative können seither der besonderen Situation angepasst werden, die sich durch die Lage fernab vom Kontinent ergibt. Im französischen Parlament ist La Réunion mit zwei Senatoren und drei Abgeordneten vertreten.

Staat und Verwaltung

Französisches Département

In der Verwaltung sind unter Leitung von zwei Generalsekretären und drei Unterpräfekten (Saint-Paul, Saint-Denis, Saint-Benoit) etwa 30.000 Menschen beschäftigt. Die meisten der Verwaltungsbeamten und Lehrer stammen aus dem französischen Mutterland und werden aus dem Pariser Budget für die Entwicklung der französischen Überseeterritorien finanziert. Umgekehrt ist das Département La Réunion in der französischen Nationalversammlung vertreten und arbeitet an der Gesetzgebung für das Mutterland Frankreich mit. Auf der Insel gibt es aber auch eine starke Gruppe, die eine Unabhängigkeit von Frankreich anstrebt. Gegen das Argument, es gehe der Insel im

Vergleich zu allen anderen Inseln des westlichen Indischen Ozeans so gut, weil sie von Frankreich und der EU massiv unterstützt wird, wendet sie ein, dass die Hilfe nur einem kleinen Teil der Bevölkerung zu Gute komme, während der Großteil der afrikanischstämmigen Bevölkerung davon nichts habe. Tatsächlich sind etwa 30% der Réunionais arbeitslos und leben von großzügiger Sozialhilfe.

mau_254cd

Wirtschaft und Sozialwesen

Wirtschaftsstruktur

Viele Importe

Der Wunsch der Réunionais nach gleicher Lebensqualität wie in Frankreich macht Importe erforderlich, die durch die Erlöse aus dem Export von Gewürzpflanzen und Zuckerrohr nicht bezahlt werden können. Der französische Staat muss daher finanzielle Unterstützung leisten. Zur Herstellung gleicher Lebensverhältnisse im Département La Réunion werden Importe von Nahrungsmitteln, Getränken, Rohstoffen und Fertigwaren zum Großteil aus **Subventionen Frankreichs,** aber auch der EU finanziert. Der nach wie vor erfolgreiche Anbau von Zucker und der stark wachsende Tourismus sorgen für Arbeitsplätze. Seit 1980 werden die Anbautechniken für Gewürz- (Vanille) und Duftstoffpflanzen (Geranium, Ylang-Ylang) modernisiert, wobei die **Geranium-Kultur** eine besondere Stellung besitzt. Geranium dient der Erzeugung von Duftessenzen und wird in den höheren Insellagen angebaut. Mittlerweile ist La Réunion der Welt wichtigster Lieferant dieser Duftessenzen und macht inzwischen sogar den Komoren mit deren beherrschenden Stellung beim Anbau von Ylang-Ylang Konkurrenz. Auch beim **Fischfang** wurden in den letzten Jahren in Infrastruktur, Ausrüstung und Einrichtungen wesentliche Verbesserungen erzielt. Die Gesamtfangquote von Thunfisch, Tiefseekrabben, Krabben und Langusten liegt bei ca. 3000 Tonnen.

Die Kirche Ste. Anne im gleichnamigen Städtchen an der Ostküste

Tourismus

Sehr gute Infrastruktur

Da die Insel mit Naturschönheiten insbesondere in der eindrucksvollen Bergwelt, aber auch an den Küsten reichlich ausgestattet ist, spielt der Fremdenverkehr eine stetig wachsende Rolle in der Wirtschaft. Zunächst entwickelte sich ein intensiver Besuchertourismus aus dem Mutterland zu Bekannten und Verwandten. Diese Gäste benutzen kaum Hotels, sondern wohnen bei Freunden oder Verwandten. Ein auf die Ansprüche des modernen Ferntouristen zugeschnittenes Hotelangebot war daher überflüssig. Seit 1990 aber wird der touristische Sektor auch aus Geldern der Europäischen Union massiv unterstützt, und es entstanden Hotel guter und teilweise sehr guter Qualität. Ein sehr gut ausgebautes Straßennetz wurde geschaffen, die Infrastruktur mit Mietwagen, Tankstellen, Informationsbüros ist fast so dicht wie in Frankreich. Allerdings fehlen die für den devisenbringenden Badetourismus so wichtigen Palmenstrände bis auf wenige Ausnahmen weitgehend. Es gibt schöne Sandstrände vor allem bei Saint-Gilles und Saint-Pierre, doch können sie dem Vergleich mit Stränden auf Mauritius, den Seychellen oder denen der madagassischen Inseln Nosy Be und Nosy Boraha nicht standhalten. Viele Réunionais verbringen deshalb – aber auch aus Kostengründen – ihren Strandurlaub lieber dort und tragen dringend benötigtes Geld aus dem Land.

Bevölkerung

500.000 Einwohner

La Réunion ist mit einer halben Million Menschen weit weniger dicht besiedelt als das etwa gleich große benachbarte Mauritius. Wegen der vielen schwer zugänglichen Regionen in den Bergen ist der flache und nutzbare Teil an den Küsten jedoch ebenso dicht bewohnt wie in Mauritius. In der

Küstenregion liegen Städte, in denen etwa die Hälfte der Bevölkerung lebt. Allein die Hauptstadt Saint-Denis beherbergt ein Viertel der Gesamtbevölkerung.

Emigration

Hohe Arbeitslosigkeit engt die Lebensmöglichkeiten nach wie vor ein, so dass viele der jüngeren Generation auswandern. Mehr als 70.000 ehemalige Réunionais halten sich heute im Mutterland auf. Die europäisch- und indischstämmige Bevölkerung hat einen nahezu mit Europa vergleichbaren Lebensstandard, ein großer Teil der kreolischen Bevölkerung allerdings lebt von Arbeitslosen- und Sozialhilfe.

Mix der Kulturen und Menschen

Eine bunte Mischung der Kulturen macht den besonderen Reiz der Städte, insbesondere von Saint-Denis, aus. Weit stärker als auf der Nachbarinsel Mauritius hat eine Vermischung der unterschiedlichen Bevölkerungsteile stattgefunden. Gegen Ende des 18. Jahrhunderts bestand die Bevölkerung zu einem Viertel aus **weißen Siedlern,** vorwiegend **Bretonen,** und zu drei Viertel aus deren **afrikanischen und madagassischen Sklaven.** Im 19. Jahrhundert, nach Abschaffung der Sklaverei, kamen innerhalb von 25 Jahren 100.000 **indische Arbeiter** hinduistischen Glaubens auf die Insel. Sie leben heute vor allem im Nordosten, wo sich die Zuckerfabriken und -plantagen befinden. Diese so genannten **„Malabars"** haben sich den europäischen Sitten und Gebräuchen stark angepasst, was sich in Kleidung und Sprache ausdrückt. Nach 1875 begann die Einwanderung der **Kanton-Chinesen** (20.000). Obschon viele von ihnen katholischen Glaubens sind, haben sie ihre chinesische Schrift und intensive Familienbeziehungen nach China aufrechterhalten. Sie engagieren sich im Einzelhandel, betreiben Selbstbedienungsläden, Supermärkte und natürlich Restaurants. Zuletzt kamen so genannte **„Z'Arabes"** nach La Réunion – so nennt man aus dem Norden Indiens eingewanderte Händler, die mohammedanischen Glaubens sind.

Kreolen Während man auf den anderen Inseln des westlichen Indischen Ozeans nur die Mischbevölkerung aus Schwarzen und Weißen als echte Kreolen bezeichnet, zählt man auf La Réunion auch Einheimische mit indischem und chinesischem Einfluss zu dieser Bevölkerungsgruppe. Alle haben als erste Muttersprache das Kreolische und als zweite Französisch. Vor allem Inder und Chinesen sprechen meist auch noch die Sprache ihrer alten Heimat.

KUNST UND KULTUR

Viele Wurzeln Die auf der Insel lebenden Völker brachten ihre afrikanische, französische, indische, madagassische und chinesische Kultur aus ihrer Heimat mit. Die starke Bereitschaft zur **Verschmelzung** dieser Kulturen führte zu der ganz speziellen, **„kreolischen" Mischung,** wie sie auch auf den Seychellen und Mauritius zu finden ist – hier allerdings mit einem mehr französisch geprägten „charme réunionais" als auf den anderen Inseln.

Kunsthandwerk

Vielseitig Je nachdem, welche Bevölkerungsgruppe sich angesiedelt hat, gibt es in den verschiedenen Regionen auch sehr unterschiedliches Kunsthandwerk. So werden zum Beispiel in der Gegend von Étang Sale **Möbel** hergestellt. Schreiner produzieren wieder vermehrt Stücke im Stil der *Compagnie des Indes* aus exotischen Hölzern wie Tamarinde, Kampfer und Olivenholz. In der Umgebung von

Entre Deux wird mit Naturfasern gearbeitet. Es werden **Hausschuhe** aus Kokosfasern gemacht und **Körbe** aus gespaltenem und getrocknetem Bambus hergestellt. In Saint-Philippe werden aus den Vacoapflanzen **Hüte** geflochten. Steine liefern das Rohmaterial für Aschenbecher und andere **Gebrauchsgegenstände,** aber auch für **Skulpturen,** die aus weichem Korallen- und Vulkangestein hergestellt werden.

Im Talkessel von Cilaos werden farbenfrohe **Patchworkarbeiten** produziert, indem aus quadratisch zugeschnittenen Stoffresten Teppiche,

mau_259cd

Kissen und Decken zusammengenäht werden. Im Kloster von Cilaos fertigen Schwestern **Stickereien** an, die wegen der Schönheit ihrer Motive bekannt geworden sind; deren erste Vorbilder waren im 18. Jahrhundert von einer Schwester *MacAuliffe* eingeführt worden. Jedes Jahr erlernen mehrere Dutzend junge Mädchen diese schwierige Kunst. Zu erwähnen sind noch die schönen, aus Olivenholz gedrehten Gebrauchsgegenstände und aus der Iwarankusawurzel (Parfumpflanze) hergestellte kleine **Taschen.**

Tanz und Musik

Séga

Die Séga wurde zur kreolischen Musik schlechthin, zu der bei jeder Gelegenheit getanzt wird. Die Texte drehen sich um das alltägliche Leben wie überall auf der Welt: Arbeit, Sonne, Liebe. Tanz- und Musikgruppen in farbenfrohen Regionaltrachten zeigen an touristischen Treffpunkten und bei lokalen Veranstaltungen inzwischen hervorragende Darbietungen. Selbst in Diskotheken, die sonst internationale Top-Hits spielen, ist die Séga mit mindestens 20% Anteil vertreten, und sobald Séga-Musik ertönt, füllt sich jede Tanzfläche.

Sonstige

Neben der Séga spielen die **Quadrille,** das **Menuette** und die **Gavotte** eine wichtige Rolle. Sie werden bei der in den Bergen lebenden, französischstämmigen Bevölkerung, den *Petits Blancs des Hauts,* getanzt. Demgegenüber war der **Maloya** – wie die Séga – die Musik und der Tanz der Sklaven. Nach einem harten Arbeitstag kamen sie zusammen, um von ihrem Leid zu singen. Einfache Instrumente wie die *Bobre* und die *Canambres* sowie Trommeln sorgen für den langsamen und melancholischen Maloyarhythmus. Die Tänzer klatschen in die Hände, während sie ihre Arme und Schultern hin- und herwiegen und dabei einen vom Spielführer vorgegebenen Refrain wiederkehrend singen.

Feste der Chinesen und hinduistischen Inder

Ebenso wie auf Mauritius hat auch auf La Réunion das **Neujahrs- und Frühlingsfest** für den chinesischstämmigen Bevölkerungsteil große Bedeutung. Meist werden diese Feste privat im Familienkreis begangen. Hinduistische Inder (*Malabars*) feiern Feste zu Ehren ihrer Gottheiten. Für uns Europäer ist die **Zeremonie des Säbel- und Feuerlaufens** besonders eindrucksvoll. Die Feuerläufer bereiten sich durch Fasten, Beten und Meditation wochenlang auf dieses Ereignis vor und laufen dann über einen langen Teppich aus glühenden Kohlen, in der Regel ohne sich dabei zu verletzen. Weitere Infos zu Festen finden sich bei Mauritius im Kapitel „Religionen, Sitten und Gebräuche".

mau_262cd

Unterwegs
auf La Réunion

SAINT-DENIS

140.000 Einwohner

Saint-Denis ist eine angenehme Mischung aus **Inselhauptstadt** und verschlafenem Provinzstädtchen. Die Stadt liegt geschützt im Nordwesten der Insel. Die Bergkette des **Piton des Neiges** schirmt die Stadt von den ganzjährig aus Südosten wehenden Winden ab, so dass weit weniger Regen und Wind nach Saint-Denis kommen als in anderer Regionen. Auf engem Raum findet man Geschäfte, Verwaltungsgebäude, Hotels, Banken und Reisebüros. Aus dem Mutterland Frankreich werden Waren zollfrei eingeführt, so dass auch Luxusartikel zu akzeptablen Preisen angeboten werden. Man spürt kaum, dass in Saint-Denis über 140.000 Menschen leben, sieht man von den Verkehrsstaus im Stadtzentrum zu Bürobeginn und zu Büroschluss ab. Ansonsten sind Stress, Hast oder Eile in den Gassen und zwischen den zum großen Teil noch **gut erhaltenen Kolonialhäusern** unbekannt.

Entwicklung der Stadt

Die ersten Steingebäude, eine Kirche, ein Museum und der Regierungspalast, entstanden 1743. Viel später, mit dem Beginn des goldenen Zeitalters der Kolonialwaren, des Zuckerrohrs und der Vanille, begann die kreolische Bourgeoisie, in Saint-Denis luxuriöse Villen zu bauen. Zu Beginn des 20. Jahrhunderts entstanden Krankenhäuser, Wirtschafts- und Verwaltungsgebäude, Schulen, Kirchen, ein Militärhospital, ein Rathaus und ein botanischer Garten. Die Weltkriege und die Malaria richteten Saint-Denis dann – wie ganz La Réunion – zugrunde. Zucker und Duftstoffe waren in diesen Jahrzehnten nicht wichtig genug; die vorhandenen Frachter wurden für den Transport von Kriegsmaterial eingesetzt. Saint-Denis wurde von der Welt vergessen und verarmte, bevor es in den 1980er Jahren erneut einen steilen Aufstieg nahm.

REISEEMPFEHLUNGEN

Die vielen sportlichen Möglichkeiten, die gut gepflegten und landschaftlich grandiosen Wanderwege in den Bergen, die schönen Strände bei Saint-Gilles, das hervorragende kreolische Essen, die vielen Landschafts- und Vegetationstypen – vom undurchdringlichen Urwald über lichte Bergwälder bis zu weiten Zuckerrohrfeldern und von Lava geschwärzten Hochebenen – und vor allem der ganzjährige Sommer machen die Insel zu einem **Ferien-Dorado für Reisende mit unterschiedlichsten Interessen.**

Wer von allem ein wenig kennen lernen möchte, sollte schon ab dem Flughafen einen **Mietwagen** buchen und sich mit Hilfe von Kennern eine **Route erarbeiten** lassen, die ihn eine Woche oder 14 Tage lang von Ort zu Ort, von Strand zu Strand und von Landschaft zu Landschaft führt.

Die **vielen sportlichen Angebote** hingegen kann man am besten von den **Ferienorten Saint-Gilles und Saint-Leu** an der Westküste aus in Anspruch nehmen. Hier sind die Anbieter von Tauch-, Surf-, Segel-, Windsurf-, Canyoning-, Mountainbiking-, Paraglidingkursen usw. ansässig, denn hier herrschen nahezu das ganze Jahr über die zur Ausübung dieser Sportarten besten Bedingungen. Zudem findet man **an der Westküste** mit Abstand **die meisten Unterkünfte** der verschiedensten Arten und Kategorien, von einfachen Apartments über kleine Hotels bis zu den Tophotels wie den Villas du Lagon, Le Boucan Canot oder Saint Alexis.

Wer **in den Bergen wandern** möchte, kann auch einen Ausgangspunkt in einem der Talkessel von Salazie oder von Cilaos wählen oder im Voraus eine Wanderroute buchen, auf der täglich eine andere Berghütte oder ein anderes Gästehaus reserviert wird.

mau_265cd

Sehenswürdigkeiten

Entspannte Stimmung

Saint-Denis besitzt keine architektonischen Kunstwerke, und auch die Anlage der Stadt hat kaum Aufregendes zu bieten. Dennoch sollte man die Stadt in Ruhe durchstreifen, um einen Eindruck vom entspannten, heiteren Leben in den Gassen zu bekommen. Am besten macht man sich **am frühen Morgen** auf den Weg; die Entfernungen sind gering, und die Sonne heizt die engen Gassen erst ab Mittag nahezu unerträglich auf. Einen zweiten Rundgang insbesondere im Herzen der Stadt sollte man **gegen 17 Uhr** einplanen, vor Sonnenuntergang und wenn das mediterrane Leben in den Eisdielen, Cafés und kleinen Restaurants erwacht.

Le Barachois

Ein Rundgang durch Saint-Denis sollte am Barachois beginnen, einem **schmalen Landstreifen** zwischen dem Meer im Norden und der Hauptverkehrsader **Boulevard Gabriel-Macé,** den Kanonen schmücken, die aufs Meer gerichtet sind. Für Réunionais ist Le Barachois das, was für Franzosen die Champs-Elysées in Paris ist, eine Flaniermeile, ein Einkaufsparadies und die beste Gelegenheit, in Terrassencafés und Eisdielen zu sehen und natürlich auch gesehen zu werden. Die Promenade erstreckt sich einige hundert Meter am Meer entlang. Wenn man zum Meer hinausschaut, sieht man auf der linken Seite (im Westen) die **Halbinsel Cap Bernard,** wo die ersten französischen Siedler an Land gingen. Erst 1819 legte der Gouverneur *Milius* den Grundstein für den Bau eines Hafens und richtete eine Mole ein – genau dort, wo nun das Herz der Stadt schlägt, wo Cafés zum Verweilen einladen und Boule-Spieler die Abendstunden verbringen.

Kanone in Saint-Denis (Le Barachois)

Präfektur Wenn man die Promenade verlässt und der **Rue de la Victoire** landeinwärts folgt, gelangt man nach wenigen Metern rechter Hand zum Gebäude der Präfektur, das hinter einem **kleinen Park** liegt, in dessen Mitte sich ein Bronzestandbild des Gouverneurs *Mahé de Labourdonnais* befindet, der die Präfektur Mitte des 18. Jahrhunderts fertig stellen ließ. Eine lange Reihe weißer Säulen schmückt diesen ersten Steinbau der Insel. Bis heute residiert der Präfekt von La Réunion in dem Gebäude, das auch einige Verwaltungsräume beherbergt.

Kathedrale Saint-Denis Folgt man der Rue de la Victoire weiter nach Süden, passiert man das Denkmal des Dichters *Leconte de Lisle* und stößt auf der linken Seite ein wenig versteckt hinter hohen Bäumen auf die Ka-

mau_266cd

●	1	La Préfecture
🍴	2	Snack du Jardin
H	3	Hotel Le St.-Denis
i	4	Maison de la Montagne
🍴	5	Association Macrobiotique
●	6	Comète Voyages Réunion
H	7	Hotel Juliette Dodu
B	8	Busbahnhof
🍴	9	Le Bangkok Restaurant
K	10	Kino Ritz
🍴	11	Le Massalé Restaurant
●	12	Tropic Voyages

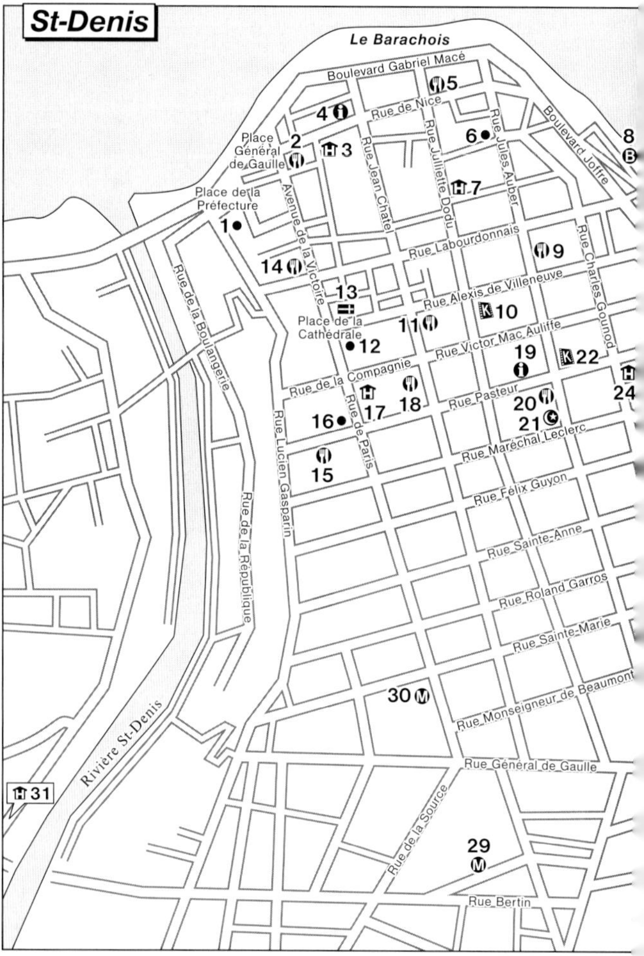

- 13 Kathedrale St.-Denis
- 14 Le Rallye Restaurant
- 15 Chez Roméo
- 16 Rathaus
- 17 Hotel Central
- 18 Deutsche Stube
- 19 Office de Tourisme
- 20 Chez Piat
- 21 Moschee
- 22 Kino Plaza
- 23 Chez Antoine
- 24 Hotel les Mascareignes
- 25 Pizza Mamma
- 26 Hinduistischer Tempel
- 27 Restaurant Pavillon d'Or
- 28 Pension du Centre
- 29 Naturkundemuseum
- 30 Museum Léon Dierx und Artothèque
- 31 Hotel Domaine des Jamroses

thedrale Saint-Denis (auch Sainte-Marie genannt). Sie wurde 1829 **in toskanischem Stil errichtet** und mit einem Relief geschmückt, das die Leidensgeschichte des heiligen *Denis* darstellt.

Rathaus

Das Rathaus **(Hotel de Ville)** – architektonisch das interessanteste Gebäude der Stadt – steht am **Place de la Victoire,** 200 m weiter, am südlichen Ende der gleichnamigen Straße. Auf dem Dach des kleinen Steinpalastes mit griechischen Säulen befindet sich ein Glockenturm aus Holz, im Innenhof plätschert ein Springbrunnen.

Museum Léon Dierx und die Artothèque

Folgt man der Straße, die von hier an **Rue de Paris** heißt, weiter nach Süden, findet man beidseits **viele schöne Kolonialhäuser** aus den ersten Jahren der Besiedelung, die noch vollständig aus Holz errichtet wurden. An der Kreuzung mit der **Rue Sainte-Marie** stehen rechter Hand zwei Gebäude, die jeweils eine **Gemäldeausstellung** beherbergen. Das größere der beiden wurde nach einem Künstler aus Saint-Denis benannt, **Leon Dierx,** der als Dichter und Maler zu den bekanntesten Réunionnais zählt. Seit Beginn des 20. Jahrhunderts werden hier Gemälde französischer und einheimischer Maler ausgestellt, sogar Werke von *Picasso, Chagall, Renoir* und *Gaugin* sind zu finden (Öffnungszeiten: Di bis So von 9 bis 12 und 13 bis 17 Uhr, Eintritt: 2 Euro). Die benachbarte **Artothèque,** die in einer wunderbaren kolonialen Villa untergebracht ist, stellt Bilder zeitgenössischer, meist einheimischer Maler aus (Öffnungszeiten: Di bis So von 9 bis 12 und 13 bis 18 Uhr, Eintritt: frei).

Weitere Sehenswürdigkeiten

Schlendert man durch die vielen schmalen Gassen zurück zum Le Barachois, findet man einen kleinen **hinduistischen Tempel** in der Rue du Maréchal Leclerc/Ecke Rue de Montreuil, eine **Moschee** an der Ecke Rue Jules Aubert und Rue du Maréchal Leclerc. In der Rue Juliette Dodu, eier Parallelstraße zur Av. de la Victoire, liegt das renovierte Geburtshaus einer Nationalheldin gleichen Namens, in dem sich heute ein besonders geschmackvolles kleines Hotel (Hotel Juliette Dodu) befindet.

Information

- **Office de Tourisme de Saint-Denis,** 48, Rue de Sainte-Marie (Tel. 418300); geöffnet Mo bis Fr 9 bis 17.30 Uhr, Sa 9 bis 12 und 14 bis 17 Uhr.

Reisebüros

- **Bourbon Tourisme,** 14, Rue Rontaunay, Tel. 216818, Fax 417285.
- **Connections Réunion,** 53, Route de Domenjod, Ortsteil Sainte-Clothilde (Richtung Flughafen), Tel. 931393, Fax 931797.
- **Comète Voyages Réunion,** Rue Jules Aubert, Tel. 213100, Fax 413711.
- **Tropic Voyages,** 15, Avenue de la Victoire, Tel. 210354, Fax 215444.

Unterkunft

Gehobene Preisklasse:

- **Hotel Le Saint Denis,** 2, Rue Doret, Tel. 218020, 114 Zimmer, Übernachtung 100 bis 150 Euro (DZ/ÜF); Stadt- und Geschäftshotel mit allem Komfort, Restaurants, Bar, Diskothek, Pool, Abendveranstaltungen und Casino unmittelbar im Ortszentrum am Barrachois.
- **Hotel Le Bourbon,** Tel. 407140, 122 Zimmer und Apartments, ab 100 Euro.
- **Mercure Créolia,** 14, Rue du Stade, Montgaillard, Tel. 304343, Fax 301818, 89 Zimmer, Übernachtung mit Frühstück im DZ 80 bis 100 Euro; in einem Vorort, etwa 200 m hoch über dem Meer gelegenes komfortables Hotel mit herrlichem Blick auf die Stadt und den Indischen Ozean.
- **Domaine des Jamroses,** Tel. 931393, 130 Euro pro Zimmer, gehört zur Gruppe Anthurium Hotels; sehr schöne, kleine Hotelanlage mit 12 individuell gestalteten Zimmern am Hang, 8 km außerhalb und etwa 1000 Höhenmeter oberhalb von Saint-Denis, neben dem Golfplatz und Tennisclub der Stadt.

Mittlere Preisklasse:

- **Hotel Juliette Dodu,** 31, Rue Juliette Dodu, Tel. 209120 oder Gruppe Anthurium Hotels, Tel. 931393, www.hoteljdodu.com, 43 Zimmer, DZ 80 bis 100 Euro; stilvoll eingerichtetes Hotel in einem renovierten Kolonialhaus im Stadtzentrum; dennoch ruhig. Pool, Klimaanlage, Restaurant.
- **Hotel Central,** Rue de la Compagnie, Tel. 211808, Fax 216433, 57 Zimmer, Übernachtung 20 bis 40 Euro; einfaches Stadthotel.
- **Hotel les Mascareignes,** 3, Rue Lafférière; preiswertes Stadthotel (Übernachtung 30 bis 50 Euro).

Preisgünstig:

Für 10 bis 15 Euro pro Person und Übernachtung gibt es kleine **Pensionen (Pensions de famille),** in denen man sich auf Benutzung von Gemeinschaftsbädern, Stockwerktoiletten und eine nicht ganz professionelle Führung einstellen muss. Einige Häuser, die zu den empfehlenswerten in dieser Kategorie zählen: L'Auberge le Vieux Carthage (13, Rue des Limites, Tel. 202418), Au bon Réfuge (13, Rue St. Jaques, Tel. 417329), Pension Aicha (24, Rue St. Jacques, Tel. 203702, Fax 419902), Au Beau Soleil (93, Rue d'Après, Tel. 216710), Les Bougainvillées (12, Av. Desbassyns-Sainte-Clothilde, Tel. 291296), Pension du Centre (272, Rue Maréchal Leclerc, Tel. 417302, Fax 418746).

Essen und Trinken

Mahlzeiten in Restaurants sind – wie in Frankreich üblich – **nicht billig, aber gut.** 20 bis 30 Euro kostet ein Menü mindestens, in den guten Restaurants kann es ohne weiteres auch das Doppelte sein. Weitaus **preiswerter** stillt man seinen Hunger an den **Snackständen am Le Barachois,** die in fahrbaren Anhängern untergebracht sind.

Kreolisch:

- **Clos Saint-Jaques,** Ruelle Edouard; in einer alten kreolischen Villa untergebracht.
- **Le Manguier,** 30 Rue V. Mac-Aucliffe; Tintenfischcurry!

Arabisch:

- **Le Dar-Caid,** Quai Ouest; arabische Spezialitäten.

Chinesisch:

- **Le Pavillon d'Or,** 224, Rue du Maréchal Leclerc; Spezialität des Hauses: Ente auf Algen.
- **Le Bangkok,** 83, Rue Jules-Auber; Ingwerfisch, Pekingente.
- **Chez Georges,** 44, Rue de l'est; *Fondue Chinoise.*

Deutsch:

- **Deutsche Stube,** 34, Rue de la Compagnie; Sauerkraut, Gulasch und deutsches Bier.

Fischspezialitäten:

- **Le Beach Club,** Quaie Ouest.

Französisch:

- **Le Labourdonnais,** 14, Rue l'Amiral-Lacaze; traditionelle französische Gerichte.
- **Chez Piat,** Rue Pasteur; Langusten, Lachs.

Indisch:

- **Le Massalé,** 30, Rue Alexis de Villeneuve; Gerichte aus dem Tandoori-Ofen.

● **Chez Antoine,** 28, Rue de l'Est; Curryhuhn.

Italienisch:
● **Pizza Mamma,** 7, Rue Maréchal Leclerc; Nudelgerichte, Pizzas.
● **Chez Roméo,** 19, Rue Pasteur; Pizzas, hausgemachtes Eis.

Madagassisch:
● **Le Fangourin,** 11, Bd Doret; Romazava und Ravitoto, die madagassischen Nationalgerichte.

Preiswerte Snacks:
● **La Sorbetière,** Rue Jean Chatel; Snacks, Frühstück.
● **Royal Snack,** Rue Jean Chatel; beliebter Treffpunkt.
● **Snack du Jardin,** Rue de Général de Gaulle.
● **Le Rallye,** Café und Brasserie mit Terrasse in der Avenue de la Victoire; Pizzas.

Vegetarisch:
● **Association Macrobiotique Ohsawa,** 7, Rue Juliette Dodu; vegetarischer, makrobiotischer Mittagstisch (auch zum Mitnehmen); Reservierung unter Tel. 410095 erforderlich!

Vietnamesisch:
● **La Baie de Halong,** 130, Rue de Sainte-Marie; Spezialität ist vietnamesisches Fondue.

Nachtleben

Discos:
● **Le Cabaret,** Jazzclub, Avenue de la Victoire.
● **Le Mylord,** Rue Jean Chatel.
● **Le Jamborée,** Jazzclub, Rue Monthyon.

Kinos:
● **Ritz,** Rue Juliette Dodu.
● **Plaza,** Rue Pasteur.

Busse

Vom Busbahnhof am Nordostausgang der Stadt fahren **Busse und Kollektivtaxis in alle Teile der Insel.** Das Verkehrsnetz innerhalb der Stadt ist dicht, die Fahrkarten sind billig und die Busse nicht überfüllt, da nur so viele Gäste mitfahren dürfen, wie Sitzplätze vorhanden sind.

Taxis

Taxis findet man in den Straßen oder am Standplatz beim Stadtpark (Jardin d'État) am Südende der Rue de Paris, der Verlängerung der Avenue de la Victoire. Preis pro Kilometer etwa 1 Euro; da die Entfernungen gering sind, kommen innerhalb der Stadt keine hohen Fahrpreise zustande.

mau_274cd

Ausflüge mit Saint-Denis als Ausgangspunkt

Le Brulé

Ein relativ kurzer, aber doch sehr lohnender Ausflug von der Hauptstadt aus ist eine Fahrt mit dem Taxi, Bus (beide ab Jardin d'État) oder Mietwagen nach Le Brulé. Man nimmt die Landstraße, die südlich der Préfecture von der Küstenstraße nach Süden abbiegt (Rue Lucien Gasparain) und die bald in steilen Serpentinen den Berg hinaufführt. Sie durchquert das elegante Stadtviertel Saint-Francois. Rechts und links der Straße wachsen Filaos, Papaya-Bäume, Aloen, Bananen, Bambus, Orchideen und Bougainvilleen. Bald verschwindet die Stadt aus den Augen. Das Dorf Le Brulé liegt am Rande eines kleinen Kraters, den man nach etwa 50 Minuten Fahrt erreicht. Auch wenn man nur wenig Zeit hat, spürt man ein wenig vom Zauber, den die **abgelegene Bergwelt** der Insel zu bieten hat.

Le Roche Écrit

Vom Ort Le Brulé führt ein Fußweg weiter zum Roche Écrit, einem **Gipfel von 2277 m Höhe.** Um diese Wanderung durchzuführen, sollte man früh aufbrechen, damit der Gipfel erreicht ist, bevor sich Wolken bilden und den **grandiosen Ausblick** in die Krater von Mafate und Salazie verderben. Mit dem Auto kann man von Le Brulé aus noch 7 km auf einer Staubstraße bis zum Ausgangspunkt der Bergtour fahren. Von hier sind es 3 bis 4 Stunden (ca. 1100 m Höhenunterschied) interessanter **Bergwanderung durch Regenwald,** der kurz unterhalb des Gipfels endet, wo sich weite, flache Lavaflächen ausbreiten.

Le Dos d'Ane und Cap Noir

Zunächst fährt man von Saint-Denis in Richtung Westen auf der Autobahn bis **La Possession** (14 km) und weiter auf der N1 nach **Rivière des Galets,** wo die D1 in die Berge abzweigt. Im Dorf Dos d'Ane endet die D1. Von der Straße öffnen sich **herrliche Ausblicke** zum Meer und auf die nordwestlichen Abhänge der Berge. Zu Fuß läuft man weiter bis zum Cap Noir; von hier führt ein Weg bis zum Kraterrand, wo sich ein weiter Blick sowohl in den Krater von Mafate als auch zum Meer auftut. Wegen des schlechten Weges sollte man gute Schuhe mitnehmen. Die **Wanderung** (Höhenunterschied nur 300 m) dauert 2 bis 3 Stunden (Hin- und Rückweg).

Beliebtes Ausflugsziel der Städter aus Saint-Denis:
der Strand von Boucan-Canot südlich von Saint-Paul

Die Nordwestküste zwischen Saint-Denis und Saint-Gilles

„Küste hinter dem Wind"

Wegen der windstillen Lage und den von Riffen geschützten Badestränden ist dieser Küstenabschnitt weit stärker entwickelt als die Süd- und Ostseite von La Réunion. Auf der Autobahn N1 verlässt man Saint-Denis nach Westen, passiert zunächst **La Possession** und dann die touristisch wenig interessante, moderne **Hafenstadt Le Port,** die über den einzigen sicheren Tiefseehafen der Insel verfügt. Der Hafen wurde an der Pointe aux Galets zwischen 1878 und 1882 erbaut. Hier legen die Frachter an, die die Insel mit allen Zivilisationsgütern versorgen, aber auch die Fährschiffe, mit denen man nach Mauritius (Port Louis), Rodrigues (Port Mathurin) und Madagaskar (Toamasina) übersetzen kann.

Saint-Paul

Erste Hauptstadt

Das Städtchen Saint-Paul liegt 25 km südwestlich von Saint-Denis an der **einzigen natürlichen Bootsanlegestelle der Insel.** Ihretwegen war Saint-Paul seit Beginn des 18. Jahrhunderts die erste Hauptstadt der Insel. Etwa ein Jahrhundert später wurde die Gemeinde durch erfolgreichen Kaffeeanbau reich. Als auch der Zuckerrohranbau florierte und gute Verkaufserlöse erbrachte, erlebte die Stadt eine Blütezeit, in der viele schöne und heute noch bestehende Kolonialhäuser gebaut wurden.

90.000 Einwohner

Heute ist Saint-Paul eine **gemütliche Stadt** mit knapp 90.000 Einwohnern, die sich die Beschaulichkeit früherer Jahrzehnte erhalten konnte. Sowohl Einheimische als auch Touristen lassen den Ort meist „rechts liegen", weil sie auf der gut ausgebauten Autobahn N1 vom Flughafen und Saint-

Denis schnellstmöglich zum Badeort Saint-Gilles weiter im Süden gelangen wollen. Wirtschaftliche Bedeutung hat Saint-Paul kaum noch. Hervorzuheben sind der hübsche **Wochenmarkt** (Fr und Sa bis Mittag entlang des Strandes) und ein die ganze Woche geöffneter **Kunsthandwerksmarkt.**

„Piratenfriedhof"

Auf dem **Cimetière Marin** in Saint-Paul liegt das Grab des berühmt-berüchtigten **Seeräubers** *Olivier Levasseur* (auch **La Buse** genannt). Kurz bevor *La Buse* hier am 7. Juli 1730 hingerichtet wurde, warf er seinen Henkern einen Plan vor die Füße, der das Versteck seiner Beute von dem Schiff „La Vièrge du Cap" markiert. Doch der Schatz wurde nie gefunden, da sich herausstellte, dass der Plan eher eine geheimnisvolle Verschlüsselung als eine Anleitung zum Auffinden des Schatzes ist. Einiges deutet darauf hin, dass der Schatz tatsächlich existiert und nahe des Strandes von Bel Ombre im Nordwesten der Insel Mahé auf den Seychellen vergraben liegt. Dort wird seit vielen Jahren – bisher allerdings vergeblich – gesucht. Auch bekannte Dichter und Schriftsteller des 19. Jahrhunderts, darunter *Leconte de Lisle, Eugène Dayot* und *Eraste Feuillet,* haben im Friedhof von Saint-Paul ihre letzte Ruhestätte gefunden.

Musée des Camarons

Am südöstlichen Ortseingang, nahe der Grande Fontaine, befindet sich das Musée des Camarons, ein **Privatmuseum,** in dem die **Aufzucht und Ver-**

Hinweis: Folgt man von Saint-Denis aus der Küste nach Westen und Süden, so bleibt man in jenem Bereich der Insel, der durch die knapp 3000 m hohen Berge im Inselinneren vom Wind abgeschirmt und deshalb auch **„Küste hinter dem Wind"** *(Region sous le Vent;* in diesem Buch unterteilt in die zwei Abschnitte „Nordwestküste" und „Südwestküste") genannt wird. Dagegen braucht man nur wenige Kilometer in Richtung Osten zu fahren, um die **„Küste im Wind"** *(Region au Vent;* in diesem Buch der Abschnitt „Ostküste") zu erreichen, die wesentlich regenreicher, windiger und deshalb auch dünner besiedelt ist.

arbeitung von Krebsen und der Bichiques erläutert wird. Bichiques sind Fische, die kurz nach ihrer Geburt im Salzwasser der Küsten die Flussmündungen suchen und einmal pro Jahr in riesigen Mengen die Flüsse der Insel hinaufschwimmen. Sie gelten als besondere Delikatesse in den Restaurants. Öffnungszeiten: täglich 9 bis 17 Uhr, Eintritt: 5 Euro.

La Petite France

Etwas außerhalb der Stadt, etwa auf halber Strecke zwischen Saint-Paul dem Piton Maido, befindet sich im Dorf La Petite France eine **Destillerie** (La Maison du Géranium), in der aus Geraniumblüten Duftöl hergestellt und nach Südfrankreich zur Produktion von Parfüm exportiert wird. In einer weiteren kleinen Destillerie (Chez Nanou) stellt der Eigentümer *Nanou* aus Pflanzenölen Naturmedikamente her. Zur Besichtigung einfach klingeln und fragen.

Unterkunft

Mangels Hotels in der Stadt muss man sich im **Tourismusbüro** im Rathaus (Hotel de Ville) am Place du Général de Gaulle nach **Privatunterkünften** erkundigen (Tel. 454345) oder einige Kilometer außerhalb suchen. Im Dorf **Le Bernica** liegt die **Jugendherberge Leconte de Lisle** (Rue Célestin), etwa 9 km südwestlich an der D6. Fährt man die Straße noch einige Kilometer weiter, erreicht man **Saint-Gilles les Hauts** und dort das **Gästehaus Le Camélia** (Tel. 227415). Das **Hotel Les Géraniums** liegt an der D4 nordöstlich der Stadt bei **Bois de Nèfles,** etwa 20 Minuten Autofahrt von Saint-Paul entfernt. Alle genannten Unterkünfte kosten um die 50 Euro pro Zimmer.

Essen und Trinken

- **Chez Paul Chane-Chu,** 16, Rue de L'Église, Bois de Nèfles; die Spezialität des chinesischen Restaurants sind Fisch mit Ingwer und die Chefplatte mit acht Köstlichkeiten; von außen sieht es wenig einladend aus, drinnen aber ist es gemütlich und sauber eingerichtet.
- **Restaurant de l'Étang,** 1, Boulevard de la Haye; gute Gerichte, auf Holzkohlefeuer zubereitet! Die Tische stehen im Schatten hoher Kokospalmen und Brotfruchtbäume.
- **Le Fort de l'eau,** 9, Chemin Pavadé Savannah; gleich neben dem Musée des Camarons (s.o.) liegt dieses nette Restaurant, das auf Krebse (auch als Currygericht!) und Fisch spezialisiert ist.

Die Westküste

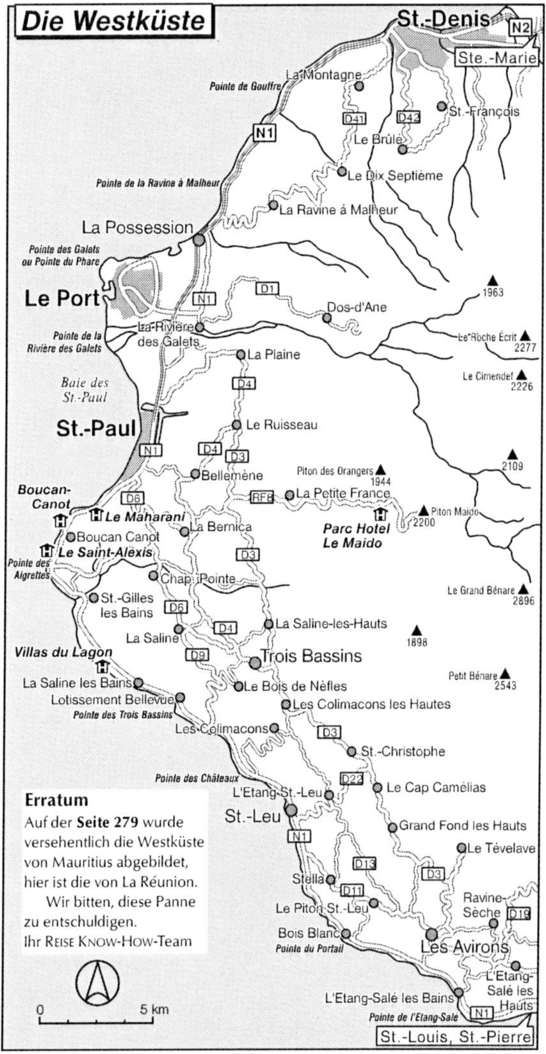

Erratum

Auf der **Seite 279** wurde versehentlich die Westküste von Mauritius abgebildet, hier ist die von La Réunion.

Wir bitten, diese Panne zu entschuldigen.

Ihr Reise Know-How-Team

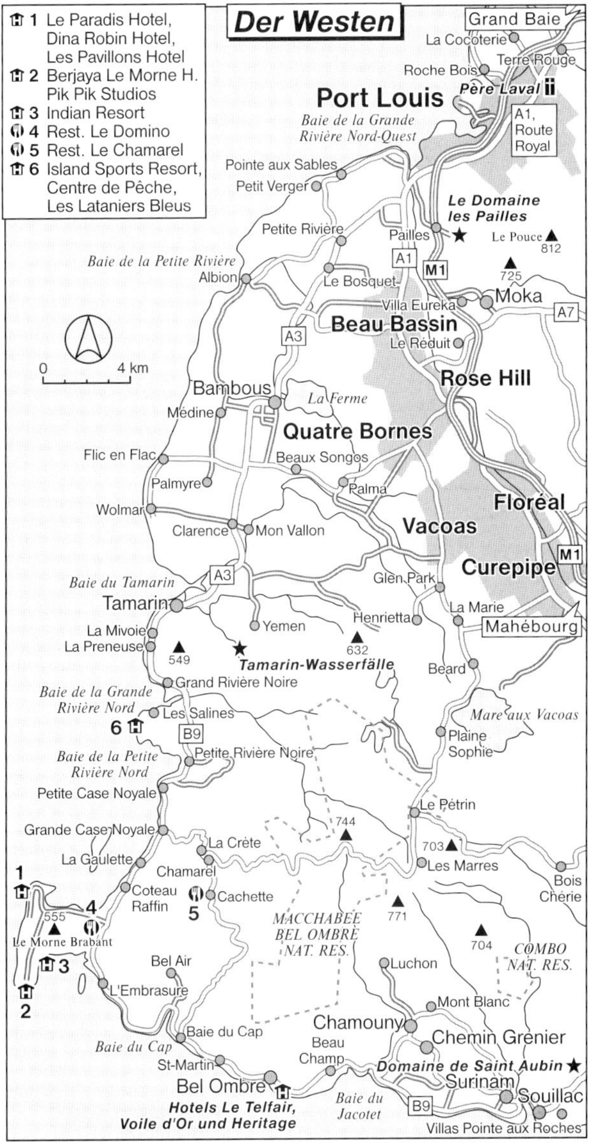
Der Westen
1 Le Paradis Hotel, Dina Robin Hotel, Les Pavillons Hotel
2 Berjaya Le Morne H. Pik Pik Studios
3 Indian Resort
4 Rest. Le Domino
5 Rest. Le Chamarel
6 Island Sports Resort, Centre de Pêche, Les Lataniers Bleus
0
4 km
Grand Baie
La Cocoterie
Terre Rouge
Roche Bois
Père Laval
Port Louis
Baie de la Grande Rivière Nord-Ouest
A1, Route Royal
Pointe aux Sables
Petit Verger
Le Domaine les Pailles
Petite Rivière
Pailles
Le Pouce
812
Baie de la Petite Rivière
Albion
A1
M1
725
Le Bosquet
Moka
Villa Eureka
A7
Beau Bassin
A3
Le Réduit
Rose Hill
Bambous
La Ferme
Médine
Quatre Bornes
Flic en Flac
Beaux Songos
Palmyre
Palma
Floréal
Wolmar
Vacoas
Clarence
Mon Vallon
M1
Curepipe
Baie du Tamarin
A3
Glen Park
Tamarin
La Marie
Henrietta
La Mivoie
Yemen
Mahébourg
La Preneuse
549
632
Tamarin-Wasserfälle
Beard
Grand Rivière Noire
Baie de la Grande Rivière Nord
Les Salines
Mare aux Vacoas
6
B9
Plaine Sophie
Baie de la Petite Rivière Nord
Petite Rivière Noire
Petite Case Noyale
Le Pétrin
Grande Case Noyale
744
La Crête
703
La Gaulette
Les Marres
Chamarel
1
Bois Chérie
Coteau Raffin
Cachette
4
5
555
MACCHABEE BEL OMBRE NAT. RES.
771
Le Morne Brabant
704
COMBO NAT. RES.
3
Bel Air
Luchon
2
L'Embrasure
Mont Blanc
Chamouny
Chemin Grenier
Baie du Cap
Baie du Cap
Beau Champ
St-Martin
Domaine de Saint Aubin
Surinam
Bel Ombre
Souillac
Baie du Jacotet
B9
Hotels Le Telfair, Voile d'Or und Heritage
Villas Pointe aux Roches

- **Cafés und Eisdielen** in der Nähe der einzigen Moschee im Ort (Glaces à GoGo) und beim Markt (LGM) sind eine Alternative, um sich nach dem Marktbesuch zu erfrischen und dann weiter in Richtung der Berge und zu den Stränden zu fahren.

Piton Maido (2200 m)

Wanderung zum Grand Bénare

Fährt man etwa 25 km südöstlich von Saint-Paul ins Landesinnere, erreicht man am Ende einer gut ausgebauten Straße zunächst **La Petite France** und 10 km weiter den Kraterrand des **Piton Maido** in **2200 m** Höhe, von dem aus man einen herrlichen Ausblick über den Cirque de Mafate hat. Von hier kann man in etwa 5 Stunden entlang des Kraterrandes zum Gipfel des Grand Bénare gehen (s.u.), sollte sich aber über die Wetterlage erkundigen, denn es kann bei hoher Luftfeuchtigkeit sehr schnell neblig und ungemütlich werden. Unterwegs passiert man in etwa 2600 m Höhe die **Caverne de La Glacière,** eine Höhle, in der sich im Südwinter natürliches Eis findet. Vornehme Kolonialfamilien aus Saint-Paul ließen es in früheren Jahrhunderten von Sklaven brechen und in die Stadt tragen, wenn sie Gästen eine Freude mit gekühltem Rum „on the rocks" machen wollten.

Besteigung des Grand Bénare (2896 m)

Leichte Wanderung

Die Wanderung **vom Piton Maido zum Grand Bénare** bereitet keine großen Schwierigkeiten und ist auch für Durchschnittswanderer machbar. Die Tour **dauert einen Tag,** der Hinweg nimmt 5 Stunden in Anspruch, der Rückweg etwas weniger (25 km hin und zurück). Wenn Sie von Maido um 5 Uhr morgens starten, sind sie um 10 Uhr am Ziel, lange bevor sich thermische Wolken am Nachmittag bilden können.

Bungalow des Hotels Le Maido

500mau-wd

Etappe 1 Von Saint-Paul **bis zum Gipfel Maido** fahren Sie mit dem Taxi oder Mietwagen. Am Piton des Epinards in Maido steht ein Parkplatz in einer Höhe von bereits über 2000 m zur Verfügung.

Etappe 2 Die zweite Etappe führt **von Maido nach La Glacière.** Für die 6 km sollte man etwa 2 Stunden Fußmarsch rechnen, denn immer wieder hat man Gelegenheit, grandiose Ausblicke über den Cirque de Mafate zu genießen. Nach 2 Stunden erreicht man das „Eisreservoir" (La Glacière).

Etappe 3 Noch einmal 2 Stunden sind es **von La Glacière bis zum Gipfel des Grand Bénare,** wo sich ein wunderbares Panorama auf den Piton des Neiges, die Cirques de Cilaos und Mafate, in der Ferne auf den Roche Écrit und den Piton de la Fournaise im Süden eröffnet. Zurück auf dem gleichen Weg.

Unterkunft **Unterkunft auf dem Weg nach Piton Maido:**

● **Parc Hotel Le Maido,** 70, Route du Maido, in Le Guillome, Tel. 325252, Fax 325200, oder Gruppe Anthurium Hotels, Tel. 931393, 12 Bungalows, 90 Euro; schönes Bungalowhotel im Kolonialstil etwa 1000 m über dem Meer in angenehmer Kühle. Guter Ausgangspunkt für Wanderungen, Touren mit dem Mountainbike, Drachenflieger und Reiter! Hier ist La Réunion tatsächlich eine „intensive Insel", wie die Werbung verspricht („La Réunion – l'Île intense").

Boucan-Canot

Schönster Strand der Insel

Am Strand von Boucan-Canot, nur 7 km südlich von Saint-Paul, beginnt die **„Riviera" von La Réunion** mit Badeorten, Sandstränden und Strandhotels. Dieser von Saint-Denis aus am schnellsten erreichbare Strand gilt gleichzeitig als der schönste der Insel. Am Wochenende kommen viele Besucher aus Saint-Denis, schicke Jeunesse dorée und braungebrannte, muskelbepackte Wellenreiter; unter der Woche ist der Strand jedoch kaum besucht. Der Strand von Boucan-Canot ist nicht durch ein vorgelagertes Korallenriff geschützt, so dass bei Seegang gewaltige Wellen hereinrollen, vor denen man sich in Acht nehmen muss.

Unterkunft

Am schönsten Strand stehen natürlich auch die **schönsten (und teuersten) Hotels der Insel.** Wer sich diese nicht leisten kann oder will, hat einige Kilometer entfernt bei Grand Fond oberhalb der Küstenstraße eine reiche Auswahl an preiswerteren Unterkünften.

Gehobene Preiskategorie am Strand:

- **Hotel Boucan-Canot,** Tel. 244120, Fax 240277, oder bei Anthurium Hotels Tel. 931393, www.boucancanot.com, 50 Zimmer und Suiten, ÜF pro DZ ab 120 Euro; Bungalowanlage mit direktem Zugang aus dem Hotelgarten zum Strand. Sehr gutes französisches Restaurant, herrliche Lage auf einem Felsen am Rand der Bucht mit einmaligem Blick.
- **Le Saint-Alexis,** Tel. 244204, Fax 240023, 40 Zimmer, 150 Euro pro Zimmer; exklusives kleines Hotel am Südende des Strandes mit allem Komfort und Luxuszimmern mit unmittelbarem Zugang zu einem Pool, der sich durch die Innenhöfe des Hotels zieht.
- **Le Maharani,** Tel. 245300, 36 Zimmer, ÜF im DZ etwa 100 Euro; komfortables kleines Hotel mit klimatisierten Zimmern am Meer, allerdings vom Badestrand etwa 200 m entfernt; indisches Restaurant und indische Tanzvorführungen, Whirlpool, Schwimmbad, Konferenzzentrum usw.

Tophotel in den Bergen oberhalb von Boucan-Canot:

- **Grand Hotel des Mascareignes,** Tel. 243642, 200 Zimmer, ÜF/DZ etwa 150 Euro; großer Hotelblock etwa 500 m vom Strand entfernt am Hang mit riesigem Swimmingpool als Strandersatz.

Mittlere Preiskategorie:

- **La Villa du Soleil,** Tel. 243869, 8 Zimmer, ÜF/DZ etwa 50 Euro; nettes kleines Hotel südlich des Strandendes von Boucan-Canot, nicht weit vom Hotel Saint-Alexis entfernt.
- **Hotel-Résidence Marina,** an der Nationalstraße nach Saint-Paul, Tel. 330707, 16 Zimmer, Zimmer mit kleiner Küche für etwa 50 Euro.
- **Résidence les Boucaniers,** Tel. 334444, 60 bis 70 Euro pro Zimmer und Nacht; klimatisierte Studios und Apartments mit Miniküche. Jedes Zimmer hat eine kleine Terrasse oder einen Blkon mit Blick aufs Meer.

Preisgünstige Unterkünfte nahe Boucan-Canot (in Grand Fond):

- **Chez Tatoute,** Tel. 245224, Zimmer in Privathaus, etwa 35 Euro pro Nacht; rustikal, aber nett geführt und mit Bad bei jedem Zimmer.
- **Auberge des 2 Domes,** Tel. 244629, 10 Bungalows, 20 Euro; die Einrichtung ist sparsam, aber für ein oder zwei Nächte akzeptabel. Dafür entschädigen ein hübscher Palmengarten und ein Fußweg zum Strand von Boucan-Canot (20 Minuten).

Essen und Trinken

Oberhalb des Strandes von Boucan-Canot führt eine Stichstraße zum Hotel Saint-Alexis. Hier stehen am Wochenende einige, unter der Woche einzelne fahrbare **Snackbuden,** in denen man preiswert Kleinigkeiten kaufen kann. Für etwa 10 Euro bekommt man kleine Mahlzeiten im **Le Boucan Beach** und ein wenig teurer und gepflegter in der **Bambou Bar** an der gleichen Straße. Hervorragend und auch mit schönem Ambiente ist das Restaurant des Strandhotels **Boucan-Canot.**

Saint-Gilles les Bains

Quirliger Badeort

In Saint-Gilles herrscht **reger Badebetrieb,** der das ganze Jahr über an die französische Rivieraküste im Sommer erinnert. Die Entwicklung des einstigen Fischerdorfes ging explosionsartig vor sich, nachdem in den frühen 1980er Jahren die Schnellstraße von Saint-Denis aus fertig gestellt wurde. Vorher musste man auf gewundenen Bergstraßen drei Stunden von Saint-Denis aus fahren, was nur wenige der Städter auf sich nahmen und Touristen aus Europa verständlicherweise nicht anlockte. Doch das hat sich schlagartig geändert, nachdem es auf der N1 nurmehr **30 bis 40 Minuten Fahrt**

von Saint-Denis in den quirligen Badeort sind. Nun hat der **internationale Tourismus** Einzug gehalten; mit billigen Charterflügen und Sondertarifen der Air France gelangen täglich einige hundert sonnenhungriger, meist junger Franzosen an diese ganzjährig sonnige Küste. Aus einem verschlafenen Fischerdorf ist ein brodelnder Badeort mit Discos, Motorrollern, Hotels und Restaurants aller Kategorien, Campingplatz, Tauchbasen, Kinos, Supermärkten und Boutiquen geworden. Es tut gut, im westlichen Indischen Ozean einen Ort zu finden, wo man sich verwöhnen lassen und wo man **alles kaufen** kann, wonach einem der Sinn steht, und wo man die **Nächte durchfeiern** kann. Neben Grand Baie auf Mauritius ist Saint-Gilles der einzige Ort auf den Inseln des westlichen Indischen Ozeans, der diese Vielfalt bietet. Wem es hier eigentlich zu laut zugeht, der sollte dennoch vorbeischauen und staunen, wie schnell man mit massiver Wirtschaftshilfe Europa nach Afrika verlagern kann. Der **Strand von Roches Noires** ist nicht besonders attraktiv, aber dennoch der **meistfrequentierte auf La Réunion.** Zahlreiche Villen stehen unter Filao-Bäumen, die auch die Ufer des Ozeans säumen. Ein schmaler begrünter Gürtel trennt den weißen Sandstrand nach Süden von der Küstenstraße und der dichten Bebauung. Die **schönsten Strandabschnitte** liegen in den Ortsteilen **Ermitage les-Bains** und – ein paar Kilometer weiter im Süden – in **La Saline les-Bains.**

Aquarium und Jardin d'Éden

Das **Aquarium** beim Yachthafen (Tel. 334400, geöffnet Di bis Sa) ist die neueste Attraktion des Ortes. In 16 Becken finden sich Großfische ebenso wie Weich- und Hartkorallen und die dazugehörigen Korallenfische. Öffnungszeiten: täglich von 10 bis 18.30 Uhr, Eintritt: 10 Euro.

Ein Pendant zum Aquarium ist der botanische Garten **Jardin d'Éden** am südlichen Ortsausgang von Ermitage nahe der N1. Gärtner, Botaniker und Naturmediziner aller Volks- und Religionsgruppen der Insel erläutern tropische Pflanzen und deren Bedeutung für die Natur der Insel, ihre Heilwirkungen, aber auch inwiefern sie in vielen Ländern zur Herstellung von Giften genutzt wurden. Öffnungszeiten: tägl. von 9 bis 17 Uhr, Eintritt: 8 Euro.

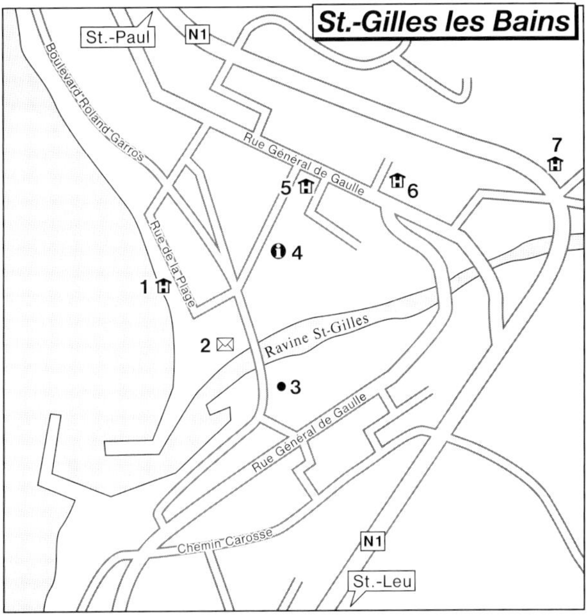

- 1 Tropica Beach
- 2 Post
- 3 Aquarium, Wassersportzentrum, Yachthafen
- 4 Office du Tourisme
- 5 Hotel de la Plage
- 6 L'Abri cotier
- 7 Hotel des Aigrettes

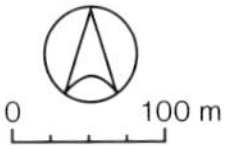

mau_286cd

Villèle

In Villèle, einem Dorf nahe Saint-Gilles les Bains, kann man ein der Öffentlichkeit zugängliches **Pflanzeranwesen (Le Musée de Villèle,** Tel. 556410) besichtigen. Neben der pompösen kolonialen Architektur ist die **Sammlung asiatischer Kunstgegenstände interessant,** welche die Eigentümerfamilie dank des Reichtums erwerben konnte, den über 400 Sklaven in den Zuckerrohrfeldern erarbeiteten. Öffnungszeiten: täglich von 10 bis 18 Uhr, Eintritt: 10 Euro.

Unterkunft

Die Auswahl an Hotels, Gästehäusern, Ferienwohnungen und Familienunterkünften ist riesig. Im Folgenden nur ein kleiner Ausschnitt, wobei die komfortableren und teureren Unterkünfte zuerst aufgeführt sind.

Zentrum und Strand von Roches Noire:

- **Tropica Beach,** Tel. 244249, 16 Zimmer, Zimmer zwischen 80 und 140 Euro pro Tag; einziges Hotel unmittelbar am Strand, mit Zimmern mit Meerblick und nur wenige Schritte vom Ortszentrum und dem Hafen entfernt.
- **Hotel des Aigrettes,** Tel. 330505, 87 Zimmer, 50 bis 80 Euro pro Zimmer; Ferienanlage mit den Zimmern rund um einen Pool und Blick von etwa 100 m Höhe oberhalb der Küste über Saint-Gilles les Bains auf das Meer.
- **Hotel de la Plage,** Tel. 240637, 20 Zimmer, zwischen 50 und 80 Euro; Stadthotel 50 m vom Strand entfernt in der Rue de La Poste. Guter Ausgangspunkt, um die Restaurants, Bars und Cafés von Saint-Gilles zu erkunden.
- **L'Abri cotier,** Tel. 244464, 6 Zimmer, Preise um 30 Euro pro Zimmer; freundliche und preiswerte Unterkunft für Rucksackreisende mit geringen Ansprüchen an Komfort im Zentrum von Saint Gilles. Sehr sauber und vor allem freundlich.
- **Hotel Saint-Michel** (Gruppe Anthurium Hotels, Tel. 931393), oberhalb des Strands von Boucan-Canot und nahe Saint-Gilles mit 15 Zimmern und einem kleinen Restaurant (60 Euro pro Zimmer).

Alle Optionen für einen abwechslungsreichen Badeurlaub bietet Saint-Gilles les Bains

Strand von Ermitage les-Bains:

Die Hotels im mittleren Strandabschnitt der Region von Saint-Gilles liegen **nicht unmittelbar am Strand,** sondern meist etwa 50 bis 100 m davon entfernt und sind preiswerter als im exklusiven Südabschnit La Saline les-Bains (s.u.).

- **Allamanda Hotel,** Tel. 245100 oder Gruppe Anthurium Hotels, Tel. 931393, 30 Zimmer, Preis pro Zimmer 70 bis 100 Euro; einfaches Hotel im Zentrum des Urlaubsparadieses „Hermitage" 150 m vom Strand entfernt und umgeben von Tennisplätzen, Restaurants und Diskotheken. Kleiner Hotelgarten mit Pool und recht kleine Zimmer – zum Schlafen und Ausruhen reicht es.
- **Chambre d'Hôtes Les Bougainvilliers,** Tel. 338248, 12 Zimmer, Preis pro Zimmer 50 bis 70 Euro; freundliche Familienpension etwa 400 m vom Strand entfernt. Kleines Kolonialstilhaus mit viel Charme und ruhig mit Pool und Klimaanlage.
- **Villa mon Case,** Tel. 338115, 14 Zimmer und Bungalows, Preis pro Zimmer 50 bis 70 Euro; Familienpension mit Bungalows und Zimmern in einer ruhigen Wohngegend etwa 300 m vom Strand entfernt.

Strand von La Saline les-Bains:

- **Les Villas du Lagon,** Tel. 700007, 170 Zimmer, zwischen 150 und 300 Euro pro Zimmer; dieses Ende der 1990er Jahre an einem der besten Strandabschnitte errichtete Hotel gilt neben dem Boucan-Canot als das beste Strandhotel der Insel. Viel Platz, sehr schöner Hotelstrand und ein Service, der fast an den auf Mauritius herankommt.
- **Hotel Le Swalibo,** Tel. 241097 oder Gruppe Anthurium Hotels, Tel. 931393, 20 Zimmer, etwa 120 Euro pro Zimmer; sehr gepflegtes, kleines Hotel etwa 150 m vom Strand entfernt in absolut ruhiger Lage. Zimmer individuell und geschmackvoll eingerichtet, Restaurant am Pool und schön gestalteter Hotelgarten.
- **Hotel La Maison du Lagon,** Tel. 243014, 11 Zimmer, pro Zimmer etwa 90 Euro; nicht weit vom Hotel Villas du Lagon entfernt am Strand gelegene, gut geführte Familienpension.
- **Resto Surf Plage,** direkt am Roches-Noire-Strand; ein Zimmer mit Frühstück kostet zwischen 60 und 80 Euro.
- **Le Dor y Flane,** günstige Unterkunft mit eigener Kochgelegenheit; die Zimmer kosten 20 bis 40 Euro.

Essen und Trinken

Als Badeort für Wochenendausflügler aus Saint-Denis und Urlauber aus Frankreich bieten Saint-Gilles (Zentrum und Strand von Roches Noires), Ermitage und La Saline eine Menge guter Restaurants. Es sind kreolische, chinesische, französische und italienische Küchen ebenso vertreten wie Snackbars, Straßencafés und Eisdielen.

Saint Gilles (Zentrum und Strand von Roches Noires):
●**Le Boucan-Canot** (französisch), am gleichnamigen Strand, im gleichnamigen Hotel am Nordausgang des Ortes Saint-Gilles. Nicht billig, aber gutes Essen mit viel Fisch und Meeresfrüchten und einem einmalig schön gelegenen Speiseraum mit Blick auf das Meer.
●**Brasserie du Port-Alpha,** französisches Straßenrestaurant mit Blick auf den Yachthafen; Spezialität sind Meeresfrüchte.
●**La Case,** französisch-kreolisches Restaurant an der Uferstraße (Rue de La Plage) in einem französischen Kolonialhaus.
●**Paul et Virginie,** in der gleichen Straße wie das La Case, aber stärker auf die kreolischen Gerichte der Insel spezialisiert.

Strand von Ermitage les-Bains:
●**L'Hacienda,** am offenen Feuer gegrillte Meeresfrüchte auf einer großen Terrasse serviert; liegt unmittelbar am Strand in der Rue Leconte de Lisle.
●**Le Coco Beach,** nur ein paar Schritte weiter im Norden als L'Hacienda; Holztische im Sand, einfache und nicht sehr teure Fischgerichte.
●**Chez Achille,** preiswertes Restaurant an der N1, das auch von vielen Réunionais wegen der simplen und guten kreolischen Currys und Sandwiches aufgesucht wird.

Strand von La Saline les-Bains:
●**Le Toboggan,** eines der wenigen Restaurants außerhalb der Strandhotels von La Saline; Pizzas zu günstigem Preis.

Nachtleben

Im **Cubana Café,** der **Rhumerie** und der **Jungle Bar** kann man die Abende an der Bar und bei Discomusik verbringen. **Le Privé Night Club, Les Roches Noires** (beide Saint-Gilles Centre), **Le Pussy Cat** (Ermitage) und **Le Swing** (Saint-Gilles) sind Discos mit heißer Musik, die am Wochenende von der Jugend aus Saint-Denis frequentiert werden.

Sonstiges

In **La Vague Gourmande** und im **Le Glacier du Port** im Zentrum von Saint-Gilles gibt es französische Backwaren und Eiscreme.

DIE SÜDWESTKÜSTE ZWISCHEN SAINT-GILLES UND SAINT-PIERRE

Südlich von Saint-Gilles, auf dem Weg nach Saint-Pierre, durchquert die moderne Küstenstraße N1 den Küstenort Saint-Leu, dann folgen Les Avirons und L'Étang-Salé, die dabei sind, sich zu Badeorten zu entwickeln, sowie Saint-Louis.

Saint-Leu

Wassersport und Golf

Am Strand von Saint-Leu befindet sich ein hübscher **Campingplatz** (nur im europäischen Sommer geöffnet). Saint-Leu mit seinen vielen Familienpensionen und Ferienhäusern ist ein etwas ruhigerer Ort für Wassersportler, die mit kleinerem Budget auskommen möchten. Mit einem ausgezeichneten **18-Loch-Golfplatz** verfügt Saint-Leu über eine weitere Attraktion. Als Badebucht ist der Strand von Saint-Leu nur selten geeignet, denn meist ist der Seegang zu stark. Für Wellenreiter aber ist er ein Traum und wurde daher auch schon für internationale Meisterschaften entdeckt.

Das Rathaus von Saint-Leu ist ein schönes Beispiel kolonialer Architektur.

Stella Matutina

An der N1 nach Süden (zwischen Saint-Leu und Les Avirons) liegt die **ehemalige Zuckerfabrik** Stella Matutina (an der Querstraße D1 zur N1), die zu einem aufwendig gestalteten Museum umgewandelt wurde, in dem man die Zuckerfabrikation im Detail anhand großer Schautafeln und animierter Modelle innerhalb der ehemaligen Fabrikhallen studieren kann. Öffnungszeiten: Di bis So von 9.30 bis 17.30 Uhr, Eintritt: 10 Euro.

Parc Marin

Erwähnung verdient die Initiative **Parc Marin de La Réunion** (Tel. 346444, www.perso.wanadoo.

fr/parcmarin.reunion/), eine **Vereinigung von Meeresbiologen,** die sich bemüht, alle Nutzer der Küstengebiete im Südwesten zusammenzubringen und einen Schutz für die Lagunen in der Region durchzusetzen. Im Verwaltungsbüro in Saint-Leu (7, Rue de la Compagnie des Indes) kann man Näheres dazu erfahren.

La Ferme Coreil Nicht weit entfernt liegt La Ferme Coreil (Tel. 348110), eine Vereinigung, die sich um den **Schutz** und die **Nachzucht von Meeresschildkröten bemüht.**

Les Avirons und L'Étang Salé

Traditionelle Orte In Les Avirons, 10 km südlich von Saint-Leu, und in dem an der Küste gelegenen Badeort L'Étang Salé les-Bains findet man kaum touristische Einrichtungen. Die gut erhaltenen traditionellen Ortschaften erlebten während des Zuckerbooms eine Blüte. Das Dorf **L'Étang Salé les Bains** hat einen **schwarzen Lavastrand** mit schönen Bademöglichkeiten und einem Campingplatz. Wenige Kilometer entfernt im Landesinnern an der D11, kann man in **L'Étang Salé les Hauts** eine **Krokodilzucht** besichtigen.

Souffleurs Sehenswürdigkeiten der Region sind die Souffleurs, **Steinformationen,** gegen die die starke Brandung so auftrifft, dass riesige **Salzwasserfontänen** in den Himmel steigen. Man kann diese Fontänen auf halbem Weg zwischen Saint-Leu und L'Étang Salé von der N1 aus beobachten.

Tévelave Besonders schön sind auch die vielen **Wanderwege durch tropischen Primärwald** in den Bergen bei Tévelave, einem Dorf etwa 8 km nördlich von Les Avirons.

Saint-Louis

Größte Zuckerfabrik der Insel

Letzte Station vor der Ankunft in Saint-Pierre, der „Hauptstadt des Südens“, ist Saint-Louis, ein Städtchen, das um die größte Zuckerfabrik der Insel (L'Usine sucrière du Gol, Tel. 912970) entstanden ist. Die **gepflegten Kolonialbauten** lassen erkennen, dass dies einst eine reiche Stadt bzw. Region war. Heute wird sie fast ausschließlich von – zumeist aus Indien stammenden – Arbeitern der Zuckerplantage bewohnt.

Im Dorf **Pierrefonds,** 2 km südöstlich von Saint-Louis, ist der **private botanische Garten Exotica** einen Besuch wert, und für Wanderer ist das Dorf **L'Entre-Deux** etwa 15 km im Norden als Ausgangsort zum **Aussichtspunkt Le Dimitile** auf über 1800 m Höhe und zu vielen anderen Bergen der Region von Interesse.

Informationen

Office de Tourisme

Auskunft über die Sehenswürdigkeiten der Region gibt es im **Office de Tourisme de Saint-Leu** am nördlichen Ortseingang (Tel. 346330) und im **Office de Tourisme de L'Étang Salé** (Tel. 266732) im Bahnhofsgebäude des Ortes.

Unterkunft

Saint-Leu und Umgebung

- **Iloha Hotel,** Tel. 348989 oder Gruppe Anthurium Hotels, Tel. 931393, www.iloha.fr, 60 bis 100 Euro pro Zimmer bzw. Bungalow; bestes Hotel in Saint-Leu und der weiteren Umgebung, etwa 100 m über Meereshöhe mit herrlichem Blick. Das Essen wird auf der offenen Terrasse am Pool serviert (häufig kreolische Büffets).
- **Les Gîtes Cap Soleil,** Tel. 34831, www.capsoleil.net, 40 bis 60 Euro pro Zimmer, solche mit Meerblick kosten etwas mehr; voll ausgestatte Bungalows für Selbstversorger hoch über dem Ort Saint-Leu.

Les Avirons und Umgebung

- **Village-hotel Le Floralys,** Tel. 917979, www.carobeach.com, 50 Zimmer, 100 bis 120 Euro pro Zimmer; komfortables Bungalowhotel 2 Minuten vom Strand entfernt und von einem tropischen Garten umgeben. Die Zimmer befinden sich in 12 Villen, die sich um einen Pool, ein Restaurant und einen Tennisplatz gruppieren.

●**Auberge Les Fougères,** Tel. 383296 oder Gruppe Anthurium Hotels, Tel. 931393; wunderbarer Ausblick auf die Küste. Vom Strand in Les Avirons (L'Étang Salé) aus fährt man auf der kurvenreichen D16 etwa 15 km nordwärts steil bergauf und erreicht das Dorf Tévelave, das ein schöner Ausgangspunkt für kleine Bergwanderungen ist.
●**Camping Municipal,** Tel. 917586, nur 15 Euro pro Tag und Zelt; Schatten spendende Palmen und Filaosbäume, nicht weit zum Strand und ins Ortszentrum.

Essen und Trinken

Saint-Leu und Umgebung

●**O-Jacaré,** Rue Général Lamber, Saint-Leu; gutes und teures französisches Restaurant mit klimatisiertem Speiseraum.
●**Le Stella,** ausgezeichnetes Restaurant in den Räumen des Zuckermuseums Stella Matutina bei Saint-Leu.
●**La Varnague;** Gartenrestaurant am Strand nahe dem Südausgang des Ortes; mit Musik und nicht zu teuer.
●**Table d'Hôte Chez Lydia,** kreolische Table d'Hôte (keine Karte) in einem Privathaus; nur nach Anruf (Tel. 248613) wird speziell für die angemeldeten Gäste ein kreolisches Menü zubereitet. Chez Lydia liegt in etwas kühleren Regionen oberhalb Saint-Leu an der D22 etwa 19 km von Saint-Leu entfernt; eine genaue Wegbeschreibung bekommt man bei der telefonischen Vorbestellung des Essens.

Les Avirons und Umgebung

●**Auberge Les Fougères,** Tel. 383296; Restaurant im gleichnamigen Hotel (s.o.) mit kreolischer Küche und verschiedenen Currygerichten.

Saint Louis und Umgebung

●**La Malina,** südlich von Saint-Louis zweigt nach 2 km links die D26 von der N1 in die Berge ab, auf der man nach 12 km Fahrt den kleinen Bergort L'Entre-Deux erreicht; La Malina ist das einzige Restaurant in der frischen Höhe von knapp 1000 m über dem Meer.
●**Resto Baiha,** kleines, chinesisch geführtes Restaurant beim Bahnhof in Saint Louis; sehr preiswert und auch abends geöffnet.

Sport

Saint-Leu

Saint-Leu ist ein Zentrum für Sportler:
●**Drachenfliegen, Parapente Réunion,** Tel. 248784.
●**Tauchen, B'Leu Océn,** Tel. 349749.
●**Mountainbiken, OMSA,** Tel. 346060.
●**Bergwandern** in den Hochlagen oberhalb von Saint-Leu.

Die Südküste zwischen Saint-Pierre und Saint-Philippe

Der „wilde Süden“

Die Südküste – auch der „wilde Süden“ genannt – wird weder von Réunionais aus dem dicht besiedelten Norden und Westen noch von Fernreisenden häufig besucht. Diese Region wird vielfach durch ursprüngliche, dichte Vegetation, teilweise auch durch Landwirtschaft an den bis ans Meer flach abfallenden Berghängen geprägt.

Saint-Pierre

Regionalflughafen Pierrefonds

Seit der Eröffnung des Flughafens Pierrefonds, der v.a. für Regionalflüge nach Madagaskar, Mauritius und Mayotte genutzt wird, ist das Städtchen stärker in den Mittelpunkt gerückt. Dennoch hat es mit seinem Rathaus und den vielen Häusern aus der Zeit der *Compagnies des Indes* (17. Jahrhundert) weit mehr als Saint-Denis den **Charakter einer französischen Kolonialstadt** bewahrt.

Größte Stadt im Süden

Saint-Pierre ist mit knapp **60.000 Einwohnern** die größte Stadt des Südens. Mit ihrem Fischereihafen und der lebhaften Palmenallee entlang des kilometerlangen Strandes, wegen der vielen Sportmöglichkeiten und der schönen Umgebung ist sie einen Besuch für einen oder zwei Tage wert. Nahe Saint-Pierre liegen große Zuckerrohrplantagen und Pflanzungen von Geranium und Vetiver. Die Stadt hat einen **hübschen Strand,** der weitgehend durch ein Riff geschützt ist. An der Küste weiter im Osten finden sich Strandabschnitte, an denen die hohen Wellen ungebrochen vom Ozean hereinrollen, was wagemutige Wellenreiter anlockt.

Stadtrundgang

Bei einem Stadtrundgang sollte man sich den **Markt** (Marché Couvert; samstags auch Wochenmarkt) nicht entgehen lassen. Sehenswert sind der

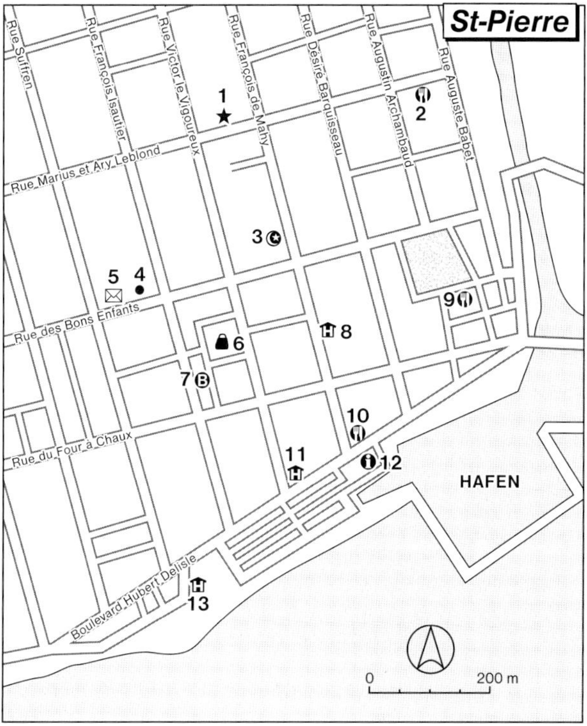

★ 1 Chinesische Pagode Guan Di
2 Utopia
3 Moschee Atyaboul-Massajid
● 4 Polizei
5 Post
6 Markt
7 Busbahnhof
8 Hotel Nathania
9 Indra Restaurant
10 La Jonque
11 Hotel Sterne
12 Office de Tourisme
13 Hotel Alizé Plage

chinesische Tempel (Pagode Guan Di), die moderne **Moschee Atyaboul-Massajid** und das schöne **Rathaus.** An der **Strandpromenade** finden sich viele Bistros, Straßencafés, Imbissbuden, Restaurants und eine Disco. Besonders das östlich der Flussmündung gelegene **Viertel Terre Sainte** strahlt Ruhe, Gelassenheit und kolonialen Charme aus. Beim Fremdenverkehrsbüro kann man **geführte Spaziergänge** buchen, auf denen man die schönsten Kolonialhäuser, von Banyan-Bäumen beschattete Plätze und den Fischereihafen mit seinen Cafés kennen lernt.

Information

● **Office de Tourisme,** Tel. 250236; das Fremdenverkehrsbüro ist sowohl für Saint-Pierre als auch für das 10 km im Norden am Hang des Vulkans gelegene Le Tampon (s.u.) zuständig. Es befindet sich im alten Bahnhofsgebäude auf der Meerseite des Uferpromenaden-Boulevard Hubert Delisle, gleich beim Hafenbecken. Vermittlung vieler Privatunterkünfte bei Familien!

Unterkunft

● **Hotel Sterne,** Tel. 257000, Fax 3501419, oder Gruppe Anthurium Hotels, Tel. 931393, 40 Zimmer, etwa 100 Euro pro Zimmer; bestes, wenn auch etwas unpersönliches Hotel an der Strandpromenade Boulevard Hubert Delisle mit Pool und gutem Restaurant.

mau_296cd

● **Alizé Plage,** Tel. 352221, www.ilereunion.com/alizeplage, etwa 70 Euro pro Zimmer; ebenfalls am Boulevard Hubert Delisle unmittelbar am Strand mit der Rückseite zur Strandpromenade und Blick aufs Meer. Webseite in deutscher Sprache (Textauszug: „Die Zimmer von Stil créole in erschüttert ausschließend, Sind mit Bewetterungsanlage ausgerüstet, Fernseher, Telefon numeris. Wiege auf Anfrage ...").
● **Hotel Nathania,** Tel. 250457, 14 Zimmer, etwa 40 Euro pro Zimmer; preiswerte Zimmer mit Miniküche nur 100 m vom Strand entfernt in der Rue Rue Francois Mahy, die vom Fremdenverkehrsbüro nach Norden führt.

Essen und Trinken

Wegen der reichen landwirtschaftlichen Anbaugebiete im Hinterland ist Saint-Pierre eine wohlhabende Gemeinde mit vielen „exotischen" Essensmöglichkeiten, darunter auch preiswerte chinesische Restaurants.

● **Utopia** (kreolisch-französisch), großzügige, ruhige Räume in einem alten kreolischen Haus mitten in der Stadt (6–8, Rue Leblond).
● **La Jonque,** nahe der Uferpromenade in einer Seitenstraße (Rue Francois de Mahy) gelegenes, sehr gutes Chinarestaurant mit akzeptablen Preisen.
● **Indra,** indisches Restaurant (Biryani-, Massala-, Vindaloogerichte) gleich neben dem Rathaus in der Rue Augustin Archambaud in einem renovierten Kolonialgebäude.

Aktivitäten

Tauchen:
● **Association nautique de Saint-Pierre,** Tel. 2589, am Boulevard Hubert Delisle Nr. 7, unmittelbar an der Flussmündung und am Hafen.

Drachenfliegen:
● **Drachenflugschule Paraclub de Bourbon,** Tel. 255441, beim Flughafen von Pierrefonds.

Le Tampon

Angenehmes Klima

Le Tampon ist mit Saint-Pierre durch eine 8 km lange Autobahn (N3) verbunden und liegt 800 m hoch über der Küste mit weitem Blick auf den Ozean. Die kühle Luft und die gute Straßenanbindung an Saint-Pierre und den Flughafen in Pierre-

Der Hafen von Saint-Pierre

fonds haben Tampon zu einem beliebten Wohnort gemacht, besonders bei Europäern, die vorübergehend auf la Réunion leben. Von den früher großflächigen Geraniumplantagen ist wegen der starken Besiedlung kaum noch etwas geblieben. Empfehlenswerte Hotels gibt es in Tampon nicht, da die Küste mit ihren Übernachtungsmöglichkeiten nah ist. Wer Zeit hat, kann Tampon auf der Etappe von Saint-Pierre nach Saint-Joseph oder Saint-Philippe einen Besuch abstatten und anschließend mit einer reizvollen Fahrt von Tampon auf der in den Bergen nach Osten verlaufenden, schmalen und gewundenen D3 bis Petite-Île (ca. 20 km) und Saint-Joseph (30 km) verbinden.

Petite-Île und der Strand von Grand Anse

Schöner Strand

Das Städtchen Petite-Île liegt knapp 400 m über Meereshöhe. Von hier aus sind es 10 km auf der D31 bis zur Küstenstraße N2. Wenn man in diese rechts (nach Westen) einbiegt, erreicht man nach weiteren 2 km eine Abzweigung in eine schmale Straße nach Süden, die bald an dem wunderschönen und selten besuchten Strand von Grand Anse endet. Baden kann man zwar nur in einem schmalen, von Vulkangestein geschützten Becken, doch der Anblick der hereinrollenden Wellen ist faszinierend.

Unterkunft und Essen

- Im Ort Grand Bois gibt es eine gepflegte kleine **Bungalowanlage ohne Restaurant (Demotel,** Tel. 311160, 100 Euro pro Wohnung mit Miniküche).
- In einer **Strandbar** an der Grand Anse werden Snacks angeboten.

DIE OSTKÜSTE ZWISCHEN SAINT-JOSEPH UND SAINTE-MARIE

„Küste im Wind"

Der Osten von La Réunion ist aufgrund starker Regenfälle und der nährstoffreichen Vulkanerde ideal für die Landwirtschaft geeignet. Trotzdem wird die Besiedlung hier wegen der ungemütlicheren klimatischen Verhältnisse (Regen und häufig vom Meer hereinwehender Wind) dünner, die Straßen sind schmaler, die Dörfer unscheinbarer. Die Küstenebene wird weiter und bietet ausgedehnten Zuckerrohrfeldern und vereinzelten Vanilleanpflanzungen Platz. Hier im Osten lebt eine **vorwiegend indisch geprägte Bevölkerung,** was auch in der Architektur zum Ausdruck kommt.

Saint-Joseph und Umgebung

Grand Coude

Vom Städtchen Saint-Joseph zweigt eine anfangs gute, später abenteuerliche Straße (D33) ins Landesinnere ab. Sie endet nach etwa 20 km auf einem durch erkaltete Lavamassen gebildeten Hochplateau beim Dorf Grand Coude auf über 1000 m Höhe; man genießt einen weiten Blick hinunter zur Küste und in steil eingeschnittene Flusstäler. Die zum Meer hin flach abfallende Fläche wird von zwei tiefen Schluchten zerschnitten, in denen die Flüsse Rivière des Remparts und Rivière Langevin ins Meer fließen.

Langevin

Im Fischerort Langevin, etwa 4 km östlich von Saint-Joseph, zweigt nach der Brücke über den gleichnamigen Fluss eine schmale Straße nach links (Norden) ins Landesinnere ab. Durch das **Tal des Rivière Langevin** führt eine malerische Straße bergauf und überquert mehrfach den Fluss bevor man nach steilen und Schwindel erregenden Passagen und 11 km wunderbarer Fahrt einen Parkplatz nahe dem Dorf **Grand Galet** erreicht. An der Straße gibt es einige kleine Restaurants. Unterwegs passiert man mehrere vom Fluss gegrabene **Wasserbecken und Wasserfälle** (Cascade du Trou Noire und Cascade de la Grande Ravine), die zum Baden einladen.

Informationen

● Einige Informationen hält die **Organisation Pays d'Acceuil du Sud Sauvage** (Tel. 5600299) gegenüber dem Bahnhofsgebäude im Ortszentrum von Saint-Joseph (Rue Paul Demage) bereit.

Unterkunft und Essen

● Hotels findet man in Saint-Joseph nicht. Aber in einigen **Privathäusern** wird man sehr gastfreundlich aufgenommen. Das schönste davon ist **La Plantation** (Anthurium Hotels, Tel. 931393), das inmitten herrlicher Natur auf 300 m Höhe liegt; von dem Privathaus in kreolischem Stil (nur 3 Zimmer), von den Terrassen und dem Pool hat man einen herrlichen Ausblick.

● Bei **Chez Hélène** (Rue Raphaél Babet) und im **La Case** (31, Rue Leconte de Lile) bekommt man original kreolische Currys und Grillgerichte.

Saint-Philippe und Umgebung

Schöne Ausflüge

Saint-Philippe ist ein malerischer Ort, der sein Ambiente aus der bizarren Umgebung der noch sehr jungen Lavaergüsse bezieht. Der Vulkan Piton de la Fournaise erhebt sich im Hinterland, rundherum brechen sich an schwarzen Felsen die weiß schäumenden Wellen des hier tiefen und wilden Ozeans. So wenig der ruhige und ursprüngliche Ort selbst bietet – um so schöner sind einige Ausflüge, die man von hier aus unternehmen sollte:

Reservat von Mare Longue

Nur 1 km westlich des Ortes zweigt ein Weg ins Landesinnere zum **Naturlehrpfad** von Mare Longue ab. Er führt durch tropische Vegetation und vorbei an vielen Gewürzplantagen. Der Inhaber des Hotels Le Baril oder das Office de Tourisme können eine **geführte Wanderung** durch dieses tropische Paradies und den dazugehörigen **Jardin des Parfums et des Épices** organisieren.

mau_301cd

Cap Méchant

Einige Kilometer im Westen biegt eine schmale Straße nach Süden zum Meer ab. Sie ist beschildert mit dem Hinweis „Restaurant Cap Méchant". Folgt man der Straße, dann erreicht man **einen der wildesten Küstenabschnitte der Insel** und einen bizarren Vacoa-Hain, hinter dem die Brandung tost. Ein Spaziergang entlang der Küste und vor allem eine Pause zum Mittagessen im Restaurant sind sehr zu empfehlen!

Informationen

- **Office du Tourisme,** 69, Rue Leconte Delisle, Tel. 371043

Unterkunft und Essen

- Das **Le Baril** (Tel. 370104 oder Gruppe Anthurium Hotels, Tel. 931393, 12 Zimmer) ist das einzige echte Hotel der Region. Es liegt etwa 5 km westlich des Ortes zwischen der N2 und dem Meer im gleichnamigen **Dorf Le Baril.** Es hat einfache, saubere Zimmer (50 bis 60 Euro), das Meer tobt ohne Unterlass in nur 10 m Entfernung! Der Wind, die salzige Luft und die Brandung können die Nachtruhe stören.
- Einfacher und preiswerter sind die Zimmer im **Le Pimpin d'amour** (40 Euro pro Zimmer) in **Le Baril-les-Hauts** nur wenige Kilometer oberhalb von Le Baril an der kleinen Straße, die sich eine Lavafläche hinaufschlängelt.
- **Beide** genannten **Hotels** haben **Restaurants** mit sehr guter kreolischer Küche. Zum Mittagessen bieten sich das Ausflugsrestaurant am Strand von Cap Méchant an **(Res-**

taurant Cap Méchant; es hat auch einige Bungalows zu vermieten!) und ein kreolisches Restaurant neben dem Jardin des Parfums et des Épices **(Ferme Auberge Guimard,** Tel. 370758 – Vorbestellung zu empfehlen!) an.

Von Saint-Philippe nach Sainte-Rose

Piton de la Fournaise

Über die N2 von Saint-Philippe nordostwärts ist Sainte-Rose nach 70 km erreicht. Die Fahrt geht in Serpentinen durch liebliche Kulturlandschaft am Fuße des **Vulkans** Piton de la Fournaise. Man durchquert Vanille- und Zuckerrohrpflanzungen und immer wieder frisch aussehende, schwarze Lavafelder, die erst vor wenigen Jahrzehnten bei großen Ausbrüchen des Piton de la Fournaise entstanden sind. Der letzte Lavastrom, der 2002 bis ins Meer floss, hat die Insel zwischen den Ortschaften immerhin um 24.300 m² vergrößert. **Von Le Tremblet** zweigt nach Westen ein einzigartiger **Wanderweg den Lavahang hinauf** ab, der nach etwa 20 km auf 1911 m Höhe den **Kraterrand des Vulkans (Nez Coupé du Tremblet)** erreicht. Unterwegs durchwandert man vielfältige Vegetationszonen. Auf 1227 m Höhe passiert der Weg eine **Schutzhütte (Abri du Tremblet).** Von hieraus sind es noch 3 Stunden bergauf (5 Stunden für Hin- und Rückweg) bis zum Kraterrand. Für die komplette Wanderung von der Straße bis zum Abri du Tremblet und zurück über einen schmalen Weg vorbei am **Piton du Takamaka** sollte man mit 8 Gehstunden rechnen.

Piton Sainte-Rose

Fährt man von Tremblet nach Norden weiter, erreicht man nach Überquerung verschiedener sehr junger Lavaströme etwa 7 km vor Sainte-Rose rechts der Straße eine Kirche. Hier, im Ort Piton Sainte-Rose, ergoss sich 1876 ein 500 m breiter glühender Lavastrom ins Meer und zerstörte die Häuser und Felder des Dorfes – nur die **Kirche** sparte er aus! Das Gotteshaus, das vorher der Jungfrau Maria geweiht war, heißt seither **„Notre-**

Dame-des-Laves" und ist zu einer **Pilgerstätte** geworden.

Essen und Trinken

● **Restaurant L'Anse des Cascades,** Tel. 472042, schönes Mittagsrestaurant am Strand der Anse de Cascades; Abzweigung nach rechts (Osten) etwa 2 km vor Piton Sainte-Rose.

Sainte-Rose

Nordöstlicher Endpunkt des „wilden Südens"

Sainte-Rose ist der nordöstliche Endpunkt des „wilden Südens". Das hübsche, ruhige Städtchen war im Jahr 1809 Schauplatz kriegerischer Auseinandersetzungen zwischen England und Frankreich. Der Leichnam des unterlegenen englischen Admirals *Corbett* wurde am Strand beigesetzt, die siegreichen Franzosen errichteten ihm sogar ein Denkmal **(Monument Corbett).**

Informationen

● **Office de Tourisme de Sainte-Anne,** Tel. 510257, Place de l'Église.

Unterkunft und Essen

● Übernachtungsmöglichkeiten in Sainte-Rose sind knapp. Eine schöne Privatunterkunft ist **La Joyeau des Laves** (Tel. 473400, www.joyaudeslaves.com, 50 Euro pro Zimmer), ein großes kreolisches Haus im Kolonialstil in einem großen Garten mit 4 Zimmern und Blick aufs Meer.

Aktivitäten

Tauchen:

Tauchgänge sind an der kaum geschützten, dem Wind ausgesetzten Seite der Insel normalerweise schwierig. In der Bucht von Sainte-Rose herrscht jedoch meist ruhiges Wasser vor, und auch weniger geübte Taucher können bunte Korallenriffe bewundern.

● **Tauchbasis Club Nautique de Sainte-Rose,** Tel. 473064.

Sainte-Anne

Hübsches Städtchen

Nördlich von Sainte-Rose entfernt sich die N2 zunächst von der Küste, durchquert Obst- und Gewürzanbaugebiete, die von den vielen Mündungsarmen des Rivière de l'Est bewässert werden, und kehrt bei Sainte-Anne 13 km weiter an die Küste zurück. Sainte-Anne ist ein ansehnliches kleines Städtchen, in dem noch einige Exemplare hübscher hölzerner Kolonialhäuser erhalten sind.

Saint-Benoit

Hauptstadt des Ostens

Nach weiteren 7 km Fahrt entlang des hier gegen das felsige Ufer schlagenden Indischen Ozeans erreicht man schließlich mit Saint-Benoit die Hauptstadt des Ostens von la Réunion. Sie setzt keine architektonischen Glanzlichter, denn fast alle Häuser sind schmucklos aus Beton gebaut, um zyklonsicher den häufigen Stürmen aus dem Osten widerstehen zu können. Die Domaine de la Confiance und eine Orchideenzucht sind die interessanten Sehenswürdigkeiten in diesem kleinen Ort an der **Kreuzung der Küstenstraße N2 und der Bergstraße N3,** die über die Plaine-des-Palmistes quer über die Insel nach Saint-Pierre, der Hauptstadt des Südens, führt.

mau_304cd

Domaine de la Confiance Die Domaine de la Confiance ist eine **edle Kolonialvilla inmitten eines herrlichen, gepflegten Gartens.** Besuch nur nach Anmeldung (Tel. 509072) **im Dorf Confiance** 6 km außerhalb von Saint-Benoit an der Straße in die Plaine-des-Palmistes. Für Kleingruppen kann auch ein Abendessen im Stil der Tables d'Hôtes arrangiert werden.

Orchideengarten Der Orchideengarten befindet sich **im Dorf Le Cratère** 7 km außerhalb des Ortes. Besichtigung nur nach Voranmeldung bei der Habitation du Cratère (Tel. 502445).

Unterkunft und Essen

- Wie die Stadt insgesamt sind auch die Unterkunftsmöglichkeiten bescheiden. Südlich des Ortsausganges liegt direkt am Strand das wenig reizvolle und dem salzigen Meerwind ausgesetzte **Armony** (Tel. 508650, Fax 508660, 12 Zimmer, 40 Euro pro Zimmer). Einige Kilometer oberhalb im Gelände der Domaine de la Confiance befindet sich das Gästehaus **Hostellerie de la Confiance** (Tel. 509050 oder Gruppe Anthurium Hotels, Tel. 931393, 70 Euro pro Zimmer). Die **Chambres d'Hôtes** bei *Mme. Derand* (Tel. 509076) und die bei *Mme. Diana Dea* (Tel. 511049) stellen die preiswerten Alternativen in der Region dar.
- Das beste Essen gibt es wohl in der **Hostellerie de la Confiance** (s.o.). Aber auch das **Restaurant Le Bouvet** (Tel. 501496) an der Rue Amiral-Bouvet, die an der Küste vom Sportstadion nach Süden führt, serviert gute kreolische Küche in einem attraktiven weißen Kolonialhaus.

Bras-Panon

Zentrum der Vanille-Produktion Die Straße N2 entfernt sich vom Meer und führt nach Bras-Panon, dem Zentrum der Vanille-Produktion. Man kann sich die Produktion der Vanille in der **Coopérative Agricole** zeigen lassen (21, Route Nationale, Tel. 515062, Besichtigungen Mo bis Sa 8 bis 16.30 Uhr).

Unterkunft

- Das **Syndicat d'Initiatives** in der Coopérative Agricole vermittelt **Privatzimmer** bei Bewohnern der Stadt.

Saint-André

Zentrum der Vanille-Produktion

Durch das Delta des Rivière du Mat führt die N2 weiter nach Norden bis Saint-André, einem Städtchen, in dem überwiegend indischstämmige Landarbeiter leben. Da die Arbeitsplätze auf den Zuckerfeldern und in den wenigen Vanilleplantagen – von hier stammt die berühmte Bourbon-Vanille, die bis heute als die beste und aromatischste der Welt gilt – heute nicht mehr ausreichen, die Bewohner der Stadt zu ernähren, ist Saint-André ein Handelsplatz für Güter geworden, die vom Flughafen in die Bergregionen des Cirque de Salazie und der Plaine-des-Palmistes gebracht werden. Bauwerke von architektonischem Interesse sind die beiden hinduistischen Tempel im Ortskern („Kali") und am Meer im Nordosten („Le Colosse") sowie die kreolische Villa Maison Vaillamé.

La Maison de la Vanille

Eine gute Möglichkeit, die Produktion der Vanille kennen zu lernen, bietet die Maison de la Vanille (Öffnungszeiten: Di bis So 8.30 bis 12 und 14 bis 17.30 Uhr, Eintritt: 5 Euro) in der Rue de la Gare. Die Eigentümer wohnen in der Anlage und erläutern den komplizierten Vorgang von der Bestäubung bis zum Versand. So wie wir die Schoten im Geschäft zu kaufen bekommen, sind sie nämlich nicht von Anfang an! Sie bedürfen einer langwierigen Behandlung und Fermentierung, damit sich das Vanillearoma entwickeln kann. Nach der Ernte werden zunächst die natürlichen organischen Prozesse in der Pflanze mit heißen Wasserbädern unterbrochen. Anschließend wird die Frucht in der Sonne zum Trocknen ausgelegt, wobei der Feuchtigkeitsgehalt überwacht wird. Diese Behandlung dauert mehrere Monate, die Vanille nimmt ihre braune Farbe an und entfaltet ihren Duft.

2 Wasserbecken

Am südlichen Ortsausgang fährt man rechts (ins Landesinnere) durch Zuckerrohrplantagen zum **Bassin de la Paix.** Unter einem Wasserfall sammelt sich das Wasser in einem Becken, das man vom Parkplatz aus über einen abenteuerlichen Abstieg erreicht. Vom gleichen Parkplatz aus führt ein Wanderweg zum zweiten Wasserbecken, dem **Bassin de la Mer.** Der Weg ist ausgeschildert.

Informationen

●**Office Municipal de Tourisme,** 25, Parc Nautique et Touristique du Colosse, Tel. 469163; neben dem hinduistischen Tempel Le Colosse am Meer.

Unterkunft und Essen

●Im Office Municipal de Tourisme kann man Zimmer in mehreren **Chambre d'Hôte** reservieren.

●**Le Beau Rivage** (Tel. 460866) an der Küstenstraße „Route de Champ-Borne" südlich des Tempels Le Colosse ist bekannt für gute Fischgerichte. Ein paar hundert Meter weiter südlich liegt an der gleichen Straße das **Le Champ Borne,** das preiswerte und gute Currygerichte und Snacks serviert. Im **Crocodile Cyril,** am Weg zum Bassin de la Paix, werden madagassische und kreolische Gerichte serviert. Die **Ferme Auberge** ist ein erstklassiges Table d'Hôte-Restaurant, das nur auf Bestellung serviert (Tel. 515376); wird häufig von Reisegruppen gebucht.

Sainte-Suzanne

Leuchtturm

Die Straße schlängelt sich zwischen Zuckerrohrplantagen durch und an weißen Kolonialvillen aus dem 18. Jahrhundert vorbei weiter nach Sainte-Suzanne. Das Städtchen gruppiert sich um eine weiße Kirche und ein Kriegerdenkmal. Bereits von weitem sieht man den Leuchtturm und die **Zuckerfabrik,** die Sucrerie du Quartier Francais. 2 km westlich des Ortes liegt ein bei den Réunionais beliebter Picknickplatz am Fuße eines 30 m hohen **Wasserfalles** mit dem imposanten Namen **„Niagara".** Der Garten und das Gebäude des alten Pflanzerhauses **Jardin du Domaine du Grand Hazier** können nach Voranmeldung beim Office du Tourisme in Sainte-André oder beim Eigentümer direkt (Tel. 523281) besichtigt werden.

Unterkunft und Essen

●**Chambre d'Hôte Chez Mme. Caladama** in der Rue R. Vergès (Tel. 461143) ist das einzige Gästehaus in Sainte Suzanne. **Privatunterkünfte** kann das Office de Tourisme vermitteln (65, Rue Pierre-Mendès-France, Tel. 521363).

● **Le Niagara** heißt ein einfaches Restaurant in der Av. Pierre-Mendès-France (Tel. 522580). **Le Bocage** in der Chemin de Bocage (Tel. 522154) ist das führende chinesisch-französische Restaurant im Ort.

Sainte-Marie

Piraten

Der nordwestlichste Ort der „Küste im Wind" verdankt seinen Namen angeblich Piraten, welche die Heilige Jungfrau um Rettung anflehten, als ihr Schiff bei einem Sturm auf die Klippen geworfen wurde. Wie durch ein Wunder überlebten die Freibeuter tatsächlich und errichteten an der Unglücksstelle eine Kapelle zu Ehren der Jungfrau Maria. Wenige Kilometer weiter im Westen trifft man auf die Landebahn des **Flughafens Roland Garros;** von hier ist man in wenigen Minuten auf einer modern ausgebauten Autobahn in der Inselhauptstadt Saint-Denis.

Die drei Talkessel im Landesinnern

Einleitung

Eindrucksvolle Gebirgslandschaften

Im Inneren von La Réunion, nur wenige Autominuten von den Stränden in Saint-Gilles, Saint-Leu und Saint-Pierre entfernt, weist die Insel eindrucksvolle Gebirgslandschaften auf. Sobald man sich nur einige Kilometer landeinwärts begibt, finden sich an den Hängen der **Vulkane** urwüchsige **Tropenwälder, Wasserfälle** und tief eingeschnittene **Cañons,** in die Menschen nur selten vordringen. In der feuchten Wärme gedeihen Orchideen, Tamarinden, Palmen der unterschiedlichsten Arten und alle Formen von Farnen, Flechten und Lianen. Nicht umsonst war ein Tal des Cirque de Mafate „Location" für den Dinosaurierfilm „Jurassic Park"! Kenner von La Réunion sind sich einig:

mau_309cd

Die größten Reize der Insel liegen in diesen zum Teil noch wilden und dünn besiedelten Bergen versteckt. Wer sie entdecken will, muss sich zu Fuß oder mit dem Mountainbike aufmachen.

Hochebenen und Talkessel

Man unterscheidet zwischen zwei Hochebenen (**Plaine-des-Palmistes** und **Plaine-des-Cafres),** die zwischen dem aktiven Vulkan Piton de la Fournaise im Osten und den Bergen im Westen liegen, und den seit Jahrtausenden erloschenen Talkesseln **Cirque de Salazie, Cirque de Cilaos** und **Cirque de Mafate.**

Besiedlung

Die ersten Bewohner der von dichtem Wald bedeckten Talkessel waren ihren Herren entflohene **Sklaven,** die sich zur Kolonialzeit vor den Nachstellungen ihrer „Eigentümer" dort versteckt hielten. Sie waren für die Arbeit in den Zuckerrohrfel-

Im Talkessel Cirque de Mafate

dern rund um Saint-André auf den Sklavenmärkten in Mauritius, auf den Komoren und an der Ostküste Afrikas gekauft worden. Erst ab 1830 siedelten auch **französischstämmige Bauern** in den Kesseln und gründeten Ortschaften und bauten Früchte und Gemüse an.

Cirque de Salazie

Regenreich

Der Cirque de Salazie ist der regenreichste und daher auch grünste der drei Talkessel. In seiner Mitte trennt der **Piton d'Enchain** (1352 m) die Flüsse Bras de Fleurs Jaunes und Rivière du Mat, an dessen Ufer man durch bizarre Hochgebirgslandschaften mit hohen Wasserfällen fährt. Einer der schönsten **Wasserfälle** ist Le Voile de la Mariée (Brautschleier) kurz vor der Abzweigung der Straße nach **Grand Îlet** wenige Kilometer oberhalb von Salazie, dem Hauptort des Tales. Im **Ort Salazie** findet man einige gute Restaurants und eine Kirche, jeden Donnerstag wird ein lebhafter Markt abgehalten. Wer mit dem Auto unterwegs ist, sollte hier noch mal tanken, denn weiter oben gibt es kein Benzin mehr.

Informationen

- Im **Syndicat d'Initiative** (Rue Georges Pompidou, Salazie, Tel. 475014; geöffnet Mo bis Sa 9 bis 15, So 9 bis 11 Uhr) bekommt man Adressen von Privatunterkünften, Ferienhäusern und Chambre d'Hôtes in Salazie und dem Dorf Grand Îlet.

Essen und Trinken

- **Le Voile de la Mariée,** Tel. 475354, Ausflugsrestaurant auf halbem Weg zwischen der Küste und Hell-Bourg, ruhig und ein wenig abseits der Straße.
- **Les Lilas** und **Le Petit Bambou** haben beide nur über Mittag geöffnet.

Hell-Bourg

In der Folge der Besiedlung durch Kleinbauern („Petit Blancs des Hauts") entwickelte sich im 19. Jahrhundert in dem weiten Talkessel von Salazie der Anbau von Tabak, Wein, Reis, Kaffee, Bananen, Zitronen, Äpfeln und Pfirsichen, die man noch heute dort bekommt. Im Dorf Hell-Bourg

AUSFLÜGE IN DIE BERGE

Das Inselinnere von La Réunion ist ein Paradies für Bergsteiger und Wanderer. Doch wer es gewohnt ist, in den europäischen Alpen Bergtouren zu gehen, sollte seine dortigen Erfahrungen nicht 1 zu 1 auf La Réunion übertragen. Vor jeder Bergtour auf La Réunion muss man sich vor Ort über die in den kommenden Tagen zu erwartenden **Wetterverhältnisse** informieren. Das kann man in den Maison de la Montagne, in den Berghütten, beim Office National des Forêts (Rue Monseigneur-de-Beaumont, Saint-Denis, Tel. 213679) und beim Service de Météo, dem Wetterdienst (Tel. 21738), tun. Sie wissen auch über den momentanen Zustand der **Wanderwege** Bescheid, denn es kann zu unvorhersehbaren Wetterumschwüngen und Erdrutschen kommen. Wichtig ist es auch, die Ausflüge in die Berge sehr früh am Vormittag in Angriff zu nehmen sowie einen **dicken Pullover** und einen **Anorak** einzupacken, denn die Temperaturen fallen bis auf 0°C. Und das oberste Gesetz für jede Art von Wanderung und Klettertour in den Bergen lautet: **Nie allein gehen!**

Die Auswirkung der folgenden Faktoren auf eine Bergtour sollte man auf keinen Fall unterschätzen:

- schnelles Aufkommen von **undurchdringlichem und kaltem Nebel** ab 15 Uhr;
- rasches **Ansteigen des Wasserstands in Gebirgsbächen;**
- **unsichtbare Erdspalten,** die von junger Vegetation überwachsen sind;
- **Zusammentreffen mehrerer Schluchten,** die wegen ihrer Tiefe kaum zu überwinden sind.

In diesem Buch sind mehrere Bergrouten beschrieben, die mit normaler Ausrüstung und durchschnittlicher Kondition durchführbar sind. Wer an schwierigen Kletterpartien oder mehrtägigen Wanderungen interessiert ist, sollte sich an das Maison de la Montagne wenden. Dort kann man alle notwendigen Informationen geben, Ausrüstungsgegenstände zur Verfügung stellen und Führer vermitteln.

- **Maison de la Montagne,** Gîtes de France, 10, Place du Barachois, 97400 Saint-Denis, Tel. 907878 und 907890, Fax 418429, E-Mail: resa@reunion-nature.com, Internet: www.reunion-nature.com und www.gites-de-france.fr; geöffnet Mo bis Do 9 bis 17 Uhr, Fr 9 bis 16 Uhr und Sa 9 bis 12 Uhr.

Französischsprachige **Literatur und Karten** zu den Bergen von La Réunion kann man im Maison de la Montagne erwerben; manche Bücher bekommt man auch im Internet über www.amazon.fr.

stehen hübsche alte Kolonialhäuser in schmucken kleinen Gärten. Restaurants und einige Gästehäuser und Hotels laden zum Verweilen ein. Die **Thermalquellen** in Hell-Bourg 12 km oberhalb von Salazie waren der erste Anreiz für die Kolonialmacht, gute Wege und eine Straße in den hoch gelegenen Talkessel zu bauen. Seit 1852 wurden die heißen Quellen genutzt, um sich von der im Sommer oft tropischen Hitze und der damals noch verbreiteten Malaria an der Küste in kühler Luft und warmem Wasser zu erholen. Die Thermalquellen waren sogar Urlaubsziel für Franzosen, die auf Madagaskar oder Mauritius lebten. Wohlhabende Réunionais haben heute in und um Hell-Bourg Wochenendhäuser gebaut.

Eine koloniale Bilderbuchvilla liegt in einem verwildertem Garten gegenüber der Dorfkirche in der Rue Amiral Lacaze. Ein schmaler Weg führt durch den Garten der **„Villa Folio"** auf einen Brunnen zu, hinter dem sich eine Gartenlaube versteckt. Die Besichtigung der Villa ist für 5 Euro und

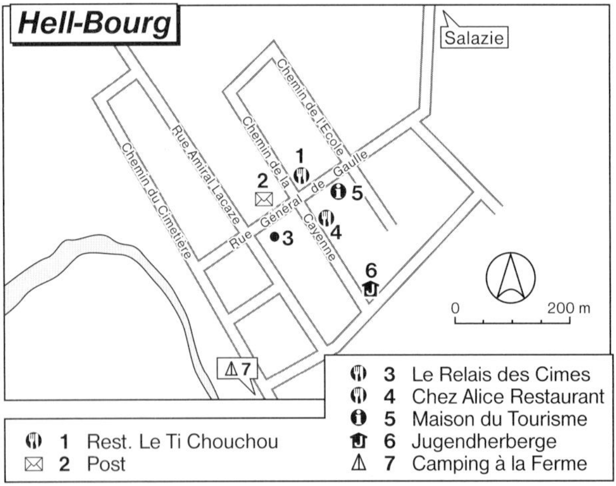

nach Voranmeldung (Tel. 478098) täglich von 9 bis 12 und 14 bis 16 Uhr möglich.

Der imposante Gipfel des **Piton des Neiges** (3070 m) ragt in den Himmel über Hell-Bourg, das selbst schon auf fast 1000 m Höhe liegt. In der Morgensonne ist er in rotes Licht getaucht. Der Ort ist Ausgangspunkt für Spaziergänge und anstrengende Bergwanderungen, die das nationale Forstamt mit sorgfältig markierten **Wanderwegen** (50 km Wegenetz) sicher ermöglicht. Es bieten sich u.a. Spaziergänge zum Roche Écrit, in den Wald von Bélouve oder zum Îlot à Vidot an.

Informationen:

● Infos erteilt das **Maison du Tourisme,** Tel. 478989, Rue Charles de Gaulle. Es kann Wanderführer vermitteln, die für 50 Euro pro Tag (Mittagessen in einem Restaurant „Table d'Hôte" inklusive!) Tageswanderungen begleiten und viel über Natur und Kultur der Cirques zu berichten wissen.

Unterkunft und Essen:

Achtung: Am Wochenende sind die wenigen Gästezimmer in Hell-Bourg oft ausgebucht. Langzeiturlauber sollten ihre Reise so planen, dass sie vor einem Wochenende nach Hell-Bourg kommen.

● Das **Le Relais des Cimes** (55, Rue du Général de Gaulle, Gruppe Anthurium Hotels, Tel. 931393, 70 bis 100 Euro pro Zimmer) gilt als das beste Hotel im Ort und hat einen kleinen Annex in einem stilvollen Kolonialhaus auf der gegenüberliegenden Straßenseite.

● **Jugendherberge,** 2, Rue de la Cayenne, Tel. 47413, 10 Euro pro Person, kreolisches Menü ebenfalls für etwa 10 Euro; 29 Betten, Küche. Man sollte aber einen Schlafsack mitbringen und keine großen Ansprüche an Sauberkeit stellen.

● Im eigenem Zelt kann man im **Camping à la Ferme** noch preiswerter schlafen (Îlet-à-Vidot, einige Kilometer außerhalb des Ortes, Tel. 478306, 11 Euro pro Zelt und Nacht).

● Im **Restaurant des Le Relais des Cimes** wird traditionell kreolisch gekocht, wobei vor allem die Produkte der Landwirtschaft im Talkessel Verwendung finden. *Chou-Chou,* ein lokales Gemüse, ist in den lokalen Gerichten die wichtigste Zutat. Das gilt auch für das Restaurant **Le Ti Chouchou,** das rustikal eingerichtet ist und einfache, gute und preiswerte Hausmannskost bietet. Bei **Alice** in der Rue Sanglier werden Tagesmenüs nach Voranmeldung (Tel. 479624) serviert.

Busse und Taxi-Kollektivs:

Hell-Bourg ist durch einen regelmäßigen Busverkehr mit Saint-André verbunden. Der Bus fährt alle 1½ Stunden. Schneller ist man mit Taxi-Kollektivs unterwegs, die Platz für neun Passagiere haben. Bushaltestelle und Taxi-Kollektiv-Treffpunkt ist der chinesische Gemischtwarenladen auf der Hauptstraße von Hell-Bourg. Beide Verkehrsmittel sind etwa bis 20 Uhr ununterbrochen im Einsatz. Die Fahrt mit dem Bus kostet ca. 5 Euro, die mit dem Taxi-Kollektiv etwa 8 Euro.

Cirque de Cilaos

Piton des Neiges

Der Ort Cilaos im gleichnamigen Talkessel ist von Hell-Bourg nur etwa 15 km Luftlinie entfernt. Doch der zwischen 2000 und 3000 m hohe Kraterrand mit dem Piton des Neiges (3070 m) als höchster Erhebung ist eine für Autos bisher unüberwindliche Barriere. Sportliche **Bergwanderer** können die Überquerung des Kraterrandes mit Besteigung des Piton des Neiges und Abstieg nach Cilaos innerhalb von 2 Tagen mit einer Übernachtung in der Berghütte Caverne Dufour auf knapp 2500 m Höhe schaffen. **Mit dem Auto** aber bleibt nur, die Bergstraße zurück nach Saint-André zu nehmen und entweder entlang der Nord- und Westküste oder (kürzer) an der Nordostküste und auf der N3 quer durch die Insel über die Plaine-des-Palmistes und die Plaine-des-Cafres an die Südwestküste zu fahren und von Saint-Louis (bei Ankunft aus Nordwesten) oder Saint-Pierre (bei Ankunft von den Plaines) zunächst die N1 und dann die N5 hinauf in den Talkessel von Cilaos zu fahren. Da beide Strecken 5 bis 6 Stunden Fahrzeit mit vielen Ortsdurchfahrten beanspruchen, empfiehlt es sich, dies nicht in einer Etappe durchzuführen. Beispielsweise kann man eine oder zwei Übernachtungen in der Plaine-des-Palmistes einplanen und von dort aus den Vulkan Pi-

Der Cirque de Cilaos, ein Paradies für Mountainbiker

ton de la Fournaise besteigen (siehe im Abschnitt „Plaine-des-Cafres"). In Saint-Louis beginnt die stark gewundene, abenteuerliche Bergstraße N5, auf der man für die etwa 35 km bis in den Cirque eine gute Stunde Fahrtzeit einkalkulieren sollte, nicht nur wegen der gewundenen und steilen Sträßchen, sondern auch weil man atemberaubende Ausblicke genießt. Die am Flussbett entlangführende Bergstraße berührt dichte Kastanien- und Eichenwälder, und von Zeit zu Zeit gibt sie den Blick frei auf einen der zahlreichen Wasserfälle.

Informationen zum Talkessel

Der Talkessel von Cilaos wird vom Piton des Neiges im Nordosten, dem Gros Morne im Norden und dem Grand Bénare im Westen überragt, die zwischen 2896 und 3070 m hoch sind. Der Kessel selbst (1200 m) ist von einem **1800 bis 2000 m**

mau 315cd

hohen Kraterring umgeben, aus dem nur ein schmaler Ausgang nach Süden führt, durch den der Rivière Saint-Étienne ins Tal abfließt. Quer durch den Kessel ziehen sich die niedrigere Bergkette der Calumets und vier kleine Flüsse: Bras de Saint-Paulette, Bras de Benjoin, Petit Bras und Bras Rouge.

Ort Cilaos

Im 17. Jahrhundert war Cilaos Fluchtpunkt entlaufener Sklaven, daher auch der Name, den sie dem Ort gaben: Das madagassische „Tsi laosa" heißt übersetzt „von wo man nicht zurückkehrt". Heute wirkt die **Stadt im Zentrum des Talkessels** europäisch; der Tourismus, die Sommerfrischler von den Küsten, der Verkauf des bekannten Weines von Cilaos und vor allem die teuren und kunstvollen **Stickereien** haben einen bescheidenen Wohlstand entstehen lassen. Die Stickereien kann man im Maison de la Broderie bewundern und auch kaufen!

Thermen von Cilaos

Als Ende des 19. Jahrhunderts eine erste Trasse von der Küste in den Cirque de Cilaos fertig gestellt worden war, errichtete man über den damals ergiebig sprudelnden, heißen Quellen ein paar Strohhütten und Wannen, die das mineralreiche Quellwasser auffingen. Später wurde ein für die damalige Zeit pompöses Hotel einige hundert Meter entfernt errichtet (Hotel des Thermes), das nach dem Zweiten Weltkrieg weitgehend zerfiel und erst zu Beginn der 1990er Jahre renoviert wurde. Das heutige **Kurzentrum Irénée Accot** hat nicht nur heiße Thermalbäder, sondern auch Massagen und Saunagänge im Angebot.

Bergwanderungen

Hauptattraktion im Talkessel – neben den Thermen – sind die vielen leichten bis schweren Bergtouren, die von Cilaos aus zu unternehmen sind. Die schönste davon ist die Besteigung des Piton des Neiges (s.u.), aber auch der Aufstieg zum nur 800 m über dem Ort liegenden Kraterrand und

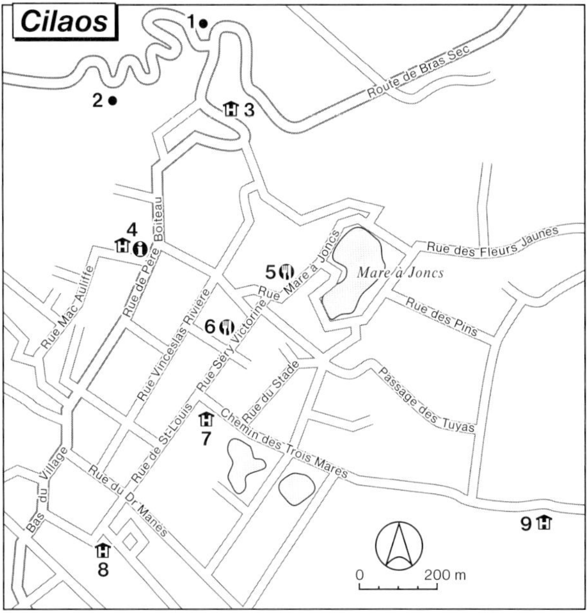

- 1 Thermalbad
- 2 Thermalbad
- 3 Chez La Graveur
  Chambres d'Hôte
- 4 Office du Tourisme,
  Maison de la Montagne
- 5 Restaurant Le Marla
- 6 Chez Idmont
- 7 Hotel Le Vieux Cep
- 8 Les Aloès
- 9 Les Chenets

der Blick in die benachbarten Cirques de Salazie und Cirque de Mafate sind unvergessliche Naturerlebnisse. Noch bequemer sind Wanderungen zu abgelegenen Bergdörfern wie Bras Sec (15 km hin und zurück) und Îlet à Cordes (22 km), da nur geringe Höhenunterschiede zu bewältigen sind.

Besteigung des Piton des Neiges

Diese Kletterpartie ist **nur für geübte Bergsteiger mit guter Kondition** geeignet. Der Ausflug nimmt zwei Tage in Anspruch, Ausgangspunkt ist Cilaos.

● **Erste Etappe:** Etwa 2 km im Norden von Cilaos zweigt ein Wanderweg von der Straße ab, die an den Thermalquellen vorbei nach Bras Sec führt. Der Weg geht durch den **Wald von Grand Matarum,** der zunächst den Blick auf Cilaos und den Talkessel verdeckt. Oberhalb des Waldes, in **Belvédère de la Découverte** und auf dem **Plateau**

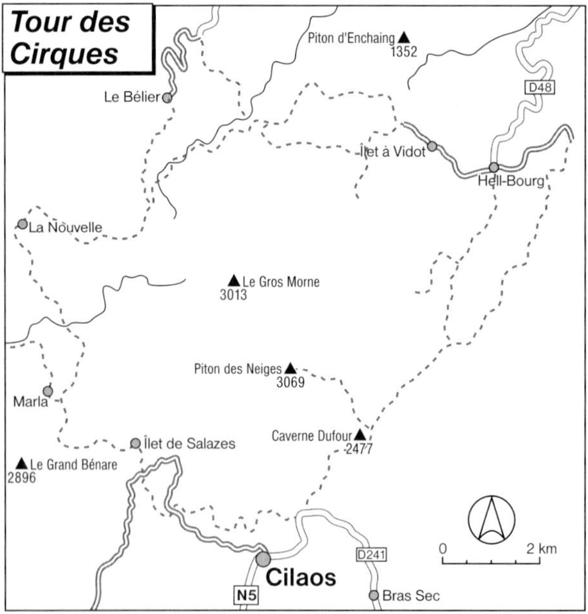

Petit Matarum, bieten sich bei herrlicher Aussicht Gelegenheiten zum Ausruhen bevor man einen steilen Aufstieg beginnt. Auf dem Hochplateau in 2500 m Höhe liegt die **Berghütte Caverne Dufour.** Die Hütte wurde komplett ausgebaut und hat jetzt immerhin 50 Schlafplätze, es gibt einfaches, gutes Essen und eine wunderbare Aussichtsterrasse, von der man auf den Wald von Bébourg im Nordosten blickt. Eine Reservierung der Übernachtung und der Mahlzeit im Maison de la Montagne (Tel. 907878) ist unbedingt erforderlich (Gehzeit 3 bis 4 Stunden).

● Die **zweite Etappe** bildet die Strecke **von der Berghütte zum Gipfel des Piton des Neiges.** Sie ist nur 2½ km lang, der Höhenunterschied allerdings beträgt gute 500 m, weshalb man für die Strecke 2 Stunden benötigt. Es empfiehlt sich, bereits bei (oder vor) Sonnenaufgang zu starten, denn der Aufstieg ist mühsam, besonders wenn die Sonne auf fast 3000 m Höhe herunterbrennt. Bevor man das letzte Stück in Angriff nimmt, kann man einen Blick zurück in den Cirque de Cilaos werfen, der von hier oben in voller Größe zu sehen ist. Kurz vor dem Gipfel passiert man eine Wetterstation. Von hier oben sieht man im Westen den Grand Bénare, im Nordwesten den Gros Morne, den Roche Écrit und einen Teil des Cirque du Mafate, im Nordosten die Küste um Sainte-Suzanne und im Südwesten den Piton de la Fournaise.

● **Dritte Etappe:** Man nimmt den gleichen Weg zurück, den man gekommen ist. Als Alternativen kommen eine Wanderung in die Plaine-des-Cafres (5 Stunden Fußweg ab der Berghütte Caverne Dufour) oder eine nach Norden in den Cirque de Salazie (ebenfalls ca. 5 Stunden Fußweg ab der Berghütte Caverne Dufour) in Betracht.

Informationen

● **Syndicat d'Initiative** (Tel. 317803), die Organisation **Pays d'Accueil de Cilaos** (Tel. 317117) und das **Maison de la Montagne** (Tel. 907878) haben Büros in einem Gebäude im Ortskern (2, Rue Max Auliffe), wo man auch Wanderkarten und Wegbeschreibungen bekommt.

Unterkunft

● Als Nummer 1 unter den Hotels im Cirques de Cilaos gilt seit langem das **Hotel Le Vieux Cep** (2, Chemin des Trois Mares, Tel. 317189 oder Gruppe Anthurium Hotels, Tel. 931393, www.levieuxcep-reunion.com, 24 Zimmer, 80 bis 90 Euro pro Zimmer); kleines, gemütliches Hotel mit Pool und wunderbarem Bergblick und idealer Lage im Ortskern.
● **Les Chenets,** in der gleichen Straße wie das Vieux Cep, aber näher am Ortsrand; sehr große Zimmer zwischen 90 und 120 Euro pro Nacht.
● **Les Aloès,** Rue Saint-Louis, Tel. 318196, 70 Euro pro Nacht.

● Preiswerter sind einige einfache Chambres d'Hôte, wie etwa **Chez la Graveur** (2, Route des Sources, Tel. 317364) oder **Chez Idmont** (9, Rue Victorine-Séry, Tel. 317247), beide pro Nacht und Zimmer um die 40 Euro. Einfach, aber wegen seiner freundlichen Leitung empfehlenswert ist das **Hotel des Neiges** (1, Rue Mare à Joncs, Tel. 317298, 30 Euro).

● Weitere Gîtes d'Étapes und Chambres d'Hôte werden vom Syndicat d'Initiative (s.o.) vermittelt.

Essen und Trinken

Viele Restaurants im Ort haben nur mittags geöffnet. Man isst in den oben genannten Hotels und Gästehäusern zwar gut zu Abend, aber wer ausgehen möchte, kann es hier probieren: **La Terrasse,** kreolische Gerichte, die auf dem Holzfeuer zubereitet werden; **Restaurant Le Marla,** 1, Rue de la Mare-a'-Joncs, Tel. 317233, kreolisch-französische Küche.

Cirque de Mafate

Unzugänglich

Einen großartigen Ausblick auf Mafate hat man vom Gipfel des Piton Maido (siehe entsprechenden Abschnitt); man bekommt hier einen Eindruck von der **Abgeschiedenheit und Wildheit** dieses Talkessels. Der Cirque de Mafate ist der eindrucksvollste und unzugänglichste Talkessel, denn noch führt keine Autostraße dorthin, die Menschen leben autark oder bekommen bei Bedarf Nahrungsmittel mit dem Hubschrauber gebracht. Er ist umgeben von zum Teil fast senkrecht aufragenden Felswänden, in die sich Sturzbäche eingegraben haben. Mafate ist der wildeste Cirque mit dem geringsten Baumbestand; mit nur knapp 1000 Einwohnern ist er auch **am dünnsten besiedelt.** 90% des Landes gehört dem Staat, und fast alle Bewohner sind beim nationalen Forstamt angestellt.

Zu Fuß unterwegs

Der mühsame Fußweg in das Tal von Mafate lohnt sich, obschon man mehrere Stunden dafür einplanen muss. **Über 200 km markierter Wege** innerhalb des Kessels führen durch urwüchsige, unberührte Natur. Da er durch die beiden anderen Cirques zur Windseite hin abgeschirmt ist, bekommt der Cirque de Mafate vergleichsweise wenig Niederschlag ab, was den Einstieg in den Kessel auf den schmalen Fußwegen ein wenig erleichtert. Man kann es natürlich auch bequemer haben, indem man sich per Helikopter einfliegen und wieder abholen lässt, doch wer ohnehin vor hat, ein paar Tage zu wandern, kann ja gleich über einen der Fußwege in den Cirque „einsteigen":

Einstiege in den Kessel

- **Von Hell-Bourg** über das Dorf Îlet à Vidot und den Col de Fourche (2009 m) nach La Nouvelle (ca. 9 Std.).
- **Von Hell-Bourg** nach Grand-Îlet (bis dahin mit dem Taxi!) und über den Piton Marmite (1877 m; ca. 5 Std.).
- **Von Saint-Paul** an der Westküste mit dem Taxi bis Maido und von dort den steilen Abstieg nach Roche-Plate (2 Std.).
- **Von Le Port** entlang des Rivière des Galets, so wie der Postbote in alten Zeiten, als es noch keinen Posthubschrauber gab. Da die Wanderung am Bach und häufig auch im Flussbett lang und feucht ist, kann man sich ein gutes Stück per Allradfahrzeug hinaufbringen lassen und das letzte Stück (2 Stunden) zu Fuß gehen.
- **Von Le Port** mit dem Auto auf der D1 bis Dos d'Ane und von dort 2 Std. zu Fuß nach Deux-Bras und weitere 2 Std. zur ersten Unterkunft in Aurère.
- **Von Cilaos** über den Col du Taibit bis Marla (3 Std., aber steil!).

Unterkunft und Essen

Für Wanderer stehen mehrere **Berghütten** bereit: La Nouvelle, Roche-Plate, Grand Place, Marla und Aurère werden vom Maison de la Montagne geführt und müssen auch dort (frühzeitig!) gebucht werden. Wildes **Zelten** ist nicht gestattet, es treffen sich aber an bestimmten Plätzen immer Wanderer, die ihre Zelte unbehindert aufbauen. Erlaubt ist das Zelten auf den öffentlichen Zeltplätzen von La Nouvelle, in Aurère in Cayenne und in Roche-Plate. Zu **essen** gibt es in den Berghütten, in den Dörfern findet man Lebensmittelgeschäfte, in denen man sich versorgen kann.

Die Hochebenen und der Vulkan Piton de la Fournaise

Straße N3

Die aus gigantischen Lavaströmen entstandenen abgeflachten Hochebenen **Plaine-des-Palmistes** und **Plaine-des-Cafres** liegen zwischen dem Piton de la Fournaise im Südosten und den drei Cirques mit dem Piton des Neiges als Mittelpunkt im Nordwesten. Sie sind durch die sehr gut ausgebaute Straße N3 (**„Route des Plaines"**) zwischen Saint-Benoit im Norden und Saint-Pierre im Süden erschlossen. Zwischen Zuckerrohrpflanzungen führt sie von Saint-Benoit zunächst sanft bergauf. Sobald die Zuckerfelder zurückliegen, beginnen sich niedrige Sträucher und Büsche auf weiten Flächen auszudehnen, die Berghänge bedecken wild wachsende Azaleen und Ginster. Auf der Passhöhe auf etwa 1600 m hat man den Eindruck, in einer weiten, offenen Mittelgebirgslandschaft mit Laub- und Nadelwäldern wie in Europa zu sein.

Plaine-des-Cafres

Bourg-Murat

Folgt man der Straße von Saint-Pierre über Tampon nach Plaine-des-Cafres (ca. 23 km), befindet man sich im Zentrum der gleichnamigen Hochebene. Ein weiterer kleiner Ort, Bourg-Murat, liegt 4 km weiter im Norden. Beide haben keine besonderen Reize, sondern sind **Ausgangspunkte für Wanderungen** über die Plaine-des-Cafres und zu den Cirques im Westen sowie zum Piton de la Fournaise im Osten. Statt der tropischen Vegetation im Süden erstrecken sich jetzt endlose Tamarinden- und Stechginstersavannen beiderseits der Straße. Auf kleinen Weideflecken grasen Kühe, hier und da entdeckt man einen Bauernhof. Die Vegetation hat sich komplett verändert, da man sich im Schatten der Südostwinde befindet, wo es weit weniger regnet als im Nordosten.

Informationen

● **Pays d'Acceuil des Hautes Plateaux,** Plaine-des-Cafres, Tel. 590892

● **Office de Tourisme de la Plaine-des-Cafres,** an der Route du Volcan (in Bourg-Murat)

Museum

● Wer sich für Vulkane interessiert, findet in Bourg-Murat mit dem **Maison du Volcan** ein Museum der Extraklasse, für das er mindestens 1 bis 2 Stunden einplanen sollte. Hier wird nicht nur der Piton de la Fournaise in Worten, Bildern, Filmen und anhand von Modellen erläutert, sondern alle wichtigen Vulkane der Erde.

Unterkunft

● **Les Géraniums,** Tel. 591106 oder bei Anthurium Hotels, Tel. 931393, 90 Euro pro Zimmer; einfaches, kleines Hotel mit gutem Restaurant und herrlichem Ausblick, wenn man ein Zimmer in Richtung Norden (Piton des Neiges) bekommt!

● Preiswerter, aber auch sehr einfach sind die Zimmer des **La Fermette** im Zentrum von Plaine-des-Cafres, Tel. 275008.

● Günstig gelegen ist das **Hotel du Volcan** in Bourg-Murat unmittelbar neben dem Museum Maison du Volcan an der Kreuzung zwischen der N3 und der zum Piton de la Fournaise hinaufführenden R.F.5. (Tel. 275091, 50 Euro pro Zimmer).

Essen und Trinken

● Das **Restaurant im Hotel Les Géraniums** gilt als eines der besten der Region, ebenso wie **La Bonne Grillade** an der Route du Volcan: Hier kann man zwischen chinesischen und kreolischen Gerichten wählen; geöffnet bis 19.30 Uhr, am Mittwoch geschlossen.

● Am Nordausgang von Plaine-des-Cafres liegt rechts der Straße das **Le Vieux Bardeau** (Tel. 590944) in einer kreolischen Villa mit ausgezeichneten französischen und kreolischen Gerichten zu etwas höheren Preisen.

Piton de la Fournaise (2510 m)

Aktiver Vulkan

Nur einen Sprung von den drei Talkesseln entfernt und von ihnen durch die weite, fruchtbare Hochebene der beiden Plaines getrennt, überragt ein aktiver Vulkan den Südosten der Insel. In der düsteren und feierlichen Welt des **Enclos du Grand Brulé** erhebt sich der Piton de la Fournaise als ein gleichmäßiger Kegel aus schwarzer Lava. Sein

Gipfel besteht aus **zwei** miteinander verbundenen **Kratern:** Der höhere, der **Cratère Bory,** ist letztmals 1791 ausgebrochen; er ist 200 m breit und nur wenige Meter tief. Der andere, der **Cratère Brulant,** hat einen Durchmesser von 900 m und eine Tiefe von derzeit ca. 100 m und brodelt ständig. Man kann an den Kraterrand herangehen und das Naturschauspiel der rauchenden Krater aus der Nähe betrachten.

Aufstieg

Am Wochenende und an klaren Tagen ist die Besteigung des Piton de la Fournaise nicht nur ein eindrucksvolles Erlebnis für überseeische Gäste, sondern auch für viele Réunionais. Auf dem Parkplatz am Kraterrand drängen sich die Autos und wirken unwirklich inmitten der kargen und dem Wind ausgesetzten Vulkanlandschaft. Eine Reise nach La Réunion ohne die Besteigung des Piton de la Fournaise wäre unvollständig, aber wer kann, sollte das Wochenende meiden.

Um eine Chance zu haben, den Gipfel zu erreichen, bevor Wolken ihn spätestens in der Mittagszeit einhüllen, sollte man sehr **früh aufstehen** und möglichst noch bei Dunkelheit die Fahrt zum Kraterrand beginnen. Egal, ob man von Südwesten (Saint-Pierre, Tampon) oder von Nordosten (Saint-Benois, Plaine-des-Palmistes) kommt, man muss lediglich die Kilometersteine an der Straße beachten. Bei Kilometerstein 27 liegt der Ort **Le Vingt-septième** („Der Siebenundzwanzigste"), denn zur Benennung der Dörfer hat man einfach die Kilometersteine genutzt. Hier biegt eine Straße nach Südosten ab und windet sich zunächst durch den kleinen Ort (Hinweisschilder beachten!). Anschließend erweitert sie sich zu einer gut ausgebauten Bergstraße mit herrlichen Ausblicken über die Berge und nach Norden auf den höchsten

mau_325cd

Gipfel der Insel, den Piton des Neiges. Noch ist die Landschaft einladend grün, weite Weiden wechseln ab mit Kiefernwäldern, in denen Picknickplätze eingerichtet wurden. Abrupt ändert sich das Bild, wenn man nach etwa 30 km einen weiten Kraterrand erreicht; man sieht eine schwarze Steinwüste, die **Plaine des Sables.** Vom Kraterrand aus windet sich die Straße hinunter in diese Wüste und durchquert sie dann kerzengerade. Am Südostende steigt sie wieder sanft an, und man erreicht eine Abzweigung, an der man links zur ausgebauten **Berghütte** (mit Zimmervermietung) fährt. Geradeaus geht es auf den zweiten Kraterrand, den **Pas de Bellecombe.** Hier befinden sich eine **Schutzhütte** mit einem Modell des Berges und Darstellungen der geologischen Gegebenheiten sowie ein großer Parkplatz. Wer sich die Illusion erhalten will, „Entdecker" des Kraters zu sein, sollte sich schon in Saint-Denis oder von seinem Hotel aus ein Zimmer in der Berghütte reservieren, die etwa 100 Höhenmeter unterhalb des Kraterrandes liegt, und von hier aus am sehr frühen nächsten Morgen bei Dunkelheit aufbrechen. Es ist ein majestätisches Erlebnis, von der Hütte aus allein den Gipfel zu erklimmen und oben den Sonnenaufgang zu beobachten!

Vom Parkplatz bei der Schutzhütte muss man zunächst einen schmalen, mit Seilen gut gesicherten Pfad in den riesigen **Krater Enclos Fouqué** hinuntersteigen. Ist man am Grund angekommen, folgt eine zunächst nur mäßig ansteigende kerzengerade Wanderung über schwarzes Lavagestein, aus dem vereinzelt erstes Grün herausbricht. Man passiert auf dem mit weißer Farbe auf dem schwarzen Gestein markierten Weg einen weiteren kleinen **Krater,** den **Formica Léo.** Nach etwa 1 Stunde wird der Weg steiler, und man muss in der recht dünnen Luft auf über 2200 m Höhe ein wenig kämpfen. Nach ca. 2 Stunden erreicht man den **obersten Kraterrand,** von dem man in die eigentliche Öffnung des Vulkans blickt. Im Kessel sieht man die Krater Bory und Brulant, aus letzterem steigen Rauchwolken auf.

Dort, wo der Weg steiler wird, sind zwei Anstiege weiß markiert. Wer genug Zeit und Kondition hat, sollte der linken Spur folgen, die etwas sanfter ansteigt und nach 2 km den Krater erreicht. Wenn man diesem Weg folgt, kann man den gesamten Kraterrand umwandern, wobei man atemberaubende Ausblicke auf das Meer und die Regenwälder am Abhang des Vulkanes genießt. Das geht umgekehrt natürlich auch, macht aber in dieser Richtung mehr Spaß, da der Aufstieg flacher, der Abstieg steiler und kürzer ist. Auf diese Weise wird aus der etwa 4- bis 5-stündigen Wanderung eine 5- bis 6-stündige Tagestour. Egal für welche der Versionen Sie sich entscheiden, vergessen Sie

Weite Ebenen kennzeichnen die Hochplateaus

nicht, **Proviant** und vor allem **ausreichend Getränke** mitzubringen! Am Krater gibt es weder Restaurant noch eine Hütte, die ein Gipfelbier servieren könnte! Außerdem ist **gutes Schuhwerk** wichtig, eine **Regenhaut** empfehlenswert, und wer vor Sonnenaufgang aufbricht, benötigt eine starke **Taschenlampe.**

Unterkunft

● **Berghütte** mit wenig Komfort, aber es gibt alles, was man benötigt, um die Nacht vor dem Aufstieg dort zu verbringen. Man sollte rechtzeitig einen Platz oder gar eines der 3 Doppelzimmer beim Verkehrsverein in Saint-Denis reservieren.

Plaine-des-Palmistes

Ausgedehnte Wanderungen

Nordwestlich von Bourg-Murat und der Abzweigung zum Vulkan, auf einer Höhe von etwa 1400 m, erreicht man das **Städtchen La Plaine-des-Palmistes,** das von weiten Flächen umgeben ist. Die kleinen Palmen, die der Ort und der großen Ebene ihren Namen gegeben haben, sind leider dem Gemüse und Obstanbau zum Opfer gefallen. Im Städtchen verteilt liegen hübsche Wochenendvillen, erbaut von wohlhabenden Réunionais aus den heißen Küstenregionen. An den

mau_327cd

Berghängen hat sich üppige Vegetation mit baumartigen Farnen und massigen Rhododendrongewächsen, Hortensien und wilden Fuchsien angesiedelt. Diese Hochebene, die sich nach Nordosten neigt, ist grüner und feuchter als die Plaine-des-Cafres, die dem stetig wehenden Südostwind abgewandt liegt. Wie die Plaine-des-Cafres ist auch die Palmistes-Hochebene ein erfrischendes Erholungsgebiet, in dem man ausgedehnte Wanderungen bis in den Cirque de Salazie unternehmen kann. Eine der schönsten ist die Wanderung durch den Wald von Bébourg und den Wald von Bélouve bis nach Hell-Bourg (s.u.). Aber auch kürzere Ausflüge sind reizvoll: zu den **Wasserfällen von Biberon** (1 Stunde vom Hotel Alizée aus) und

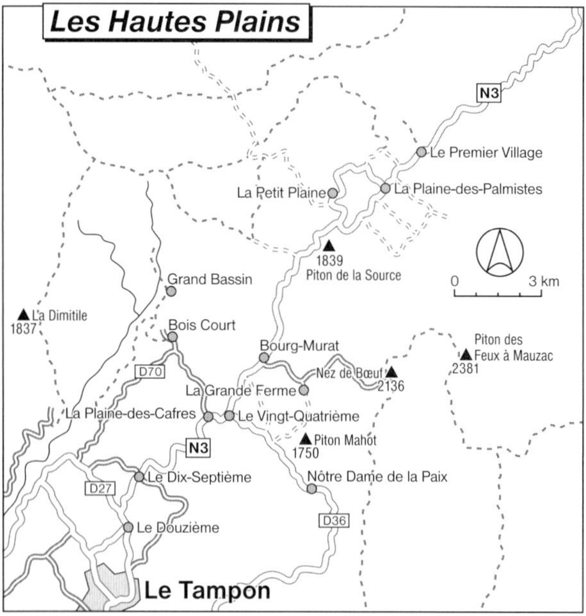

zum **Trou de Fer,** dem höchsten Wasserfall der Insel, den man nach einer zweistündigen Wanderung von der Gîte de Bélouve (s.u.; der Weg ist ab der Hütte ausgeschildert) bewundern kann.

Von Bébour in den Wald von Bélouve

Diese **Wanderung** dauert einen Tag, da man aber wenige Steigungen zu überwinden hat, ist sie **nicht schwierig.** Man nimmt in Plaine-des-Palmistes den Fahrweg, der von der asphaltierten Straße nach rechts (R.F.2 nach Norden) abbiegt. Nachdem ein Forsthaus passiert ist, trifft man auf ein Flüsschen, den **Bras Chanson,** das auch den Eingang in den Wald von Bébour markiert. Dort wird man von dichter, überquellender Vegetation umfangen, von einem Stück unberührten Urwalds. Rechts des Weges fließen Gebirgsbäche, die sich später in die Schlucht von Takamaka stürzen. Bald ist eine Weggabelung erreicht. Man nimmt den linken Weg in Richtung Hell-Bourg. Nachdem man das Flüsschen **Bras de Patience** am Fuße des **Mazerin** (2090 m) überquert hat, kommt man auf dem **Plateau von Bélouve** an, wo eine komfortable **Berghütte** steht (Gîte de Montagne de Bélouve, Tel. 412123). Von hier hat man den Piton des Neiges im Westen ganz nah vor sich und findet bald den Forstweg nach **Hell-Bourg.** In Hell-Bourg kann man sich am Mare aux Poules d'Eaux ausruhen und den Sonnenuntergang, der den Piton des Neiges in warmes Licht taucht, genießen.

Unterkunft

- Das **Hotel des Plaines** gilt als bestes Haus am Platz (156, Rue de la République, Tel. 513197, 80 Euro pro Zimmer.
- Preiswerter sind die **Bungalows Les Azalées** (sie haben aber den Charme eines Motels).
- **La Ferme du Pommeau** (Tel. 514070 oder Gruppe Anthurium Hotels, Tel. 931393, 60 Euro pro Zimmer) liegt in der Rue Depeindray d'Ambelle und hat einen wunderbaren Bergblick vom Restaurant aus.

Essen und Trinken

- **Chez Tante Agathe** ist bis 20 Uhr geöffnet; die Speisekarte bietet kreolische Küche.
- **Les Platanes,** chinesische und kreolische Gerichte; geöffnet von 14 bis 20 Uhr.
- **Chez Bernard,** zu Mittag wird kreolisch gekocht.

mau_330mtpa

ANHANG

Reisegesundheitsinformationen zu Mauritius

Stand: August 2004

Die nachstehenden Angaben dienen der raschen Orientierung, welche Vorschriften und Gesundheitsvorsorgemaßnahmen für eine geplante Reise in das Land zu beachten sind.

Die Angaben wurden nach bestem Wissen und sorgfältiger Recherche zusammengestellt. Eine Gewähr oder Haftung kann nicht übernommen werden.

Klima:

Tropisch-maritimes Klima mit feuchten Sommern (Dezember bis März) und etwas weniger niederschlagsreichen Wintermonaten (Mai bis Oktober); mittlere Temperatur an der Küste zwischen 21 und 27°C und im Hochland zwischen 18 und 24°C.

Einreise-Impfvorschriften:

Bei Direktflug aus Europa: keine Impfungen vorgeschrieben.

Bei einem vorherigen Zwischenaufenthalt (innerhalb der letzten 6 Tage vor Einreise) in einem der aufgeführten Länder (Gelbfieber-Endemiegebiete) wird bei Einreise eine gültige Gelbfieber-Impfbescheinigung verlangt (ausgenommen Kinder unter 1 Jahr).

Gelbfieber-Impfbescheinigung erforderlich bei Einreise aus: Angola; Äquatorialguinea; Äthiopien; Benin; Bolivien; Brasilien; Burkina Faso; Burundi; Ecuador; Elfenbeinküste; Franz. Guayana; Gabun; Gambia; Ghana; Guinea; Guinea-Bissau; Guyana; Kamerun; Kenia; Kolumbien; Kongo, Rep.; Kongo, Dem. Rep.; Liberia; Mali; Niger; Nigeria; Panama; Peru; Ruanda; Sao Tomé & Principe; Senegal; Sierra Leone; Somalia; Sudan; Surinam; Tansania; Togo; Tschad; Uganda; Venezuela; Zentralafrikanische Republik.

Empfohlener Impfschutz:

Generell: Tetanus, Diphtherie, Hepatitis A, Polio.

Außerdem sind zu erwägen: Impfschutz gegen Typhus und Hepatitis B (bei Langzeitaufenthalten und engerem Kontakt mit der einheimischen Bevölkerung) bei folgenden Reisebedingungen: Reise durch das Landesinnere unter einfachen Bedingungen (Rucksack-/Trecking-/Individualreise) mit einfachen Quartieren/Hotels; Camping-Reisen, Langzeitaufenthalte, praktische Tätigkeit im Gesundheits- oder Sozialwesen, enger Kontakt zur einheimische Bevölkerung wahrscheinlich.

Wichtiger Hinweis:

Welche Impfungen letztendlich vorzunehmen sind, ist abhängig vom aktuellen Infektionsrisiko vor Ort, von der Art und Dauer der geplanten Reise, vom Gesundheitszustand sowie dem eventuell noch vorhandenen Impfschutz des Reisenden.

Da im Einzelfall unterschiedlichste Aspekte zu berücksichtigen sind, empfiehlt es sich immer, rechtzeitig (etwa 4 bis 6 Wochen) vor der Reise eine persönliche Reise-Gesundheits-Beratung bei einem reisemedizinisch erfahrenen Arzt oder Apotheker in Anspruch zu nehmen.

Malaria:

Risiko: ganzjährig; sehr geringes Risiko in einzelnen ländlichen Gebieten; malariafrei ist die Insel Rodrigues.

Vorbeugung: Ein konsequenter Mückenschutz in den Abend- und Nachtstunden verringert das Malariarisiko erheblich **(Expositionsprophylaxe).** Die wichtigsten Maßnahmen sind: In der Dämmerung und nachts Aufenthalt in mückengeschützten Räumen (Räume mit Air Condition, Mücken fliegen nicht vom Warmen ins Kalte); beim Aufenthalt im Freien in Malariagebieten abends und nachts weitgehend körperbedeckende Kleidung (lange Ärmel, lange Hosen) tragen; Anwendung von insektenabwehrenden Mitteln (Wirkungsdauer 2 bis 4 Stunden) an unbedeckten Hautstellen (Wade, Handgelenke, Nacken); im Wohnbereich Anwendung von insektenabtötenden Mitteln in Form von Aerosolen, Verdampfern, Kerzen, Räucherspiralen; Schlafen unter dem Moskitonetz (vor allem in Hochrisikogebieten).

Ergänzend ist die Einnahme von Anti-Malaria-Medikamenten **(Chemoprophylaxe)** evtl. zu empfehlen. Zu Art und Dauer der Chemoprophylaxe fragen Sie Ihren Arzt oder Apotheker, bzw. informieren Sie sich in einer qualifizierten reisemedizinischen Beratungsstelle. Malariamittel sind verschreibungspflichtig.

Ratschläge zur Reiseapotheke:

Vergessen Sie nicht, eine kleinere oder größere Reiseapotheke mitzunehmen (wenigstens Medikamente gegen Durchfall, Fieber und Schmerzen sowie Verbandstoff, Pflaster und Wunddesinfektion), damit Sie für kleinere Notfälle gerüstet sind. Nicht vergessen: Medikamente, die der Reisende ständig einnehmen muss! Wenn Sie spezielle Fragen zur Reiseapotheke haben, wenden Sie sich am besten an eine Apotheke mit reisemedizinisch qualifizierten Mitarbeitern.

Aktuelle Meldungen:

HIV-Test: Ausländer müssen zur Beantragung einer Arbeitserlaubnis einen negativen HIV(AIDS)-Test aus ihrem Heimatland vorlegen. Eine Nachtestung innerhalb von 3 Monaten nach Ankunft im Land ist möglich.

Reisegesundheitsinformationen zu La Réunion

Stand: August 2004

Die nachstehenden Angaben dienen der raschen Orientierung, welche Vorschriften und Gesundheitsvorsorgemaßnahmen für eine geplante Reise in das Land zu beachten sind.

Die Angaben wurden nach bestem Wissen und sorgfältiger Recherche zusammengestellt. Eine Gewähr oder Haftung kann nicht übernommen werden.

Klima:

Tropisch-heißes Klima; Regenzeit von Dezember bis April.

Einreise-Impfvorschriften:

Bei Direktflug aus Europa: keine Impfungen vorgeschrieben.

Bei einem vorherigen Zwischenaufenthalt (innerhalb der letzten 6 Tage vor Einreise) in einem der aufgeführten Länder (Gelbfieber-Endemiegebiete) wird bei Einreise eine gültige Gelbfieber-Impfbescheinigung verlangt (ausgenommen Kinder unter 1 Jahr).

Gelbfieber-Impfbescheinigung erforderlich bei Einreise aus: Angola; Äquatorialguinea; Äthiopien; Benin; Bolivien; Brasilien; Burkina Faso; Burundi; Ecuador; Elfenbeinküste; Franz. Guayana; Gabun; Gambia; Ghana; Guinea; Guinea-Bissau; Guyana; Kamerun; Kenia; Kolumbien; Kongo, Rep.; Kongo, Dem. Rep.; Liberia; Mali; Niger; Nigeria; Panama; Peru; Ruanda; Sao Tomé & Principe; Senegal; Sierra Leone; Somalia; Sudan; Surinam; Tansania; Togo; Tschad; Uganda; Venezuela; Zentralafrikanische Republik.

Empfohlener Impfschutz:

Generell: Tetanus, Diphtherie, Hepatitis A, Polio.

Außerdem sind zu erwägen: Impfschutz gegen Typhus und Hepatitis B (bei Langzeitaufenthalten und engerem Kontakt mit der einheimischen Bevölkerung) bei folgenden Reisebedingungen: Reise durch das Landesinnere unter einfachen Bedingungen (Rucksack-/Trecking-/Individualreise) mit einfachen Quartieren/Hotels; Camping-Reisen, Langzeitaufenthalte, praktische Tätigkeit im Gesundheits- oder Sozialwesen, enger Kontakt zur einheimische Bevölkerung wahrscheinlich.

Wichtiger Hinweis:

Welche Impfungen letztendlich vorzunehmen sind, ist abhängig vom aktuellen Infektionsrisiko vor Ort, von der Art und Dauer der geplanten Reise, vom Gesundheitszustand sowie dem eventuell noch vorhandenen Impfschutz des Reisenden.

Da im Einzelfall unterschiedlichste Aspekte zu berücksichtigen sind, empfiehlt es sich immer, rechtzeitig (etwa 4 bis 6 Wochen) vor der Reise eine persönliche Reise-Gesundheits-Beratung bei einem reisemedizinisch erfahrenen Arzt oder Apotheker in Anspruch zu nehmen.

Malaria:

Die Insel ist malariafrei.

Ratschläge zur Reiseapotheke (siehe bei den Reisegesundheitsinfos zu Mauritius).

Aktuelle Meldungen:

Dengue-Fieber: Erstmals seit 25 Jahren gibt es auf der östlich von Madagaskar gelegenen französischen Insel im Indischen Ozean einen Ausbruch der grippeähnlichen, von tag- und nachtaktiven Stechmücken übertragenen Viruskrankheit. Mückenschutz beachten.

HILFE!

Dieses Reisehandbuch ist gespickt mit unzähligen Adressen, Preisen, Tipps und Infos. Nur vor Ort kann überprüft werden, was noch stimmt, was sich verändert hat, ob Preise gestiegen oder gefallen sind, ob ein Hotel, ein Restaurant immer noch empfehlenswert ist oder nicht mehr, ob ein Ziel noch oder jetzt erreichbar ist, ob es eine lohnende Alternative gibt usw.

Unsere Autoren sind zwar stetig unterwegs und versuchen, alle zwei Jahre eine komplette Aktualisierung zu erstellen, aber auf die Mithilfe von Reisenden können sie nicht verzichten.

Darum: Schreiben Sie uns, was sich geändert hat, was besser sein könnte, was gestrichen bzw. ergänzt werden soll. Nur so bleibt dieses Buch immer aktuell und zuverlässig. Wenn sich die Infos direkt auf das Buch beziehen, würde die Seitenangabe uns die Arbeit sehr erleichtern. Gut verwertbare Informationen belohnt der Verlag mit einem Sprechführer Ihrer Wahl aus der über 170 Bände umfassenden Reihe „Kauderwelsch".

Bitte schreiben Sie an:

REISE KNOW-HOW Verlag Peter Rump GmbH, Pf 14 06 66

D-33626 Bielefeld, oder per E-Mail an: info@reise-know-how.de

Danke!

Alle Reiseführer auf einen Blick

Reisehandbücher
Urlaubshandbücher
Reisesachbücher
Rad & Bike

Afrika, Bike-Abenteuer
Afrika, Durch, 2 Bde.
Agadir, Marrakesch/Südmarok.
Ägypten individuell
Ägypten Niltal
Alaska ⇗ Kanada
Algarve
Algerische Sahara
Amrum
Amsterdam
Andalusien
Apulien
Äqua-Tour
Argentinien, Uruguay, Paraguay
Athen
Äthiopien
Auf nach Asien!
Australien, Osten/Zentrum
Auvergne, Cevennen

Bahrain
Bali und Lombok
Bali, die Trauminsel
Bangkok
Barcelona
Berlin
Borkum
Botswana
Brasilien
Brasilien kompakt
Bretagne
Budapest
Bulgarien
Burgund

Cabo Verde
Canada West, Alaska
Canada ⇗ Kanada
Chile, Osterinseln
China Manual
Chinas Norden
Chinas Osten
Cornwall
Costa Blanca
Costa Brava
Costa de la Luz
Costa del Sol
Costa Dorada
Costa Rica
Cuba

Dalmatien
Dänemarks Nordseeküste
Disneyland Resort Paris
Dominikanische Republik
Dubai, Emirat

Ecuador, Galapagos
El Hierro
Elsass, Vogesen
England – Süden
Erste Hilfe unterwegs
Europa BikeBuch

Fahrrad-Weltführer
Fehmarn
Florida
Föhr
Friaul, Venetien
Fuerteventura

Gardasee
Golf v. Neapel, Kampanien
Gomera
Gotland
Gran Canaria
Großbritannien
Guatemala

Hamburg
Hawaii
Hollands Nordseeins.
Holsteinische Schweiz
Honduras
Hongkong, Macau, Kanton

Ibiza, Formentera
Indien – Norden
Indien – Süden
Iran
Irland
Island
Israel, palästinensische Gebiete, Ostsinai
Istrien, Velebit

Jemen
Jordanien
Juist

Kairo, Luxor, Assuan
Kalabrien, Basilikata
Kalifornien, USA SW
Kambodscha
Kamerun
Kanada Ost, USA NO
Kap-Provinz (Südafrika)
Kapverdische Inseln
Kenia
Kerala
Korfu, Ionische Inseln
Korsika
Krakau
Kreta
Kreuzfahrtführer

Ladakh, Zanskar
Langeoog
Lanzarote
La Palma
Laos
Lateinamerika BikeBuch
Libyen
Ligurien
Litauen
Loire, Das Tal der
London

Madagaskar
Madeira
Madrid
Malaysia, Singapur, Brunei
Mallorca
Mallorca, Leben/Arbeiten
Mallorca, Wandern auf

Reise Know-How

Malta
Marokko
Mauritius/La Réunion
Mecklenburg/
Brandenburg:
Wasserwandern
Mecklenburg-
Vorpommern Binnenland
Mexiko
Mexiko kompakt
Mongolei
Motorradreisen
München
Myanmar

Namibia
Nepal
Neuseeland BikeBuch
New York City
Norderney
Nordfriesische Inseln
Nordseeküste NDS
Nordseeküste SLH
Nordseeinseln, Deutsche
Nordspanien
Normandie

Oman
Ostfriesische Inseln
Ostseeküste MVP
Ostseeküste SLH
Outdoor-Praxis

Panama
Panamericana,
Rad-Abenteuer
Paris
Peru, Bolivien
Peru kompakt
Phuket
Polens Norden
Prag
Provence
Pyrenäen

Qatar

Rajasthan
Rhodos
Rom
Rügen, Hiddensee

Sächsische Schweiz
Salzburg
San Francisco
Sansibar
Sardinien
Schottland
Schwarzwald – Nord
Schwarzwald – Süd
Schweiz, Liechtenstein
Senegal, Gambia
Singapur
Sizilien
Skandinavien – Norden
Slowenien, Triest
Spaniens
Mittelmeerküste
Spiekeroog
Sri Lanka
St. Lucia, St. Vincent,
Grenada
Südafrika
Südnorwegen, Lofoten
Südwestfrankreich
Sydney
Sylt
Syrien

Taiwan
Tansania, Sansibar
Teneriffa
Thailand
Thailand – Tauch-
und Strandführer
Thailands Süden
Thüringer Wald
Tokyo
Toscana
Transsib
Trinidad und Tobago
Tschechien
Tunesien
Tunesiens Küste
Türkei, Hotelführer

Uganda, Ruanda
Umbrien
USA/Kanada
USA, Gastschüler
USA, Nordosten
USA – der Westen
USA – der Süden
USA – Südwesten,
Natur u. Wandern
USA SW, Kalifornien,
Baja California
Usedom

Venedig
Venezuela
Vereinigte Arabische
Emirate
Vietnam

Wales
Warschau
Westafrika – Sahel
Westafrika – Küste
Wien
Wo es keinen Arzt gibt

Yukatan

Zypern

Edition RKH

Abenteuer Anden
Burma – Land der Pagoden
Durchgedreht
Finca auf Mallorca
Geschichten/Mallorca
Goldene Insel
Mallorca, Leib u. Seele
Mallorquinische Reise
Please wait to be seated!
Salzkarawane, Die
Südwärts Lateinamerika
Taiga Tour
Traumstr. Panamerikana
Unlimited Mileage

Mit Reise Know-How gut orientiert unterwegs

Die Landkarten des **world mapping project** bieten gute Orientierung – weltweit.

- Moderne Kartengrafik mit Höhenlinien, Höhenangaben und farbigen Höhenschichten
- GPS-Tauglichkeit durch eingezeichnete Längen- und Breitengrade und ab Maßstab 1:300.000 zusätzlich durch UTM-Markierungen
- Einheitlich klassifiziertes Straßennetz mit Entfernungsangaben
- Wichtige Sehenswürdigkeiten, herausragende Orientierungspunkte und Badestrände werden durch einprägsame Symbole dargestellt
- Der ausführliche Ortsindex ermöglicht das schnelle Finden des Zieles
- Wasser abstoßende Imprägnierung
- Kein störender Pappumschlag, der den behindern würde, der die Karte unterwegs individuell falzen möchte oder sie einfach nur griffbereit in die Jackentasche stecken will

Derzeit rund 70 Titel lieferbar (siehe unter www.reise-know-how.de), z.B.:

- **Mauritius, Réunion, Rodrigues** (1:90.000)
- **Senegal/Gambia** (1:550.000)
- **Kenia** (1:950.000)

world mapping project
Reise Know-How Verlag, Bielefeld

REGISTER

Allgemeines Register

Register zu Mauritius

Register zu La Réunion

DER AUTOR

Wolfgang Därr, geboren 1948, ist seit seiner Schulzeit ein leidenschaftlicher Weltreisender (Asien, Südamerika, Afrika). Seit 1980 beschäftigt er sich mit den Inseln des westlichen Indischen Ozeans. Mauritius und La Réunion kennt er von zahlreichen monatelangen Aufenthalten. In Herrsching bei München betreibt er das Reisebüro „Trauminsel Reisen", das auf die Inseln des westlichen Indischen Ozeans spezialisiert ist. Im REISE KNOW-HOW Verlag ist bereits ein Reisehandbuch zu Madagaskar von ihm erschienen.